中国人民警察大学统编教材

刑事侦查学

主　编　王　卓

撰稿人　张　璇　王　卓　韩志英

　　　　刘长玲　赵　冰　梁秀波

（公安机关内部发行）

中国人民公安大学出版社

·北　京·

图书在版编目（CIP）数据

刑事侦查学／王卓主编. —北京：中国人民公安大学出版社，2021.4
中国人民警察大学统编教材
ISBN 978-7-5653-4172-4

Ⅰ.①刑… Ⅱ.①王… Ⅲ.①刑事侦查学—高等学校—教材 Ⅳ.①D918

中国版本图书馆CIP数据核字（2021）第051407号

中国人民警察大学统编教材
刑事侦查学
王 卓 主编

出版发行：中国人民公安大学出版社
地 址：北京市西城区木樨地南里
邮政编码：100038
印 刷：北京市泰锐印刷有限责任公司

版 次：2021年6月第1版
印 次：2024年7月第4次
印 张：16.75
开 本：787毫米×1092毫米 1/16
字 数：310千字

书 号：ISBN 978-7-5653-4172-4
定 价：62.00元（公安机关内部发行）

网 址：www.cppsup.com.cn www.porclub.com.cn
电子邮箱：zbs@cppsup.com zbs@cppsu.edu.cn

营销中心电话：010-83903991
读者服务部电话（门市）：010-83903257
警官读者俱乐部电话（网购、邮购）：010-83901775
教材分社电话：010-83903259

说　　明

教材是体现教学内容和教学方法的知识载体，是联系教与学的有效媒介。教材建设是高等教育的一项重要内容，是深化教学改革、巩固教学改革成果、提高教学质量、培养高素质人才的重要环节。

学校高度重视教材建设，始终把其作为教学的基础性工作来抓，并使之在人才培养方面发挥重要支撑作用。为了满足学校各专业教学需要，我们组织各学院陆续编写了具有专业特色的系列教材。《刑事侦查学》是其中一部。

该系列教材是以马克思列宁主义、毛泽东思想、邓小平理论、“三个代表”重要思想、科学发展观和习近平新时代中国特色社会主义思想为指导，按照专业人才培养方案和课程标准的总体要求，在认真总结实践经验，充分吸收各学科和相关领域最新理论成果的基础上，结合高等教育发展规律编写而成的。在编写队伍上，由学科带头人、教学名师、骨干教师等牵头负责，充分发挥课程团队的集体作用，并积极邀请有关业务部门和相关领域专家参与。在教材内容上，力求完整阐述各学科的基础理论、基础知识和基本技能，突出专业特色，贴近工作实际，并注重体现内容的科学性、系统性、适用性和相对稳定性。在教材形式上，既有传统的纸质教材，又有立体化、数字化的新形态教材。

本教材由王卓任主编，参加撰写的人员有：张璇（第一章，第四章第三节）；王卓（第二章，第五章第一、二、三、四节，第七章第七、八节）；韩志英（第三章，第七章第一、二、三节）；刘长玲（第四章第一、二、四、五、六节，第七章第四节）；梁秀波（第五章第五、六节）；赵冰（第六章，第七章第五、六节）。

由于时间仓促，编者水平有限，缺点错误在所难免，恳请读者提出宝贵意见和建议，以便再版时修订完善。

该系列教材在编写过程中，得到了上级主管部门、兄弟院校、有关单位的大力支持和帮助，谨在此深表谢意。

中国人民警察大学教材建设委员会

2021 年 2 月

目　录

第一章 绪 论

第一节 刑事侦查的概念与特征

一、刑事侦查的概念

根据《中华人民共和国刑事诉讼法》（以下简称《刑事诉讼法》）第一百零八条的规定：“（一）‘侦查’是指公安机关、人民检察院对于刑事案件，依照法律进行的收集证据、查明案情的工作和有关的强制性措施……”这是刑事侦查的法定概念。根据《刑事诉讼法》的规定并结合我国侦查的实践，可以在学理上将刑事侦查（以下简称侦查）概念定义为：在刑事诉讼活动中，侦查机关为查明案情、收集证据、揭露和证实犯罪而采取的一系列工作和有关强制性措施的总称。此处应说明的是，刑事侦查与侦查两种概念表述并无实质的区别。因为从行为属性和法律规定的层面来讲，并不存在除刑事领域以外的其他相同属性的侦查行为，侦查即指刑事侦查。

侦查是刑事诉讼的一个重要阶段，通常是从立案开始到案件事实全部查清，作出起诉、不起诉或者撤销案件决定时终结。理解刑事侦查的概念，应当明确以下几点：

（一）侦查主体的法定性

侦查权作为国家的重要职权之一，必须有我国《宪法》和《刑事诉讼法》等专门法的明确授权，即它必须由特定的主体——侦查机关来进行。当前，我国行使侦查权的机关只有公安机关、人民检察院、国家安全机关、中国海警、军队保卫部门和监狱。除此之外，其他任何机关都无权行使侦查权。上述机关行使侦查权的法律授权分别来源于《刑事诉讼法》的如下规定：该法第三条规定：“对刑事案件的侦查、拘留、执行逮捕、预审，由公安机关负责。”第四条规定：“国家安全机关依照法律规定，办理危害国家安全的刑事案件，行使与公安机关相同的职权。”第十九条第二款规定：“人民检察院在对诉讼活动实行法律监督中发现的司法工作人员利用职权实施的非法拘禁、刑讯逼供、非法搜查等侵犯公民权利、损害司法公正的犯罪，可以由人民检察院立案侦查。对于公安机关管辖的国家机关工作人员利用职权实施的重大犯罪案件，需要由人民检察院直接受理的时候，经省级以上人民检察院决定，可以由人民检察院立案侦查。”该法第三百零八条还明确规定了军队保卫部门、中国海警局和监狱对特定案件行使的侦查权：“军队保卫部门对军队内部发生的刑事案件行使侦查权。中国海警局履行海上维权执法职责，对海上发生的刑事案件行使侦查权。对罪犯在监狱内犯罪的案件由监狱进行侦查。军队保卫部门、中国海警局、监狱办理刑事案件，适用本法的有关规定。”

（二）侦查客体的确定性

侦查客体是侦查活动所指向的对象，即刑事案件，是指侦查机关对控告、检举、自首等材料进行审查后，认为有犯罪事实、需要追究刑事责任，达到立案标准的事件。其由与刑事案件有关的时间、空间、人、事、物等基本要素构成。根据《刑事诉讼法》的规定，立案是刑事诉讼活动启动的标志，也是开展侦查的必须程序。因此，只有刑事案件才能成为侦查的客体，这就是侦查客体确定性的含义，这是由我国现行的刑事诉讼模式决定的。

当然，侦查客体的确定性并不意味着侦查客体的范围是一成不变的，其会受到多种因素的影响而不断发生调整变化。首先，从宏观的角度讲，侦查客体的范围会随着对于侵害社会关系行为认识的不断变化和相应法律规定的调整而发生变化。最直接的表现就是《中华人民共和国刑法》（以下简称《刑法》）关于犯罪种类和罪名的调整变化。其次，从微观的角度讲，侦查客体，也就是立案的刑事案件的具体构成要素也会发生变化，这种变化是由于人类对于客观世界认识的不断深入而产生的，这将直接影响着侦查工作的深度和广度。因此，应辩证地理解侦查客体的确定性特征。

（三）侦查目的的明确性

侦查目的是侦查主体预先设定的、进行侦查活动所要达到的具体目标。而侦查活动的直接目的就是及时、准确地查明案情，揭露和证实犯罪，并将犯罪嫌疑人缉捕归案，为侦查之后的其他诉讼环节奠定基础。

收集证据是侦查活动的中心环节。侦查中各种侦查措施和手段的运用，从根本上说都是为了获取证据。查明案情是处理刑事案件的基础。对于一起刑事案件的侦查而言，从立案到侦查终结，侦查活动都是围绕查明案情来展开的。查明案情主要包括两个方面的内容：一是确定是否有犯罪事实发生；二是如果有犯罪事实发生，必须查明犯罪嫌疑人实施犯罪的时间、地点、手段、动机、目的、侵害的对象、造成的危害后果以及犯罪嫌疑人实施犯罪时的年龄和精神状态等。也就是说，凡是根据《刑法》规定已构成犯罪并且应当追究刑事责任的各种事实，都必须周密地对其进行侦查。侦查的另一项重要任务是对犯罪嫌疑人及时采取必要的强制措施，以防止他们逃避侦查和继续实施新的犯罪活动。

另外，侦查的目的还具有多层次的特点，即除了上述直接目的外，还具有控制预防犯罪和保障人权的间接目的，以及维护国家政治经济稳定、推动国家法治建设、促进社会文明发展的根本目的。

（四）侦查内容的特定性

侦查工作的具体内容包括收集证据、查明案情的工作和有关的强制性措施。其中，收集证据、查明案情的工作主要包括讯问犯罪嫌疑人，询问证人，勘验，检查，搜查，查封，扣押物证、书证，鉴定，通缉等。这些是侦查工作开展的主要方式，也是收集证据、查明案情的重要方法。有关的强制性措施则是指拘传、取保候审、监视居住、拘留和逮捕五种限制或者剥夺人身自由的措施。上述侦查工作带有鲜明的特定行为属性，即只能由侦查人员依照法律规定，在刑事案件侦查阶段适用于法定的侦查情形之下。值得注意的是，人民检察院为了审查刑事案件是否应当移送起诉，应当讯问犯罪嫌疑人，并且在特定情形下可以自行补充侦查；人民法院为了调查核实证据，可以进行勘验、检查、查封、扣押、鉴定和查询、冻结。上述行为在表现形式上与侦查工作中的侦查活动相似，但是由于所处刑事诉讼的阶段不同，其行为属性亦与刑事侦查有本质的区别，不可混为一谈。

二、刑事侦查的特征

辩证唯物主义认为，任何事物都有其自身的基本特征和规律性。侦查的特征是侦查本质的外化，是侦查内在关系的外在表现形式，是区别于其他事物的本质所在。掌握侦查的特征实质上就是对侦查外在表现形式的规律性要点进行把握。深入而准确地把握侦查特征，既有利于深入认识侦查活动现象，也有利于促进侦查活动高效、有序地开展。侦查作为一种特殊的社会活动，其特征表现如下：

（一）侦查的诉讼性

侦查的诉讼性特征是侦查的首要特征。关于侦查权的性质，我国学术界有不同的观点，有人认为侦查权是行政权；有人认为侦查权是司法权；也有人认为侦查权具有行政与司法的双重性质。但是，无论哪种观点，都抹杀不了侦查的诉讼性质。综观世界各国刑事诉讼中的有关规定和司法实践活动的整个过程，一般对刑事诉讼的阶段划分有两种，即“三段论”和“四段论”。“三段论”是将刑事诉讼分为公诉、审判和执行三个阶段。而“四段论”是将刑事诉讼分为侦查、公诉、审判和执行四个阶段。两者的主要区别在于：侦查是否作为刑事诉讼的一个独立的阶段（或称一个独立的程序）。[①] 但是，无论是其中的哪一种划分方式，都承认侦查是刑事诉讼活动中的一个重要组成部分，且从各国的刑事诉讼活动的情况看，侦查是整个刑事诉讼活动中的第一道程序。在许多国家，侦查机关决定刑事诉讼活动的发起时间，同时还决定刑事案件侦查活动的持续、终止时间。至于是以立案作为侦查活动开始的标志，还是以拘捕作为侦查活动开始的界限，在世界各国法律规定和司法实践中认识不一。如美国是以拘捕作为侦查活动的开始点，而根据我国《刑事诉讼法》的规定，则是以立案作为侦查活动的启动标志。但是这些都不影响侦查是整个刑事诉讼活动的一个重要环节，是一种诉讼行为。

（二）侦查的秘密性

所谓秘密性，是指侦查活动多隐蔽地开展，并且大部分采用了秘密的调查措施。侦查活动的秘密性是由犯罪活动的隐蔽性决定的。在侦查活动中，侦查机关与犯罪嫌疑人的较量是在一条无形的战线上展开的。双方没有固定的阵地和战场，并互相保持着自我一方的秘密性。绝大多数犯罪嫌疑人，都不希望自己的犯罪行为被人知晓，更不希望承担刑事责任、受到刑事处罚。为了逃避刑事责任和刑事处罚，犯罪嫌疑人在实施犯罪行为时，多在隐蔽的条件下进行，而且在侦查过程中会阻挠侦查的进行。如果侦查机关的侦查行为不保持秘密性，其侦查的意图和部署就会被犯罪嫌疑人所掌握，侦查活动就会遭到干扰和破坏。因此，在一定意义上说，没有秘密性就没有侦查活动。侦查活动的秘密性主要包括：侦查要件的秘密性、侦查过程的秘密性和侦查手段的秘密性。当然，侦查活动的秘密性不是绝对的，需要根据法律的规定进行必要适度的公开，因此，必须全面、正确地理解侦查活动的秘密性。

（三）侦查的时机性

所谓侦查的时机性，是指侦查活动一开始就存在时间的紧迫性和机会的偶遇性。抓住时机、追求效率是侦查活动的根本要求。社会实践表明，在任何一种对立的斗争中，时机往往是决定斗争胜负的重要条件，谁抓住了时机，谁就取得了有利条件，就可能占据优势，掌握主动，成为胜利者；相反，就会被动挨打，甚至导致失败。在犯罪发生以后，犯罪现场、证人证言、痕迹物证都会随着时间的流逝发生各种变化；作案人也会在犯罪后积极地消灭证据，掩盖罪行。因此，侦查人员应抓住时机，收集犯罪情报、收集证据、查明案情，将犯

---

① 周欣．中外刑事侦查概论．中国政法大学出版社，1999：2.

罪嫌疑人抓获归案，防止其逃避侦查或继续危害社会。

（四）侦查的推理性

所谓侦查的推理性，是指根据已知的知识和案件事实，推断出未知案情和犯罪嫌疑人情况的思维形式。侦查的过程，就是从犯罪的结果分析求证犯罪的过程、推论判断犯罪的起因。这种由已知推断未知的理性活动，是侦查人员揭露案件本质的必经途径，且贯穿侦查活动的始终。无论分析案情、收集证据，还是审查证据，都离不开推理。没有推理就无法确定侦查方向和侦查范围，就无法锁定侦查目标。因此，可以说，侦查活动就是侦查人员运用严谨的思维和推理作出科学的侦查决策并指导侦查活动的过程。

（五）侦查的谋略性

所谓侦查的谋略性，是指侦查人员与犯罪嫌疑人进行侦查与反侦查较量的计谋性。正所谓“谋略是活力对抗中撞击出来的火花”，在侦查过程中，犯罪嫌疑人与侦查人员，犯罪行为与侦查行为之间是一种相互对立、相互抗衡的关系。犯罪嫌疑人出于趋利避害的心理，会千方百计地掩盖罪行，破坏侦查，逃避法律制裁。侦查人员必须通过计谋和韬略的运用，侦查手段和侦查技术的实施，使其罪行暴露。犯罪嫌疑人在实施犯罪行为时会分析侦查人员日后可能采取的侦查方法而事先采取一些反侦查措施来迷惑侦查人员；而侦查人员在侦查工作中也必须分析犯罪嫌疑人作案时可能采取的反侦查措施；并据此制定相应的侦查策略。因此，从整体上看，侦查活动的全过程是侦查人员与犯罪嫌疑人斗智斗勇的过程。侦查的谋略性还体现在每一项侦查工作和每一个具体案件的侦查过程中。每一项侦查工作，都是总体侦查谋略思想的有机组成部分，各项工作之间形成紧密的联系，相互依存，相互补充。如何合理有效地运用各项侦查措施开展侦查工作，其使用时机、使用方法、各种工作之间如何配合等，均体现了侦查谋略思想。

第二节　刑事侦查学的概念和研究对象

一、刑事侦查学的概念

关于刑事侦查学（侦查学）的概念，中外学者的认识不尽统一，由于各国和各地区的具体历史条件不同，这门科学的名称和概念也有所差异。世界上最先使用“侦查学”这一概念的是奥地利的汉斯·格罗斯（1847—1915）。他在1893年编写出版的《司法检验官手册》中把犯罪对策与法医学、法毒物学、司法化学、人体测量法、指纹鉴定法、笔迹鉴定法和枪弹检验等技术融为一体创立了刑事侦查学，并给刑事侦查学下了一个定义，他认为自然科学知识在犯罪调查中的运用就是侦查学。此后，英、美国家的法学家基本上沿用了这个定义。英国的《不列颠百科全书》认为，把自然科学应用到犯罪上去，就是侦查学，也称为科学的犯罪学；在美国，侦查学通用的定义是通过把自然科学用于法学问题来对物证进行检验、同一认定、具体辨别和判断的一门科学；法国的学者认为，侦查学是借用生物、物理、化学以及许多人文科学与各种技术综合的方法和手段来确定犯罪证据并识别罪犯的一门科学；在苏联“十月革命”期间，有些学者认为侦查学是一门实用技术科学。后来这个概念有所变化。别尔金教授在1976年编写并出版的《犯罪侦查学》中认为，“苏联犯罪侦查学是关于证据的产生、收集、调查、判断等方面的规律以及根据对这些规律的认识而研制的进行调查和预防犯罪事件的手段和方法的科学”。1980年出版的《苏维埃犯罪侦查学教程》中认为，“苏维埃犯罪侦查是一门关于如何利用专门科学和总结侦查实践经验的基础上研究制定的手段、措施和方法，对犯罪组织进行有计划的侦查，按照刑事诉讼法有效地收集和检验证据，以及预防犯罪的科学”。

在我国，专家和学者对刑事侦查学的概念也是众说纷纭。其中代表性的观点有：

观点一：侦查学是以实现刑法和刑事诉讼法的任务为目的的研究查明、收集证据、揭露和证实犯罪的规律和方法的科学；①

观点二：侦查学是研究侦查刑事犯罪活动的一门法律科学；②

观点三：刑事侦查学是在分析刑事犯罪活动的规律特点和总结侦查实践经验的基础上，运用社会科学和自然科学的成果，研究揭露、证实和控制犯罪，查缉犯罪人的策略、技术和方法的一门边缘性法律学科；③

观点四：侦查学是研究侦查刑事犯罪活动及其规律的一门科学，即以刑事案件侦查活动规律为对象，研究侦查机关依照法定程序，运用有效的策略方法，查明案情、收集证据，查获犯罪嫌疑人，追究犯罪嫌疑人刑事责任的一门学科。④

上述观点的共同之处在于，均把侦查行为和侦查对策作为侦查学的研究对象，当然这无可厚非。但是，侦查行为所指向的对象应该是犯罪行为，任何一

---

① 徐立根．侦查学．中国人民公安大学出版社，1991：19.

② 邹明礼．侦查学．法律出版社，1996：36.

③ 王庆明．刑事侦查学总论．北京大学出版社，1994：35.

④ 徐为霞．侦查学原理．中国民主法制出版社，2007：5.

种侦查手段都是根据犯罪行为的特点而采取的，所以，如果脱离了犯罪行为，侦查行为就缺乏了指向性和针对性。因此，作为侦查学的研究对象不能只是侦查行为，还应包括犯罪行为，这样才能全面揭示侦查学的内涵。因此，刑事侦查学是指研究侦查行为和犯罪行为的规律和特点以及侦查对策的一门法律应用学科。简言之，刑事侦查学就是研究如何根据法律的规定和要求同犯罪作斗争的学科，其研究的其他内容和方面都是围绕这一根本目的展开的。

二、刑事侦查学的研究对象

任何一门学科都有其特定的研究对象，这是一门学科建立过程中必须首先解决的问题，也是其赖以存在并区别于其他学科的依据。因此，明确刑事侦查学的研究对象，对于刑事侦查学的发展具有重要意义。

我国学术界对于刑事侦查学的研究对象可谓众说纷纭。其中比较有代表性的观点有：一是侦查活动的规律和方法说，即侦查学的研究对象是查明案情、收集证据、揭露和证实犯罪的规律和方法；二是侦查技术、侦查措施和侦查方法说，即侦查学的研究对象是侦查机关对犯罪进行侦查时采用的各种技术、措施和方法；三是侦查途径、策略和方法说，这种观点认为，在物证技术学同侦查学分离后，不宜再将侦查技术作为侦查学的研究对象，但应增加对侦查策略或谋略的研究；四是侦查行为规律说，这种观点认为，侦查学研究的是侦查行为最普遍意义上的一般规律；五是侦查活动说，即研究侦查活动及其规律；六是犯罪、侦查活动说，即研究犯罪活动与侦查活动及其规律。此外，还有侦查和预防犯罪说、犯罪的控制调查活动说等。

上述观点均有其合理性和科学性。然而，准确地确定刑事侦查学的研究对象并非容易之举。如果该学科的研究对象界定过宽，势必出现“学科错位”现象，即用本学科的理论研究其他学科的问题，从而造成学科之间研究领域的混乱局面。反之，如果该学科的研究对象界定过窄，也会出现“学科残疾”现象，即本应由该学科研究的问题没有涉足，从而使该学科建设受到影响。正确界定刑事侦查学的研究对象及范围应紧紧围绕刑事侦查活动的核心要素展开。

综上，刑事侦查学作为一门法律应用学科，是以犯罪行为、侦查行为以及侦查机关在同犯罪作斗争中所采用的侦查对策为研究对象的科学。其主要包括如下内容：

（一）犯罪活动的规律和特点

犯罪活动的规律和特点，是侦查决策的客观依据。“知己知彼，百战不殆。”研究和了解犯罪活动及其规律特点，是“知彼”的重要内容，对犯罪情况不了解，侦查决策不可能合乎实际，既没有针对性，又无灵敏性。以这种侦查策略指导侦查实践，侦查人员必然表现出某种盲动性。所以，研究犯罪活动规律和特点是刑事侦查学的首要任务。刑事侦查学既要从总体上研究和把握刑事犯罪活动的一般规律特点，又要研究和把握局部地区的犯罪活动情况与各类案件的规律特点。

（二）侦查活动及其规律、特点

侦查活动的一般原理、案件侦查的程序和方法以及具体侦查行为的实施，是刑事侦查工作的核心内涵。其中，侦查活动的一般原理是侦查活动自身规律特点的反映，是在侦查实践经验的基础上，通过总结、概括侦查活动的一般规律而形成的系统化的理性认识，它包括侦查活动的一般概念、理论依据、基本原则、基本形式等。侦查活动有其自身的规律和特点，需要在法律规范的框架内科学地开展一系列侦查行为，因此在研究侦查活动一般原理的基础上研究侦查活动的基本程序、方法以及具体侦查行为的实施，就是对侦查活动自身规律特点的认知过程，也是刑事侦查学研究的重点内容。

（三）侦查对策

所谓侦查对策，是指侦查活动的实施方案。它是刑事侦查工作策略方法的综合，是以刑事侦查谋略为牵引的侦查方法、途径的综合。刑事侦查学研究犯罪行为、侦查行为，其目的就是要研究制定科学的、有针对性的侦查对策，使侦查行为在侦查谋略的统领下针对犯罪行为发挥应有的作用，实现侦查破案的目的。因此，研究刑事侦查对策是刑事侦查学的根本目的和归宿。

第三节　刑事侦查学的研究方法

一、刑事侦查学研究方法的概念与价值

（一）刑事侦查学研究方法的概念

刑事侦查学的研究方法就是研究刑事侦查学的思维方式、行为方式以及程序和路径的总和。从这个定义我们可以看出，刑事侦查学的研究方法包括下列内容：

首先，包括刑事侦查学研究的思维方式。刑事侦查是一项与犯罪嫌疑人斗智斗勇的活动，要充分体现研究者的智慧和主观能动性。为了能够将犯罪嫌疑人绳之以法，保证刑事侦查过程的公平、公正与合法，研究者需要进行大量的思考活动，因此就会涉及研究者的思维方式。

其次，包括刑事侦查学研究的行为方式。刑事侦查学的研究不仅需要研究

者进行理论思考，还要通过实际的刑事侦查活动深入地了解犯罪现象，从而对犯罪实施的过程作出准确的判断，这就需要研究者通过各种方式从事刑事侦查的研究活动。

最后，包括刑事侦查学研究的程序和路径。刑事侦查学的研究对象是客观存在的犯罪现象，而犯罪现象是具有内在规律性的，因此对犯罪现象的研究必须遵循一定的先后顺序，否则就无法保证研究的科学性和合理性。

（二）刑事侦查学研究方法的价值

刑事侦查学的研究方法具有非常重要的价值，在刑事侦查学的研究中发挥着重要作用。

首先，科学的研究方法是从事刑事侦查学研究的必要条件。对于研究者来说，熟悉和掌握刑事侦查学的研究方法，才能从事刑事侦查学研究，才能使刑事侦查学研究具有专业性和科学性。

其次，科学的研究方法是刑事侦查学研究的基本保证。刑事侦查学研究是一种科学的活动，是对犯罪规律的调查和掌握，是对犯罪行为的分析和探索，需要遵循一定的研究程序和方式。

最后，科学的研究方法是刑事侦查学发展的重要条件。任何一门学科想要获得发展和进步，都要依靠研究方法的创新和突破，刑事侦查学也不例外。科学的研究方法有助于深入研究学科发展的内在规律和发展趋势，形成本学科领域的理论积淀和知识总结，并为学科的长远发展积蓄必要的力量和储备。

二、刑事侦查学的具体研究方法

刑事侦查学的研究任务与研究对象决定了该学科的研究方法应当兼顾理论与实践，体现鲜明的科学性和实践性。刑事侦查学的具体研究方法主要有以下几种：

（一）实证研究方法

所谓实证研究方法，就是通过客观事实和实际经验的具体分析，得出认识结论，其基础是实证调查，是具体的观察和经验，是各种实证数据资料的收集和处理。实证调查方法主要包括个案剖析法、类案归纳法、专家经验整理法和与犯罪嫌疑人交谈法等。个案剖析法是指选择具有一定意义的成功和失败的典型案件，对侦查活动的全过程，或对侦查活动的某一阶段、某一环节进行分析，总结其成功的经验，寻找其失败的教训，从而认识侦查活动的规律；类案归纳法是指对特定类型的案件，或者对某一时期、某一地区的某类案件的情况进行综合归纳，对案件特点以及侦查对策等方面进行分析，找出其相同或不同点，探索出侦破此类案件的有效对策；专家经验整理法是指由刑事侦查的教学、研究人员同具有侦查经验的实战部门的专家相结合，用写案例、讲课等形式，深入挖掘、整理刑事侦查的经验，将其宝贵的经验财富予以传承的研究方法；与犯罪嫌疑人交谈法是指从事刑事侦查教学、研究的人员同已经结案的犯罪嫌疑人进行交谈，从侦查和反侦查的角度，了解犯罪嫌疑人在犯罪过程中的心理状态、心理变化的过程，研究犯罪嫌疑人进行反侦查的依据及得失等，为以后制订侦查计划，选择侦查途径和方法提供理论依据的研究方法。

（二）比较研究法

所谓比较研究法，即通过比较不同事物或相似事物之间的异同来把握事物的性质和发展变化规律。比较法也是刑事侦查学研究的重要方法，因为比较研究可以使我们更好地理解和评价现有的刑事侦查制度、侦查策略和方法等。常用的比较研究法主要有两种：一种是纵向比较法，另一种是横向比较法。纵向比较法，就是历史研究方法。在不同的历史时期，一个国家的政治法律制度和经济文化环境不同，因此其侦查制度以及侦查实践也会有一定的差异。从某种意义上讲，只有了解一种侦查制度的过去，才能更准确地认识和把握其现在；只有了解一种侦查策略的历史，才能做到不仅知其然，而且知其所以然。因此，研究刑事侦查相关问题，应该对其历史沿革的情况进行考察，进行纵向的比较研究。横向比较法，是指将我国和外国的刑事侦查策略、方法、措施等进行比较，发现其异同和利弊，从中国国情出发，兴利除弊，取外国之所长，避外国之短，建立符合我国国情的刑事侦查制度。

纵向比较法和横向比较法在刑事侦查学研究中都具有很重要的意义。在运用这两种比较方法时要注意三个问题：第一，既要考察不同刑事侦查制度和规则之间的差异点，也要考察其相同点；第二，既要注重刑事侦查理论的比较，也要注重刑事侦查实践的比较；第三，既要分析现实社会环境因素对刑事侦查制度的影响，也要分析历史传统因素对刑事侦查制度的影响。总之，对古今中外的刑事侦查制度进行纵向比较和横向比较都是为了完善我国的刑事侦查制度以及更好地指导刑事侦查实践。

（三）科学实验法

科学实验是自然科学研究中的实践活动。在刑事侦查过程中，侦查部门经常会遇到各种各样复杂的问题，这些问题仅凭一般的调查研究和实地观察，很难找到真正的答案，这就需要运用现代科学技术手段和方法，解决侦查破案中的具体问题。所以，科学实验方法不仅是自然科学领域的研究方法，也是刑事侦查学的重要研究方法。常用的科学实验方法包括：临场实验，是指在现场或者与现场原状相似的条件下进行的实验；实验室实验，是指在实验室内针对某些具体问题进行的实验；模拟实验，是指在侦查实践中通过模拟与案件相似的环境，验证某种情况能否发生。在当前形势下，我国刑事侦查学不仅要研究和总结已有的技术手段和方法，还必须加大对刑事科学技术实验活动的研究，运用新成果、新技术、新材料不断地研究出新的技术手段和方法，以提高现场勘查中痕迹物证的提取率、利用率和案件的侦破率，为侦查实践服务。

第四节　刑事侦查学与相邻学科的关系

一、刑事侦查学与刑法学、刑事诉讼法学的关系

刑事侦查学是法学体系中一门重要的应用法学，它与刑法学、刑事诉讼法学的关系十分密切。广义的刑法学既包括刑事诉讼法学，也包括刑法学。狭义的刑法学是专门研究什么是犯罪和如何定罪量刑的科学，其核心内涵包括犯罪、刑事责任和刑罚三个方面。狭义的刑法学一般不去关注和研究刑法目标的实现程序、方法和技术等问题，这类问题属于刑事诉讼法学研究的对象。刑事诉讼法学是专门研究刑事诉讼活动的原则和程序的科学。刑事侦查学是研究犯罪行为、侦查行为以及侦查机关在同犯罪作斗争的过程中所采用的侦查对策的科学，其直接目的是揭露与证实犯罪，并将犯罪嫌疑人缉捕归案。刑事侦查活动是以实现刑法和刑事诉讼法的总任务为目标的，侦查终结时对犯罪嫌疑人的处理必须以刑法的具体规定为依据，即如果犯罪嫌疑人的行为符合刑法所规定的犯罪构成要件，则对其提出起诉意见。否则对其提出不起诉意见，做其他处理；整个侦查活动又必须依照刑事诉讼法规定的原则和程序进行。而刑法中规定的定罪和刑罚原则以及刑事诉讼法中规定的诉讼原则和程序，在一定意义上也要通过侦查活动来实现。如果没有揭露犯罪、证实犯罪、查明犯罪嫌疑人的有效措施，刑法中规定的定罪和刑罚原则便无所适从，刑事诉讼中规定的追诉犯罪原则和程序就形同虚设。

可见，刑事侦查学与刑法学、刑事诉讼法学是不可分割的，当然，三者的研究方向也各有侧重。刑法学关注规范意义上的犯罪概念及其一般构成之类的抽象问题，它研究的是犯罪的抽象性法律概念；而刑事侦查学研究的则是客观发生的犯罪事件和侦查行为，是在刑法学抽象性概念前提下，在无数个案实践中按照刑法上犯罪构成的规范性要求，通过侦查措施的采取、证据材料的收集，构建出一个事实意义上的犯罪案件概念；刑事诉讼法学则是侧重从法律的角度，研究刑事诉讼活动的原则、制度和程序，保证正确开展侦查，正确适用刑法。

二、刑事侦查学与犯罪学的关系

犯罪学是为了预防和减少犯罪现象的发生，以实证和思辨的方法研究作为社会现象的犯罪现象的产生、存在和发展变化规律的社会科学。[①] 犯罪学同刑事侦查学一样，也是一门研究如何同犯罪作斗争的科学。

刑事侦查学与犯罪学之间既有区别，又存在密切的联系。一方面，犯罪学与刑事侦查学虽然都具有预防犯罪的功能，但两者对预防犯罪的关注程度却有所区别。犯罪学首先是把犯罪作为一种社会现象来研究的，它旨在通过揭示和消除犯罪的共同性原因来实现普遍性的犯罪预防；刑事侦查学的任务则是通过与犯罪行为作斗争实现打击、预防犯罪的目的。预防犯罪始终是犯罪学的核心问题，而如何侦破案件则是刑事侦查学的核心问题。刑事侦查学预防犯罪的功能也是由于其基本任务——有效打击现行犯罪所决定和派生出来的。尽管刑事侦查学与犯罪学有相互区别的地方，但是二者的联系也是十分密切的，这种联系主要体现在二者的相互渗透和研究成果的相互利用上。刑事侦查学研究的防范措施和技术手段可以丰富犯罪学所关注的犯罪预防措施体系；刑事侦查学所提供的大量关于犯罪行为和作案人的信息材料，是犯罪学研究了解犯罪现象的状态和变化趋势的重要基础。另一方面，犯罪学的研究成果，诸如犯罪人的个性特征、犯罪环境的特点、犯罪的动机等，也会为刑事侦查学提供丰富的事实材料和理论依据。

第五节　刑事侦查工作的任务与原则

一、刑事侦查工作的任务

刑事侦查工作的任务，是指在刑事诉讼过程中，侦查主体依法所承担的职责和需要完成的工作。我国《刑事诉讼法》第二条规定："中华人民共和国刑事诉讼法的任务，是保证准确、及时地查明犯罪事实，正确应用法律，惩罚犯罪分子，保障无罪的人不受刑事追究，教育公民自觉遵守法律，积极同犯罪行为作斗争，维护社会主义法制，尊重和保障人权，保护公民的人身权利、财产权利、民主权利和其他权利，保障社会主义建设事业的顺利进行。"公安机关在刑事诉讼中的任务就是保证刑事诉讼法任务的实现。

---

① 王牧．新犯罪学．高等教育出版社，2016：8.

（一）查明犯罪事实，打击犯罪

查明犯罪事实，打击犯罪是侦查机关的首要任务和重要职责。公安机关担负着大部分刑事案件的侦查任务。侦查破案的效率高低，直接反映着公安机关的战斗力。所以，公安工作强不强，治安秩序好不好，群众满不满意，最主要和最直接地体现在侦查破案和打击犯罪的力度上。因此，公安机关应当根据法律的相关规定，及时、有效地采取各项侦查措施和技术手段准确地发现、收集能够证明和揭露犯罪的证据，以确保对于犯罪事实和犯罪嫌疑人予以正确认定，保证打击犯罪行为的精准有力。侦查破案既包括对已经发生的、正在发生的犯罪案件的侦破，也包括对预谋犯罪案件和隐案线索的查证和侦破。在此过程中，侦查人员要积极主动地采取有效措施寻找线索、查清犯罪事实，最大限度地减少犯罪活动造成的损失。

（二）预防犯罪，减少刑事案件的发生

预防犯罪是由刑事侦查的目的派生出来的一项任务，也是侦查工作的一项基础性任务。侦查工作的根本目的在于保障社会主义现代化建设事业顺利开展和保护人民群众生命财产安全。因此，侦查部门在开展侦查工作的同时，应当力争做好预防和控制犯罪工作，努力减少刑事案件的发生。公安机关开展预防犯罪工作，重点体现在：一是通过侦查工作的有效开展消除犯罪嫌疑人继续作案的可能性，震慑潜在的犯罪行为；二是强化侦查业务基础建设，加强刑事调查、刑嫌调控和阵地控制，及时发现犯罪线索，掌握控制犯罪动态；三是广泛开展情报工作，收集各种犯罪信息，分析研判犯罪发展新形势与新样态，积极主动作为；四是研究掌握刑事犯罪的规律和特点，为社会治安综合治理提供决策依据。

侦查破案和预防犯罪是一个问题的两个方面，二者相辅相成。侦查工作做得好，会对社会治安起到特殊的预防作用；预防工作做好了，又会极大地降低刑事案件发案率。

二、刑事侦查工作的原则

刑事侦查工作的原则，是指侦查人员在侦查活动中必须遵循的行为准则。它是根据刑事侦查活动的基本规律，为实现侦查目的而提出的。需要指出的是，侦查是一项刑事诉讼活动，也是一项执法活动，它要受到《刑事诉讼法》和《公安机关办理刑事案件程序规定》的制约，必须遵守法律规定的一般性原则。同时，刑事侦查工作又是一项特殊的执法活动，因此，在遵循一般性原则的基础上还必须遵循特殊原则。

（一）专门工作与群众路线相结合的原则

依靠群众和专门工作相结合，反映了我国侦查工作的特色，充分显示了二者在侦查工作中的重要地位和作用。其中，依靠群众，是侦查工作的基础。依靠群众是党的群众路线在侦查工作中的具体体现，也是我国侦查工作的优良传统。“警力有限，民力无穷”已成为现代警界的共识。当今世界，各国警察都十分注重改善和密切警民关系，以取得公众对警务工作的支持。侦查工作中依靠群众的内涵主要体现在：第一，只有紧密依靠群众，侦查人员才能有效地获取揭露犯罪、证实犯罪的线索和证据材料。作案人隐藏在群众之中，犯罪活动发生时群众最知情，甚至对犯罪活动的细枝末节都了解。比如，作案人犯罪前踩点、犯罪后携赃逃窜以及毁证灭迹等可疑行径和反常表现，都难逃群众的“慧眼”，及时进行调查访问，往往可以获取有价值的线索。第二，人民群众能在侦查各个环节给予支持、配合和监督。例如，侦查机关立案的主要线索来源是群众的检举、揭发和控告；现场勘查前后需要群众保护现场，勘查过程中需要从群众中邀请见证人；调查访问需要群众的配合；等等。第三，依靠技术专家、学者解决侦查中的各种专门问题。刑事犯罪可能发生在各个领域，案件中的问题也是多种多样的。例如，犯罪手段、目标、对象等，可能涉及金融、税务、海关、民族宗教、军事、天文地理等学科和科学知识，为了解决案件中专门性问题，侦查人员需要向各行各业的专家和学者请教。

总之，只有将刑事侦查的专门工作与群众路线有效结合，才能有利于捕捉战机，才能广辟侦查线索来源，选择最佳的侦查途径，达到及时破案的目的。

（二）实事求是的原则

刑事侦查中的实事求是原则，是指侦查人员在具体侦查过程中，必须从案件的实际情况出发，以收集的证据为依据，研究犯罪嫌疑人与犯罪事实之间的联系，对案件作出符合客观实际的判断。坚持实事求是的原则，要求侦查人员在侦查过程中做到以下几点：

1. 重证据、重调查研究。《刑事诉讼法》第五十五条第一款规定：“对一切案件的判处都要重证据，重调查研究，不轻信口供。只有被告人供述，没有其他证据的，不能认定被告人有罪和处以刑罚；没有被告人供述，证据确实、充分的，可以认定被告人有罪和处以刑罚。”这说明，证据是查明案情、认定是否犯罪的根据，也是侦查工作的立足点。侦查工作把“重证据”作为自身原则的一项重要内容，就是要求侦查人员查明并认定案件事实必须以收集到的确实、充分的证据作为唯一依据，树立证据第一的思想。侦查人员在侦查过程中，切实把握“重证据”这一指导原则，就会在实际工作中，充分发挥自己的主观能动性，及时、深入细致地收集证据、核实证据，用证据事实来认定案件事实，这也符合以审判为中心的刑事诉讼制度改革的基本精神。

2. 全面、细致地开展侦查工作。全面、细致就是要全面了解与案件有关的情况，凡是与犯罪有关的地点都要勘验，凡是与案情有关的物证都要提取，凡是与案情有关的单位和个人都要进行调查，不能放过任何看来是细枝末节的线索，不能忽视现场上任何细微的痕迹，特别是对微量物证，不能凭主观想象而任意取舍。同时，在收集证据时，不能只收集能证明犯罪嫌疑人有罪的证据，也要收集能证明犯罪嫌疑人无罪的证据。对证据中的矛盾要反复核实，查清疑点，这样的证据在侦查中才能发挥作用。

3. 充分发扬民主，自觉接受监督，发现错误及时修正。在侦查中坚持实事求是，就必须发扬民主作风，坚持“从群众中来，到群众中去”的工作方法，坚持集思广益，防止主观片面，确保侦查工作沿着正确的方向开展。同时，要认真落实执法公开相关要求及案件告知、回告等相关制度，自觉接受上级公安机关、人民检察院以及广大人民群众的监督，在侦查工作允许的范围内做到信息公开，发现问题及时纠正。

（三）依法办案的原则

依法办案，是指侦查办案活动必须严格依法进行。无论是在侦查基础业务建设、专门手段建设中，还是在侦查过程中，侦查人员都必须遵守法律规定。为此，要求侦查人员做到以下几点：

1. 彻底转变“重实体，轻程序”的观念，做到程序与实体并重。现代刑事诉讼理论提出：实体公正与程序公正是刑事诉讼所追求的双重价值目标，程序公正是实现实体公正的前提，实体公正是程序公正所追求的目标。要将实体公正作为侦查工作的价值取向，将程序公正作为实现这一价值取向的保障，坚持两者的统一，树立“打击犯罪与保障犯罪嫌疑人合法权益并重”的理念。《刑事诉讼法》和《公安机关办理刑事案件程序规定》从程序上规定了侦查机关在办案中采取各项侦查措施调查取证时应当遵循的程序、步骤和基本原则。侦查人员在办案过程中必须严格遵守这些规定，要树立自然人人格平等的思想，即使是涉嫌犯罪的犯罪嫌疑人，其人权也仍然受到法律保护。侦查人员要在侦查过程中自觉地保障犯罪嫌疑人所享有的各项诉讼权利。

2. 侦查过程中必须秉公执法。依法办案原则，要求侦查人员在办案过程中坚持法律面前人人平等，坚持有法必依、执法必严、违法必究。因此，侦查人员必须具备良好的法律素养和职业素养，要熟悉《刑法》《刑事诉讼法》《公安机关办理刑事案件程序规定》等法律规定，并能在侦查活动中熟练运用，严格依法使用各项侦查措施，严禁非法取证。除此之外，侦查人员还应具备优秀的道德品质和职业操守，依法全面收集犯罪嫌疑人有罪和无罪的证据，这也是依法办案的前提和基础。

（四）快速反应的原则

侦查活动中的快速反应，是由刑事案件的特点决定的。刑事犯罪是一种严重危害国家和人民利益的行为。为及时制止犯罪行为，防范、减轻社会危害，侦查活动必须迅速及时，不给犯罪嫌疑人以喘息、逃跑、毁灭罪证和继续进行新的犯罪活动的机会。特别是在侦办抢劫、武装贩毒等严重暴力犯罪案件和电信诈骗、网络诈骗等新型犯罪案件的过程中，必须“先发制敌，速战速决”，避免更大危害结果的产生，最大限度地保护人民群众的生命财产安全。为此，要求侦查人员做到如下几点：

1. 要明确抓住战机、积极侦查、及时破案的指导思想。快速反应原则的基本精神就是“快”。侦查人员一定要抓住案件发生不久、痕迹明显、群众记忆犹新、作案人未及远逃、赃证尚未处理的有利时机，快查快办，并要做到快中有准，快中有细。同时，要根据对案情的科学分析，正确制订侦查方案，迅速展开侦查活动，如迅速赶赴现场，及时进行勘验和调查，尽快采取查缉措施，发现线索、查明案情、取得证据。无论是已经实施的犯罪，还是正在预谋的犯罪，只要查明了犯罪的基本事实和获取了主要证据，就应及时缉捕犯罪嫌疑人，突破全案。

2. 要有高度的政治责任感和雷厉风行的职业作风。随着科学技术的发展，作案人的作案手段也变得更加高明和复杂，给侦查机关的快速破案带来了难度。侦查人员必须以高度的责任感和使命感面对困难，对侦查破案有充分的信心和坚定的决心，一切行动都要神速果断，无论何时何地发生刑事案件，侦查机关必须快速出击，及时展开侦查活动。在侦查活动陷入僵局时，侦查人员更要沉着冷静，迎难而上，充分发挥主观能动性，积极开辟线索来源，积极寻找侦查突破口，直到取得最后胜利。

3. 充分利用现代化信息技术手段，积极优化侦查工作机制。为了实现快速反应，侦查机关应本着科学、高效、精干的原则，积极发挥现代化信息技术手段的作用，主动迎合新时期犯罪发展趋势的新变化，进一步优化情报主导侦查、侦查协作等工作新机制，实现侦查工作向主动型、预测型、专业式的方向发展，整体提升侦查工作的效率。

（五）侦查协作原则

侦查协作，是指在侦查活动中，侦查机关之间有组织、有领导的联合、配合与协同动作的专门活动。侦查协作既可以是刑事案件发生前的犯罪信息共享，也可以是刑事案件发生后的协作配合。侦查协作可以在最大限度上缩短侦查工作的时空距离，发挥侦查工作的整体合力，提高侦查工作效率，降低侦查成本。实践中，侦查机关可以在以下方面开展侦查协作：一是共享犯罪情报和犯罪线索，交换犯罪资料和犯罪信息；二是配合调查取证，查缉潜逃的犯罪嫌疑人；三是“会诊”疑难案件，提供专业技术支持。在新形势下，应当顺应大数据潮流，从革新侦查思维、审视侦查体制的角度出发，强化侦查协作意识，实现侦查协作常态化、精准化、高效化，加快实现我国侦查协作工作数据化、智能化，进而有效释放侦查机关战斗潜力，真正提升侦查效率。

（六）保守侦查秘密原则

保守侦查秘密是由侦查工作特点决定的，也是侦查人员在侦查破案过程中必须遵守的原则之一。一方面，保守秘密的对象是法律所规定的需要保密的相关证据。《公安机关办理刑事案件程序规定》第六十一条第二款规定，“对涉及国家秘密、商业秘密和个人隐私的证据，应当保密”。其中，国家秘密，是指关系国家的安全和利益，依照法定程序确定在一定时间内只限一定范围的人员知悉的事项；商业秘密，是指不为公众所知悉，能为权利人带来经济利益，具有实用性并经权利人采取保密措施的技术信息和经营信息；个人隐私，是指不愿意为他人知悉的个人生活秘密。侦查中，如果涉及上述证据，应当予以保密。另一方面，侦查工作中还应注意保守侦查工作秘密，主要包括侦查工作的部署、实施情况，获得侦查线索的情况等。在侦查过程中，侦查人员必须牢固树立保密意识，把保守秘密作为一项组织纪律严格遵守。

第二章　刑事案件的侦查程序

第一节　刑事案件管辖

我国刑事诉讼中的管辖，是指人民法院、人民检察院和公安机关依照法律规定立案受理刑事案件以及人民法院系统内审判第一审刑事案件的分工制度。

根据《刑事诉讼法》的相关规定，管辖分为职能管辖和审判管辖两类。职能管辖也称为立案管辖或部门管辖，是指公安机关（含国家安全机关）、人民检察院和人民法院对直接受理的刑事案件的分工。职能管辖所要解决的是哪一类刑事案件应当由上述哪一个司法机关立案侦查或直接受理的问题。审判管辖则是指人民法院对第一审刑事案件在审判权限上的分工。

本节所讲的管辖是指公安机关内部在受理其所管辖的案件时涉及的权限划分以及特殊情况下的管辖确定，主要包括地域管辖、级别管辖、指定管辖和移送管辖。

一、地域管辖

地域管辖，是指不同地区的同级公安机关之间在受理刑事案件权限上的分工，解决的是由公安机关立案侦查的案件应当由哪个地方的公安机关管辖的问题。

（一）地域管辖的一般原则

《公安机关办理刑事案件程序规定》第十五条第一款规定："刑事案件由犯罪地的公安机关管辖。如果由犯罪嫌疑人居住地的公安机关管辖更为适宜的，可以由犯罪嫌疑人居住地的公安机关管辖。"

本条第一款首先确定了刑事案件属地管辖的一般原则，这是依据《刑事诉讼法》的立法精神确定的，它有利于收集和核实证据，查明案件的真实情况，抓获犯罪嫌疑人，及时侦破案件。但是，有些案件由犯罪嫌疑人居住地的公安机关管辖可能更为适宜，在这种情况下，也可以由犯罪嫌疑人居住地的公安机关管辖。这一规定体现了原则性与灵活性相结合的立法精神，也便于实现与人民法院审判管辖的衔接，有利于刑事诉讼活动的顺利进行。

本条规定中所指的"更为适宜"一般指以下几种情形：犯罪嫌疑人流窜作

案，主要犯罪地难以确定，而居住地群众更为了解其犯罪情况的；犯罪嫌疑人在居住地民愤很大，当地群众强烈要求在居住地进行审判的；可能对犯罪嫌疑人判处管制或者适用缓刑，应当在犯罪嫌疑人居住地监督、考察的。犯罪嫌疑人居住地包括其户籍所在地和离开户籍所在地最后连续居住一年以上的经常居住地。

另外，《公安机关办理刑事案件程序规定》针对当前刑事犯罪流动性强、团伙性、跨区域性突出等特点，结合相关法律规定，对“犯罪地”作出了更为科学、合理的规定，更具可操作性。根据《公安机关办理刑事案件程序规定》，犯罪地包括犯罪行为发生地和犯罪结果发生地。其中，犯罪行为发生地包括犯罪行为的实施地以及预备地、开始地、途经地、结束地等与犯罪行为有关的地点；犯罪行为有连续、持续或者继续状态的，犯罪行为连续、持续或者继续实施的地方都属于犯罪行为发生地。犯罪结果发生地包括犯罪对象被侵害地、犯罪所得的实际取得地、藏匿地、转移地、使用地、销售地。

针对或者利用计算机网络实施的犯罪，用于实施犯罪行为的网站服务器所在地、网络接入地以及网站建立者或者管理者所在地，被侵害的计算机信息系统及其管理者所在地，以及犯罪过程中犯罪嫌疑人、被害人使用的计算机信息系统所在地公安机关可以管辖。

行驶中的交通工具上发生的刑事案件，由交通工具最初停靠地公安机关管辖；必要时，交通工具始发地、途经地、到达地公安机关也可以管辖。

（二）优先管辖与并案侦查

1. 优先管辖。《公安机关办理刑事案件程序规定》第二十一条第一款规定：“几个公安机关都有权管辖的刑事案件，由最初受理的公安机关管辖。必要时，可以由主要犯罪地的公安机关管辖。”

这是关于地域管辖冲突处理的原则规定，也是地域管辖规定一般原则的补充。

我国幅员辽阔，案件情况错综复杂，特别是在当前流窜犯罪、跨地区犯罪、集团犯罪日益增多的情况下，对同一个刑事案件，按照地域管辖的原则，可能会出现同级的几个公安机关同时都拥有管辖权的情况。为了避免有管辖权的公安机关对同一刑事案件争着立案或者互相推诿，影响刑事案件的及时侦破，根据《刑事诉讼法》首先应当遵循时间顺序解决管辖权冲突的立法精神，确定了由最初受理的公安机关进行管辖的优先管辖冲突处理原则。这主要是考虑到最初受理案件的公安机关对案件情况已经有所了解，有的还已经开展侦查工作，有利于及时破案。至于案件受理的先后顺序，可以根据制作《受案登记表》等受案材料的时间来确定。

考虑到特定情况下案件侦查工作的特殊需要，法律明确规定，必要时，可以由主要犯罪地的公安机关管辖。这里所指的“必要时”，是指最初受理的公安机关不是主要犯罪地的公安机关，如果由主要犯罪地的公安机关管辖会更有利于查清全部犯罪事实，保障侦查工作的顺利进行。这时，最初受理的公安机关可以将案件移送主要犯罪地公安机关进行侦查。主要犯罪地主要包括以下三种情形：一是同一个犯罪嫌疑人在不同地区实施同一犯罪行为，其中的主要犯罪行为实施地；二是同一个犯罪嫌疑人在不同地区实施数个犯罪行为，其中最严重的犯罪行为实施地；三是共同犯罪案件中，主要犯罪嫌疑人的犯罪行为实施地。

2. 并案侦查。《公安机关办理刑事案件程序规定》第二十一条第二款对并案侦查作出了规定。并案侦查是将一个或者一伙犯罪嫌疑人所实施的系列案件串联起来，一并组织侦查的侦查措施，可以最大限度地集中犯罪信息、缩小侦查范围、提高侦查效率、节约诉讼资源，因此，在侦查工作中经常会被使用，也必然会涉及受理案件的公安机关对于原本不属于其管辖的案件合并侦查。

根据《公安机关办理刑事案件程序规定》第二十一条第二款的规定，具有下列情形之一的，公安机关可以在职责范围内并案侦查：（1）一人犯数罪的；（2）共同犯罪的；（3）共同犯罪的犯罪嫌疑人还实施其他犯罪的；（4）多个犯罪嫌疑人实施的犯罪存在关联，并案处理有利于查明犯罪事实的。

二、级别管辖

级别管辖，是指上下级公安机关之间在受理刑事案件权限上的分工。级别管辖主要是根据刑事案件的性质、犯罪行为的社会危害性及公安机关侦查工作的特点来确定的。

根据《公安机关办理刑事案件程序规定》第二十四条第一、二款的规定，县级公安机关负责侦查发生在本辖区内的刑事案件。设区的市一级以上公安机关负责重大的危害国家安全犯罪、恐怖活动犯罪、涉外犯罪、经济犯罪、集团犯罪以及跨区域犯罪的侦查。可见，公安机关大部分刑事案件的管辖权被赋予了县级以上公安机关行使，不管是一般、重大还是特别重大的刑事案件，原则上都由县级公安机关负责侦查。设区的市一级以上公安机关主要负责重大的危害国家安全犯罪、恐怖活动犯罪、涉外犯罪、经济犯罪、集团犯罪以及跨区域犯罪的侦查。以上是关于级别管辖的一般性规定。

《公安机关办理刑事案件程序规定》第二十四条第三款规定：“上级公安机关认为有必要的，可以侦查下级公安机关管辖的刑事案件；下级公安机关认为案情重大需要上级公安机关侦查的刑事案件，可以请求上一级公安机关管辖。”

这是关于级别管辖的特殊规定。所谓“有必要的”，是指案件涉及面广、涉案人员多、案情特别复杂和其他特殊情况。下级公安机关认为需要由上级公安机关侦查的刑事案件，是指涉及面广、涉案人员多、案情特别复杂或者涉及其他市、县等，由下级公安机关侦查会遇到很大困难，由上级公安机关侦查会更加及时、有效的刑事案件。实践中，考虑到部分刑事案件的特殊性，为确保侦查工作的顺利进行，可以在出现上述情形时，由上级公安机关直接决定侦办下级公安机关管辖的刑事案件，或者由下级公安机关请求上级公安机关进行管辖。

三、协商管辖与指定管辖

《公安机关办理刑事案件程序规定》第二十二条对协商管辖和指定管辖的情形作出了规定。

所谓协商管辖，是指同级公安机关对管辖权不明或者有争议的刑事案件，相互协商，以确定由哪个公安机关管辖；指定管辖，是指对于管辖权不明确或者有争议，且共同下级公安机关协商不成的刑事案件，上级公安机关在其辖区内指定由哪一下级公安机关管辖。

侦查实践中，经常会出现管辖权不明或者有争议的情况。为了保证侦查工作的顺利进行，有关公安机关应当本着有利于案件侦查的基本原则通过协商确定管辖。如果协商不成，基于侦查效率的考虑，有关公安机关的共同上级公安机关就应当及时指定某一下级公安机关开展侦查，以避免推诿扯皮，影响侦查工作的开展。

除了协商不成的情形外，对于情况特殊的案件，可以由共同上级的公安机关管辖。这里的“情况特殊”，是指公安机关在办理刑事案件中出现的一些在原有管辖权下行使侦查权会影响案件侦办质量的情形，如犯罪嫌疑人是对案件有管辖权的公安机关负责人，或者犯罪嫌疑人在当地的影响比较大，案件由原本有管辖权的公安机关进行侦查可能会受到干扰、影响的。在这些情况下，共同上级公安机关可指定管辖，以确保案件侦查工作得以公平公正的开展。

四、专门管辖

《公安机关办理刑事案件程序规定》对铁路、民航、海关系统的专门公安机关所管辖的刑事案件作出了明确的规定，即专门管辖，以便发挥其各自的职能优势，积极开展所辖刑事案件的侦查工作。

第一，铁路公安机关管辖的刑事案件。铁路公安机关管辖铁路系统的机关、厂、段、院、校、所、队、工区等单位发生的刑事案件，车站工作区域内、列车内发生的刑事案件，铁路沿线发生的盗窃或者破坏铁路、通信、电力线路和其他重要设施的刑事案件，以及内部职工在铁路线上工作时发生的刑事案件。铁路系统的计算机信息系统延伸到地方涉及铁路业务的网点，其计算机信息系统发生的刑事案件由铁路公安机关管辖。对倒卖、伪造、变造火车票的案件，由最初受理案件的铁路公安机关或者地方公安机关管辖。必要时，可以移送主要犯罪地的铁路公安机关或者地方公安机关管辖。铁路建设施工工地发生的刑事案件由地方公安机关管辖。

第二，民航公安机关管辖的刑事案件。民航公安机关管辖民航系统的机关、厂、段、院、校、所、队、工区等单位、机场工作区域内、民航飞机内发生的刑事案件。重大飞行事故刑事案件由犯罪结果发生地机场公安机关管辖。犯罪结果发生地未设机场公安机关或者不在机场公安机关管辖范围内的，由地方公安机关管辖，有关机场公安机关予以协助。

第三，海关走私犯罪侦查机构管辖的刑事案件。海关走私犯罪侦查机构管辖中华人民共和国海关境内发生的涉税走私犯罪案件和发生在海关监管区内的非涉税走私犯罪案件。

五、公安机关与其他侦查机关及军地互涉案件的管辖分工

公安机关侦查的刑事案件涉及人民检察院管辖的案件时，应当将属于人民检察院管辖的刑事案件移送人民检察院。涉嫌主罪属于公安机关管辖的，以公安机关为主开展侦查；涉嫌主罪属于人民检察院管辖的，公安机关予以配合。公安机关侦查的刑事案件涉及其他侦查机关管辖的案件时，参照前款规定办理。

公安机关侦查的刑事案件的犯罪嫌疑人涉及监察机关管辖的案件时，应当及时与同级监察机关协商，一般应当由监察机关为主调查，公安机关予以协助。

公安机关和军队互涉刑事案件的管辖分工按照有关规定办理。

公安机关和武装警察部队互涉刑事案件的管辖分工依照公安机关和军队互涉刑事案件的管辖分工的原则办理。

第二节　立　　案

刑事诉讼中的立案，是指公安机关对于报案、控告、举报、自首等材料，依照管辖范围进行审查，以判明是否确有犯罪事实存在以及是否应当追究相应刑事责任，并依法决定是否作为刑事案件进行侦查的诉讼活动。立案是刑事诉讼的起始程序，是独立的诉讼阶段，也是每一起刑事案件必经的法定程序。只

有经过立案，其他的诉讼活动才能依次进行，侦查、起诉、审判工作才能产生法律效力。刑事诉讼的立案阶段，起始于受案，结束于作出是否立案或者其他处理的决定。

一、受案

受案，是公安机关办理刑事案件的初始环节。刑事案件的受理，既是公安机关的法定权力，又是其法定义务。《刑事诉讼法》第一百零九条至第一百一十一条和《公安机关办理刑事案件程序规定》第一百六十九条至第一百七十五条对此作出了明确的规定。侦查机关必须严格按照国家法律的要求，做好案件的受理工作。

（一）案件来源

根据《公安机关办理刑事案件程序规定》，公安机关接受刑事案件的来源主要有以下情况：公民扭送、报案、控告、举报、犯罪嫌疑人自动投案以及其他。

1. 扭送，是指公民将当场抓获的现行犯或者将抓获的被追捕的犯罪嫌疑人、罪犯等强制送交公安、司法机关处理的行为。根据《刑事诉讼法》第八十四条的规定：对于有下列情形的人，任何公民都可以立即扭送公安机关、人民检察院或者人民法院处理：（1）正在实施犯罪或者在犯罪后即时被发觉的；（2）通缉在案的；（3）越狱逃跑的；（4）正在被追捕的。

2. 报案，是指被害人、有关单位或者个人在发现有犯罪事实发生后，向公安、司法机关报告和反映自己所发现的犯罪事实的行为。报案人可以是当事人，也可以是知情人。报案一般只是报告刑事案件的发生，而对犯罪嫌疑人的情况一般无从报告。

3. 控告，是指被害人及其法定代理人、近亲属向公安或司法机关告发某人或某些人对被害人的人身或财产权利实施了犯罪行为，并要求依法追究其责任的行为。控告人大多数是被害人，属于案件当事人。

4. 举报，是指被害人以外的单位或个人将其个人发现的犯罪嫌疑人及其犯罪事实向公安或司法机关检举揭发的行为。举报人一般是当事人以外的知情人，与犯罪事实或犯罪嫌疑人无直接的牵连或利害关系。

5. 犯罪嫌疑人自动投案，是指犯罪事实或者犯罪嫌疑人未被公安机关发觉，或者虽已被发觉，但犯罪嫌疑人尚未被采取强制措施时，主动或直接向司法机关投案的行为。

除上述案件来源外，公安机关接受刑事案件的来源还包括：上级公安机关交办的案件；110 报警服务台指令的案件；人民检察院、人民法院、行政执法机关、军队保卫部门或者其他公安机关移送的案件；公安机关及其民警在日常执法执勤中发现的其他刑事案件。

（二）受案的基本程序

公安机关对于公民扭送、报案、控告、举报或者犯罪嫌疑人自动投案的，都应当立即接受，问明情况，并制作笔录，经核对无误后，由扭送人、报案人、控告人、举报人、自动投案人签名、捺指印。必要时，应当对接受过程录音录像。

1. 制作《询问笔录》。《询问笔录》应当包括以下内容：

（1）告知控告人、举报人应当如实提供情况，不得诬告、陷害以及诬告、陷害应负的法律责任。

（2）案件的详细情况。包括案件发生、发现的时间、地点、原因、经过、后果；犯罪嫌疑人出入现场的路线、方向；现场周围情况、是否采取了处置措施、是否被保护等。

（3）犯罪嫌疑人的详细情况。对知悉犯罪嫌疑人情况的，应当问明犯罪嫌疑人的姓名、性别、年龄、身高、口音、行走姿势、衣着打扮、携带的凶器物品、作案的方式手段和人数、职业、地址、工作单位以及与犯罪嫌疑人熟悉的经过、关系等；对主动投案的，应当问明投案的方式、动机、目的、过程、同案人、被害人基本情况等。

（4）被害人、证人的详细情况。对知悉被害人情况的，应当问明被害人姓名、性别、年龄、职业、住址、工作单位、联系方式，被侵害的时间、地点、经过或者被害单位情况等；对知悉证人情况的，应当问明证人姓名、性别、年龄、职业、住址、工作单位、联系方式等。

（5）涉案物品、工具的详细情况。对知悉涉案物品、工具的，应当问明类型、品名、厂牌、产地、型号、规格、式样、质地、颜色、数量、重量、价值、特征等。

对于电话报案的，应当记清报案人的联系方式。对匿名报案的，应问明情况，并及时调查核实。对于扭送人、报案人、控告人、举报人不愿意公开自己姓名身份的，应当为其保密，保障其本人及其近亲属的安全，并于笔录中注明。

2. 接受证据。对于扭送人、报案人、控告人、举报人、自动投案人提供的有关证据材料、物品等应当登记，并制作《接受证据材料清单》，必要时，应当拍照、录音、录像，并妥善保管。

3. 制作《受案登记表》及《受案回执》。接受案件的民警应当当场制作《受案登记表》及《受案回执》。《受案登记表》连同其他案件材料，报本单位领导审批，《受案回执》应当说明查询案件进展情况的方式和途径，加盖受案单位印章后交扭送人、报案人、控告人、举报人。

4. 现场处置。遇有现场需要处置或者110报警服务台指令赶赴现场处置的，应当尽快到达现场，并按照现场处置的有关规定处置现场，同时对可能涉及的犯罪嫌疑人、有关人员、作为证据使用的物品、文件做妥善处理。现场处置完毕后，应当在二十四小时内完成受案登记。对现场处置的过程，应当按照公安机关接处警规定进行音视频记录。

二、立案审查

立案审查是办案部门对接受的案件线索是否符合立案条件进行的审核和调查活动。根据《刑事诉讼法》第一百一十二条和《公安机关办理刑事案件程序规定》第一百七十四条的规定，公安机关对于接受的案件或者发现的犯罪线索，应当迅速进行审查。发现案件事实或线索不明的，必要时，经办案部门负责人批准，可以进行调查核实。

（一）立案审查的内容

受案后，立案审查应围绕以下内容展开：是否有违法犯罪事实，是否达到刑事案件立案标准，是否属于本单位管辖。

对于行政执法机关移送的涉嫌犯罪的案件，还应审查是否随案移送了案件移送书、案件调查报告、涉案物品清单、附有鉴定机构和鉴定人资质证明或者其他证明文件的检验报告或者鉴定意见、现场照片、询问笔录、电子数据等与案件有关的证据等材料。

（二）立案审查的方式

一般情况下，立案审查可以通过审阅受案材料、进行初步走访调查、询问有关人员、继续盘问、现场勘查等方法进行，并应当按照相关法律规定的程序和期限进行。

根据法律的相关规定，在进行立案审查的过程中，发现案件事实或者线索不明的，必要时，经办案部门负责人批准，可以进行调查核实。其目的就是通过必要而有限度的调查确定是否有犯罪事实存在、是否需要追究刑事责任，以保证刑事立案的严肃性和准确性。

由于立案审查阶段尚未立案，因此，只能有限度地选择必要的调查措施，对被调查对象的人身权利和财产权利不能产生实质性影响，公安机关可以依照有关法律和规定采取询问、查询、勘验、鉴定和调取证据材料等不限制被调查对象人身、财产权利的措施。不得对被调查对象采取强制措施，不得查封、扣押、冻结被调查对象的财产，不得采取技术侦查措施。

三、决定是否立案及其他处理情形

（一）立案

1. 决定立案的条件。决定立案的，应当同时符合以下条件：（1）认为有犯罪事实；（2）达到刑事案件立案标准；（3）属于本单位管辖。

对于人民检察院通知立案的、人民法院移送立案侦查的以及上级公安机关指定管辖或者书面通知立案的，也应当按照相应规定立案侦查。

2. 立案的程序。受案部门负责人在《受案登记表》上审批同意立案侦查的，应当制作《呈请立案报告书》，连同《受案登记表》等受案材料，报县级以上公安机关负责人批准。

县级以上公安机关负责人批准立案的，由办案部门制作《立案决定书》。

对有扭送人、报案人、控告人、举报人的，应当告知其立案情况，但案件涉及国家秘密、个人隐私、共同犯罪、集团犯罪、黑社会性质组织犯罪、恐怖活动犯罪、毒品犯罪等情况需要保密时，可视情不予告知。告知和不予告知的情况，应当在《立案决定书》中注明。

对于行政执法机关移送的案件，人民检察院通知立案的，上级公安机关指定管辖或者书面通知立案的，应当根据相关规定进行立案情况通知或者报告。

（二）不予立案

1. 不予立案的条件。经过审查，有下列情形之一的，不予立案：（1）没有犯罪事实的；（2）犯罪事实显著轻微，不需要追究刑事责任，或者具有其他依法不予追究刑事责任情形的。

2. 不予立案的程序。受案部门负责人在《受案登记表》上审批同意不予立案的，应当制作《呈请不予立案报告书》，连同《受案登记表》等受案材料，报县级以上公安机关负责人批准。

县级以上公安机关负责人批准不予立案的，由办案部门制作《不予立案通知书》。

对有控告人的案件，应当将《不予立案通知书》在三日内送达控告人。对报案人、举报人、扭送人，应及时告知其不予立案的决定。对行政执法机关移送的案件，应当说明理由并于三日内将《不予立案通知书》连同案卷材料送达移送案件的行政执法机关。

需要注意的是，无论是公安机关的立案决定还是不予立案的决定，人民检察院均有权予以监督。公安机关应当按照法律的相关规定予以配合。

（三）移送案件

经立案侦查，认为有犯罪事实需要追究刑事责任，但不属于自己管辖或者需要由其他公安机关并案侦查的案件，或者本单位有管辖权，但经与其他有管辖权的公安机关协商，或者经上级公安机关指定管辖的，应当经县级以上公安机关负责人批准，制作《移送案件通知书》，移送有管辖权的机关或者并案侦查的公安机关，并在移送案件后三个月内书面通知扭送人、报案人、控告人、举报人或者移送案件的行政执法机关；犯罪嫌疑人已经到案的，应当依照有关规定通知其家属。

案件变更管辖或者移送其他公安机关并案侦查时，与案件有关的法律文书、证据、财物及其孳息等应当随案移交。移交时，由接收人、移交人当面查点清楚，并在交接单据上共同签名。

第三节　刑事侦查的实施

一、分析判断案情，拟定侦查计划

（一）分析判断案情

分析判断案情贯穿于刑事案件侦查的整个过程。从一定意义上说，整个侦查过程就是侦查人员对案情的认识由浅入深，由片面到全面，由模糊到清晰，并逐步获取证据证明这种认识正确性的过程。案件侦查初期要进行现场分析，随着侦查的深入，经常要进行案情复析。而当案件侦查遇到难题、停滞不前时，则要邀请专家对案件进行“会诊”。分析判断案情的过程实际上是一个采用恰当的方式，运用已知情况推断未知情况的过程。为了避免出现不必要的错误和偏差，分析判断案情必须以唯物辩证法为指导，并要符合思维逻辑规则，充分运用逻辑推理方法和其他科学方法。

在侦查实践中，分析判断案情主要应围绕作案人情况以及作案人实施犯罪活动的相关情况进行。

1. 对作案时间的分析判断。作案时间，通常是指作案人从进入现场开始到犯罪行为实施完毕逃离现场结束的时间段。不具有作案时间的刑事案件是不存在的。时间具有一维性，根据对作案时间的分析与判断，可以为确认犯罪嫌疑人是否有实施犯罪的可能提供依据。一般情况下，对作案时间的分析判断主要通过以下方法进行：

（1）根据事主、被害人、案件目击者，案件发现人、报案人及其他知情人的陈述推断。一般而言，事主、被害人、目击者可以直接提供作案的时间，但是，由于直觉或感觉的错误也可能导致他们对时间的判断错误。因此，侦查人员对于作案时间的推断并不能完全依赖于他们的陈述。对于案件发现人、报案人及其他知情人更是如此，因为他们没有亲历案件过程，他们对于作案时间的陈述本身只是推断。

(2) 根据现场上的痕迹、物品和室内陈设状况进行推断。例如，现场被毁坏的钟表、手表所指示的时间。

(3) 根据尸体现象和胃内容物进行推断。对有尸体的现场，可以根据尸僵、尸斑、尸冷、尸体的腐败程度等现象，以及胃内容物的消化程度分析判断作案时间。

(4) 根据被害人平时的生活习惯、作息规律推断。例如，被害人通常何时起床、上班、下班、就寝等。

(5) 根据现场所处的地理环境和往来人员的活动情况推断。例如，哪一个时间段现场环境中进入外人较多，哪一个时间段来往人员较少，作案不易被人发现等。

2. 对作案地点的分析判断。分析作案地点关键是要解决两个问题：一是所勘查的现场是否为主体现场或者第一现场；二是作案人对现场是否熟悉。

侦查实践中，发现案件的现场多是主体现场或者第一现场，但有时也不尽然。例如，碎尸案件中发现尸块的地点往往并非主体现场或第一现场。对于这类案件，找到主体现场对于案件侦查工作有着极其重要的意义。一般情况下，分析判断是否为主体现场或者第一现场主要采取以下方法：

(1) 根据现场的反常情况推断。

(2) 根据尸体上的微量附着物推断。

(3) 根据现场上的犯罪痕迹推断。

(4) 根据现场上有无移尸迹象推断。

3. 对作案工具的分析判断。作案人实施犯罪往往使用一定的作案工具。作案工具在一定程度上可以反映出作案人的职业特点、居住范围、特殊技能等。因此，分析作案工具有助于确定侦查范围，发现犯罪嫌疑人和收集证据。分析作案工具主要从以下几个方面进行：

(1) 根据现场遗留的工具痕迹分析。

(2) 根据损伤情况分析。

(3) 根据被害人的陈述分析。

(4) 根据现场遗留的工具、凶器的碎片以及包装物、擦拭物等推断。

4. 对作案人数的分析判断。分析作案人数，主要是分析单人作案还是多人作案，如果证据确实，可以直接确定作案人数。对作案人数的分析，有助于划定侦查范围，具体方法主要有：

（1）根据被害人、目击者提供的情况分析。

（2）根据现场发现的痕迹和遗留的物品分析。

（3）根据现场带走物品的数量体积、重量等分析。

（4）根据尸体上的伤痕和种类分析。

5. 对作案过程的分析判断。分析作案过程，首先要确定作案人进出现场的出入口和来去路线，并以此作为分析的起点和终点。一般情况下，分析作案过程，可以帮助发现和提取更多的痕迹物证，推断作案人对犯罪现场和周围环境的熟悉程度，推断作案人是初犯还是惯犯，帮助判断犯罪嫌疑人口供的真伪，并在一定程度上推断作案人的作案动机和目的。需要注意的是，要对现场是否有伪装进行仔细观察和判断，以免错定侦查方向。分析作案过程主要有以下方法：

（1）根据现场遗留的足迹情况进行分析。

（2）根据其他痕迹、物证形成的先后顺序进行分析。

（3）根据现场陈设物品的变化进行分析。

（4）根据尸体状况、血迹分布的情况等进行分析。

（5）根据当事人、知情人提供的情况进行分析。

6. 对作案动机、目的的分析判断。作案动机，是推动实施犯罪的内心起因，作案动机说明作案人为什么作案；作案目的，是作案动机直接指向的目标，是作案人所追求的直接结果。准确分析判断作案动机、目的，有助于判断案件性质，确定侦查方向和范围。分析作案动机、目的主要采取以下方法：

（1）根据被害人生前的工作性质、平素为人、生活作风、经济状况等进行分析。特别要注意被害人是否有仇家或者利益冲突者。

（2）根据作案的中心目标、目的物及产生的后果进行分析。

侦查实践中，分析判断作案动机、目的是一个比较复杂的问题，侦查人员要多观察、勤思考，并善于发现疑点，善于去伪存真，不要被假象迷惑。

（二）拟定侦查计划

侦查计划是侦查活动的产物，是公安机关刑事诉讼活动中行使侦查权的主要表现形式，是对侦查活动的初步规划。侦查程序是否合法、有效，案件事实、证据是否确实、充分，法律手续是否完备，都要通过侦查计划反映出来。侦查计划的制订要明确侦查工作的出发点、调查取证工作的重点等多方面的问题，反映侦查人员基于现有调查结果对于案件作出的初步分析，所以侦查计划制订的本身就是侦查人员侦查意识、谋略运用的综合体现。

1. 侦查计划的概念和内容。侦查计划，又称侦查方案，是指在刑事案件侦查过程中，侦查人员在全面分析、研究案情的基础上，所制定的指导侦查破案工作的具体目标和实现目标的安排。侦查计划既是充分发挥侦查人员的智慧、计谋，综合运用侦查谋略、措施和方法组合而成的具体作战方案，也是侦查指挥员据此组织、指挥案件侦查活动的依据。根据侦查实践的要求，对疑难、复杂、重大、特别重大案件决定立案侦查的，应当制订侦查计划，来指导侦查工作有计划、有步骤地进行。侦查计划一般应包括以下几方面内容：

（1）立案根据。立案根据也是侦查工作开展的依据，包括案件发生、发现的时间、地点，当事人的基本情况及造成的损失和后果，通过审查立案材料所查明的犯罪事实等。如果是以线索材料为依据立案侦查的案件，则要把线索来源和初步查证的犯罪嫌疑事实叙述清楚，并说明立案侦查的理由。

（2）对案情的初步分析和判断。包括对线索来源可靠程度和涉嫌范围的判定。即在现场勘查和已经掌握材料的基础上，对案件的性质，作案过程以及作案人的个人特征及其作案手段、方法和所具备的条件等作出分析判断，并且写明初步确定的侦查方向和范围，等等。

（3）为查明案情需要采取的措施。根据案件的具体情况，确定应当查明哪些问题，要达到什么要求，为查明这些问题拟采用的侦查措施和手段，以及完成各项任务的期限等。

（4）侦查力量的组织和分工。即写明办案小组每名成员承担的具体工作任务，完成任务的时间、要求以及与有关方面的配合等。如果参加侦查的人员比较多，则要分为几个组，并写明每组的负责人、组成人员、具体工作任务等。

（5）需要有关方面配合的各个环节如何紧密衔接。在刑事犯罪流动性日益增强的背景下，刑事办案与其他相关部门紧密配合是一个必然的选择。公安机关办理刑事案件，离不开社会各方面的支持，更要求公安系统内部相互支持，协同作战，以提高办案效率，达到事半功倍之效。因此，在制订侦查计划时，必须将有关需要其他部门配合的各个环节如何紧密衔接写入其中。

（6）侦查实施过程中所必须遵循的制度和规定。刑事侦查是法律严格制约下的诉讼活动，因此在侦查实施的过程中必须建立严格的请示报告制度和工作进展情况的汇报制度，规定完成各项侦查任务应注意的问题等。

（7）如属预谋犯罪案件，还应当提出制止现行破坏和预防造成损失的措施。在实践中，由于在制订侦查计划时所获得材料的局限性和具体工作的复杂性，侦查方案不可能做到全面、具体、完整。这就要求随着侦查活动的不断深入，不断地调整、修改和补充侦查计划，以保证侦查工作沿着正确的方向开展。

2. 制订侦查计划的要求。侦查计划是反映具体案件侦破规律的行动方案，制订侦查计划是一项复杂的侦查组织工作，它必须是在全面分析案情、充分研究案件特点的基础上产生的。因此，在制订侦查计划时，要充分发扬民主，集思广益，综合判断，科学决策，使拟定出来的方案，能成为组织指导侦查活动的行动指南。具体要求是：

（1）客观分析案件材料，准确确定侦查方向和范围。正确的判断，来源于对事物客观的分析。确定正确的侦查方向和范围是及时破案的前提。制订侦查计划必须认真研究现场勘查和调查访问所获得的全部材料，吃透案情。侦查计划必须能客观地反映出立案的事实依据和法律依据，即立案侦查的犯罪事实和嫌疑根据。因为只有情况明，才能决心大，措施才能正确有力。如果不从案件的客观实际出发，不分析案件材料就作出判断和推理，只满足于一知半解，主观地制订侦查计划，必然会把侦查工作引入歧途。

（2）全面安排，点面结合，针对性强。侦查计划必须要对侦查工作进行整体布局，全面安排。既要有重点的进攻，又要进行全面布置，使点和面的工作有机地结合起来。对那些案件性质还不够清楚，侦查方向难以确定，而且存在几种可能性的案件，在制订侦查计划时，应当把几种可能性都考虑进去，相应地采取各种侦查措施。不能只着眼于可能性最大的一种判断，而忽略或放弃可能性较小的判断，应该做到点面结合，统筹兼顾，周密布置，防止犯罪嫌疑人漏网。同时，在制订侦查计划时，侦查计划的内容还要反映出案件的自身特点，即从个案的实际情况出发，有针对性地运用斗争策略，选择侦查途径，实施侦查对策，达到及时破案的目的。

（3）因情制宜，灵活多变。侦查计划制订出来并非一成不变，而是要随着客观情况的变化适时进行修改。因为，侦查计划是侦查人员根据自己对案件的初步了解和判断而制订出来的，但是，这种初步的了解和判断还需要通过侦查实践进行检验。如果侦查人员的判断与实际情况不符，就要及时对侦查计划作出相应的调整。因此，侦查人员的认识必须根据侦查过程中出现的新情况和新问题进行逐步的深化，并据此及时补充或修改侦查计划，使其更加切合实际。

二、全面开展侦查，发现和认定犯罪嫌疑人

在侦查计划制订以后，要尽快转入侦查活动的具体实施阶段。即在既定的侦查方向和范围之内，深入群众进行调查访问，摸排嫌疑线索，从中发现和确定犯罪嫌疑人。

（一）收集、查证侦查线索

侦查线索，是指能够引导侦查人员认识案件事实或犯罪嫌疑人情况的信息

和资料，它是侦查人员查明案件事实、收集证据、查获犯罪嫌疑人的坐标和指南。凡是与犯罪案件有关的时间、地点、人、事、物等情况，都属于侦查线索。

侦查线索不仅是侦查工作开展的重要依据，也是取得突破的关键。侦查实践中，侦查线索是多种多样的，根据不同的标准可以将其分为不同的种类：根据线索的载体不同，可将其分为行为线索、语言线索、物证线索；根据线索的内容不同，可将其分为反映人的线索、反映事的线索、反映物品的线索；根据线索的价值不同，可将其分为一般线索和重大线索；根据线索的密级不同，可将其分为秘密线索、机密线索、绝密线索和公开线索；等等。

1. 侦查线索的收集方法。收集侦查线索，是侦查初期的一项重要工作内容。在具体的案件侦查中，侦查线索不是单一的，但无论有多少线索，只要这些线索是真实的，就会殊途同归，最终达到破案的目的。侦查人员的任务就是发现线索、收集线索，并沿着线索指示的方向，去获取与犯罪相关的情报和证据，进而达到确定重点嫌疑人和认定犯罪的目的。收集线索的具体方法如下：

（1）调查摸底。调查摸底是寻找侦查线索，发现犯罪嫌疑人经常采用的一种重要措施，是侦查人员在长期斗争实践中总结形成的，是我国侦查工作贯彻群众路线的一种重要形式。在调查摸底开始之前，必须确定调查摸底的范围，即确定在哪些地区、单位、人员中开展摸排工作。通常情况下，调查摸底范围要力求做到大小适当，点面结合，并且要随着侦查工作的深入，随时加以调整。另外，在确定调查摸底范围之后，还应进一步研究刻画作案人具备的条件，这是发动群众排查现有线索的前提。作案人作案应具备的条件是在综合分析现场勘验和调查访问所获得材料的基础上得出来的。而条件的多少及具体到什么程度，主要取决于作案人在实施犯罪过程中暴露的程度和侦查人员对案情分析判断的准确程度。一般来说，排查对象的条件主要包括：时间条件、空间条件、工具条件、现场遗留物条件、赃物条件、因果关系条件、体貌特征条件、职业技能条件、知情条件、反常表现条件等。在排查侦查线索、确定排查对象时，不仅应考虑到条件的多少，而且还应考虑到条件的本质。只有把各方面的条件联系起来，全面衡量，互相印证，才能作出正确的判断。总之，作案人具备的条件是多方面的，在调查摸底中，凡是可以用来寻找嫌疑线索的各种因素都应充分加以利用。对于符合条件的对象，要一个不漏地摸出来，通过审查，从中发现犯罪嫌疑人。尤其是对摸排出来的重点对象，要逐个甄别核实，做到否定、认定有据。

实践证明，调查摸底工作做得好坏，不仅关系到能否获取有价值的侦查线索，而且往往会直接影响到破案进程。有些案件，由于调查摸排工作不深入、不细致，不仅难以获取侦查线索，而且还会漏掉作案人，使侦查工作停滞不前，甚至形成疑案。

（2）发动群众提供线索。侦查机关除了发动侦查人员收集侦查线索外，还应注意发动群众提供线索，这既是收集侦查线索的一种基本方法，也是专门工作与群众工作相结合的一种具体形式。在侦查实践中，经常采用的一种形式就是向群众公布案情，动员群众根据案情中所列的犯罪嫌疑人的条件去思考、回忆、联想，向侦查机关提供线索，或者进行揭发检举。这种方法不仅可以获取大量的侦查信息和线索，而且可以通过发案的事例教育群众提高警惕，深刻认识犯罪的危害，增强同犯罪作斗争的责任感。但是，这种方法不是任何案件都可以采取的，也不是案件的所有情节都可以向群众公布的。什么案件可以采用这种方法，在什么范围内公布案情，可公布哪些情节，事先必须经过慎重考虑和周密安排，应该有领导、有目标、有控制的进行。即侦查人员不得自行决定公布案情，要由领导批准；要在犯罪嫌疑人可能藏身的区域内公布案情；公布案情要有选择，不能不加区别地全部予以公布。

侦查实践中，凡是涉及国家机密的案件，正在侦查中的重大预谋犯罪案件，有损被害人名誉的案件不对群众公布。另外，可能暴露侦查秘密、引起犯罪嫌疑人毁灭罪证的情节也不能公布，尤其是作案人在现场上的活动情况、遗留的痕迹物品等，都不应在群众中公布或泄露。否则，将难以甄别犯罪嫌疑人的口供。

凡是确定公布案情的案件，在公布案情后，就要有计划、有准备地组织群众座谈讨论，引导群众议案情、谈看法，回忆案件发生前后的疑人疑事，让群众把了解的与案件有关的情况毫无保留地提供出来。同时，侦查人员还应深入群众做耐心细致的调查访问工作，尤其要做好知情人的工作。因为这些人或者是曾经耳闻目睹作案人犯罪活动的人或者是了解与案件有关的重要事实情节的人。他们往往与作案人有着某些利害关系，其中有的可能是作案人的家属或亲友，很有可能参与做过某些事情，或者出于亲情思想顾虑较多，不愿意将自己知道的情况全部提供出来，有的甚至还会包庇作案人。这就要求侦查人员对其做耐心细致的思想工作，调动其正义感，解除顾虑，如实反映情况，积极帮助侦查机关侦破案件。

总之，发动群众提供线索是侦查破案的关键步骤。不仅能使广大群众深刻认识犯罪的社会危害，对社会上的不稳定分子也能起到震慑作用，使他们慑于法律的威严和群众的威力不敢轻举妄动，以身试法，达到预防和减少犯罪的目的。

（3）布置秘密力量收集侦查线索。秘密力量，是指在侦查工作中，侦查机关、侦查人员选择、使用、指挥、保护具有接触犯罪组织或犯罪人员的条件且愿意为侦查工作服务的人员，以发现犯罪线索、收集犯罪信息和证据、抓捕犯罪嫌疑人的一项秘密性侦查措施。[①] 秘密力量是侦查部门建立和使用的一支隐蔽力量，是一种同犯罪作斗争的特殊力量，也是一支执行特殊任务的队伍。秘密力量不是侦查机关的侦查人员，不具有侦查人员的职责和权力。对于重大刑事案件的侦查，难以用其他侦查手段获取犯罪线索时，可以选建秘密力量，设法贴靠侦查对象，实施内线侦查，发现线索，获取证据。但在选用秘密力量进行侦查时，必须注意以下三点：一是选准对象。事先要做充分的调查，摸清底细，选择既有贴靠侦查对象条件又能获得侦查对象信任的人，同时秘密力量还要有一定的活动能力和为侦查工作服务的意愿。二是周密计划，正确指挥。侦查指挥人员要根据案情、侦查对象的特点及侦查的进程，精心设计方案和谋略，循序渐进，逐步深入，做到积极稳妥地收集犯罪证据。三是保护好秘密力量。在利用秘密力量收集犯罪线索时，要注意在各个环节上保护好秘密力量的安全。

(4) 检索犯罪情报资料发现侦查线索。利用情报中心检索与案件有关的线索，是发现犯罪线索的又一重要方法。刑事犯罪活动一般都具有习惯性、连续性的特点，作案过程中，作案人往往将自己生活中的习惯、工作中的技能带进犯罪活动，而一旦采用某种犯罪手段获得成功，则会强化其犯罪动机，并沿袭同一种手法连续作案。为此，侦查机关建立了犯罪情报资料档案，将犯罪人员、各类痕迹、现场遗失物、案件等资料加以收集、分析、储存，为排查犯罪嫌疑人、发现犯罪线索提供了极为有利的条件。

除上述方法外，还可以通过阵地控制、刑嫌调控以及各种技术手段发现和收集犯罪线索。

2. 侦查线索的审查判断。在侦查实践中，侦查线索的来源渠道不仅广泛，而且复杂，难免会出现鱼龙混杂的情况。因此，侦查人员在使用侦查线索之前，必须对其进行审查判断。收集侦查线索是查证线索的前提和基础，查证线索是收集线索的发展和继续。审查判断侦查线索不仅能确定侦查线索的真伪，推进对案件的认识，而且能判断线索的使用价值、确定侦查途径和措施，还能进一步确定侦查线索的使用范围、使用方法。

一般情况下，对侦查线索的查证有两种结果：一是该线索与案件直接相关，犯罪嫌疑人的嫌疑直线上升；二是该线索与案件事实不符，甚至是假线索，这样的线索要果断舍弃，并组织力量进一步分析案情，寻找新的侦查线

① 于波涛．秘密侦查问题研究．中国检察出版社，2008：92.

索。分析侦查线索主要从以下几方面着手：

（1）分析判断侦查线索的真伪。线索的真伪是侦破案件顺利与否的关键，因此，侦查人员在得到侦查线索后必须通过各种途径验证侦查线索，确定其真伪。

首先，通过分析线索的来源判断其真伪。所谓线索的来源，就是指线索是如何形成的，或者是由谁提供的。一般来讲，侦查线索的来源主要有两个方面：一是侦查人员通过专门侦查措施和手段积极主动地收集线索，如通过现场勘查、跟踪守候、刑嫌调控等寻找和发现与刑事犯罪有关的人、事、物等情况；二是侦查人员通过与了解犯罪有关情况的人接触，如通过调查访问，询问证人、被害人或其他知情人，讯问犯罪嫌疑人等获取有关案件线索。对于上述线索，主要是分析其在形成过程中是否受到了外界因素的影响，分析线索的提供者是否有影响线索内容准确性的因素。

实践中，侦查人员通过侦查手段获取的线索，往往手段科学合理，取证过程中的心态客观公正，因此，内容主观成分少、可靠性强；而被害人提供的线索，由于案件的结果与其有着密切的关系，往往从有利于自己的角度叙述案情，所提供线索主观成分相对多；证人也容易受到其他因素的干扰，所提供的线索也会出现主观成分多、客观成分少的现象。所以，在分析判断侦查线索时，要分清其来源，对于侦查人员获取的线索主要分析其是否有利用价值；对于被害人、证人提供的线索要侧重于分析线索的真实性。尤其是证人提供的线索，首先要审查证人的个人品质，然后还要查清证人与案件的关系，如证人与被害人的关系，证人与犯罪嫌疑人的关系等，因为这些因素都会影响证人如实提供案件线索。

其次，通过分析线索提供者的个人情况来判断线索的可靠程度。这里所说的提供者的个人情况主要是指提供者的感知能力、记忆能力和陈述能力。因为有时提供者提供线索不实并非其主观故意，而是由于其记忆、感知和陈述能力的差异性导致的。因此，记忆力好、感知能力强、陈述水平高的人所提供的线索可靠程度高，反之则低。

（2）分析判断侦查线索的使用价值。侦查线索的可靠性确定之后，侦查人员还要进一步分析判断线索的使用价值，这同样是迅速破案的前提条件。侦查线索的本质价值在于其对刑事破案活动的实用意义，侦查线索是侦破刑事案件的基础。线索的使用价值是由线索与案件事实之间的关联性所决定的，即线索有无价值以及价值大小，取决于线索与案件事实有无联系，以及联系的紧密、强弱程度。[①] 联系越密切的，则线索利用的价值越大；反之，利用价值越小。

（二）选择侦查途径，发现犯罪嫌疑人

选择侦查途径，是侦查人员在分析案情，找出可供利用的侦查线索基础上，对各线索所指向的破案路径进行比较研究，排出其轻重缓急的思维活动。由于犯罪侦查是一种活力对抗活动，侦查途径的选择往往颇为复杂，在一起案件的侦查过程中常反复多次。从某种意义上说，侦查途径的选择过程是一种试错排除过程。所谓错，在这里不单指所选择的途径不能导致破案，也包括不明智的选择。作为侦查方案的一项重要内容，侦查途径的选择对侦查工作效果有较大的影响作用。如果选择了正确的侦查途径，也就是选择了一条发现犯罪嫌疑人的近程，就能很快打开侦查局面，以最短的时间和最少的人力、物力，取得最佳侦查效果。否则，就会使侦查工作走上弯路，延缓破案时机，甚至久侦不破，形成疑难案件和积案。侦查实践中，常见的侦查途径主要有：

1. 由事到人的侦查途径。这是侦查实践中常见的一种侦查途径，是指在案件发生以后犯罪性质明确的前提下，以事立案，从存在的犯罪事实出发查找犯罪嫌疑人的侦查途径。选择这种途径进行侦查，主要是从勘查、研究现场各种情况和调查访问材料入手，以犯罪事实为依据，从犯罪行为造成的后果去追溯犯罪动机目的，进而发现犯罪嫌疑人，通过采取通缉通报、专家鉴定、检索犯罪情报资料和密搜密取等方法确定犯罪嫌疑人或认定犯罪。

2. 由人到事的侦查途径。这是一种主动进攻的侦查途径，包括两层含义：一是以人立案，从具体的嫌疑对象出发，查清其犯罪的事实；二是从犯罪嫌疑人的形象入手，发现犯罪嫌疑人。关于犯罪嫌疑人形象的信息可以从以下方面获得：一是在实地勘验中获得，即依据作案人在实施犯罪过程中的行为能力、犯罪目标和犯罪危害结果情况，对犯罪嫌疑人的人身形象进行分析刻画；二是从调查访问中获得，即重点调查了解被害人、知情人和见证人，特别是在抢劫、强奸、杀人、伤害、诈骗等犯罪案件中，被害人多与犯罪嫌疑人有过一段时间的正面接触，其人身形象暴露得比较充分，同时也会在周围知情群众和见证人脑海中留下各种形象。所以，侦查人员可以从犯罪嫌疑人和人身形象入手选择侦查途径，深入细致地进行排查。

3. 由物到人的侦查途径。这种侦查途径主要是指：一是侦查人员可以从作案人在实施犯罪过程中遗留下的各种痕迹、犯罪工具和凶器，有关的包装物等入手开展侦查，从物到人发现犯罪嫌疑人；二是从控制赃物、罪证和经济来

---

① 马忠红．侦查学基础理论．中国人民公安大学出版社，2006：275.

源入手，发现犯罪嫌疑人。对于有赃物、罪证存在的案件，都可以选择这种侦查途径。特别是盗窃、抢劫、诈骗、走私、贩毒等涉财型犯罪案件，均有一定数量的现金、赃物和贵重物品涉案。作案人获取的现金往往用于挥霍还债，对获取的赃物也往往急于变卖，换成现金。所以，某一案件，如果赃物特征明显，侦查人员可以通过控制销赃或从经济反常、来源不明上去发现犯罪嫌疑人。

4. 由人到人的侦查途径。这种侦查途径是指，以被害人为对象，根据现场勘查发现的物证和调查访问获得的有关材料，判断作案人与被害人之间存在着某种特殊关系，从而发现犯罪嫌疑人。[①] 刑事案件多具有错综复杂的因果关系，特别是杀人、放火、投毒、爆炸等犯罪案件，这一特点尤为突出。因此，对于这类案件，侦查人员应结合现场勘查情况、被害人的受害程度、作案人选择出入现场的路线、作案时机等情况，结合被害人与有关人员的各种因果、矛盾、利害关系，排查犯罪嫌疑人。

（三）确定与审查嫌疑对象

为确定所发现嫌疑人是否为本案作案人，应主要审查以下内容：

1. 审查其是否具有作案时间。审查某人是否为作案人，首先要看其是否具有作案时间。实施犯罪必须具备一定的时间，而且时间的一维性决定了一个人不可能在同一时间出现在不同的空间，这也为通过判断某人是否有作案时间来判断其是否为作案人提供了科学依据。据此，侦查人员就可以采取定时、定人、定位的方法，通过调查核实案发时间内嫌疑对象所在的空间以及活动情况来达到审查嫌疑对象的目的。当然，其前提是对案发时间要作出准确判断，并要注意嫌疑对象有无利用假象掩盖作案时间的情况。

2. 审查其是否具有作案目的、动机。作案目的、动机是作案人实施犯罪的思想基础，是构成犯罪不可缺少的主观要素，对于确定嫌疑对象具有十分重要的作用。

3. 审查有无证明其作案的证据。这是审查、确定嫌疑对象的核心内容，也是侦查工作的重点。只有具有能够互相印证且较为充分的证据证明犯罪行为系嫌疑对象所为，才能确定嫌疑对象为作案人。

---

① 瞿丰．侦查论．中国人民公安大学出版社，2002：178.

第四节 撤案与侦查终结

一、撤案

撤案，即撤销案件，是指侦查机关在侦查过程中，发现不应对犯罪嫌疑人追究刑事责任的情形，依法撤销所立刑事案件的刑事诉讼活动。

（一）撤案的条件

1. 根据《刑事诉讼法》第一百六十三条和《公安机关办理刑事案件程序规定》第一百八十六条的规定，侦查机关立案以后，经过侦查，发现具备下列情形之一的，应当撤销案件：

（1）没有犯罪事实的；

（2）情节显著轻微，危害不大，不认为是犯罪的；

（3）犯罪已过追诉时效期限的；

（4）经特赦令免除刑罚的；

（5）犯罪嫌疑人死亡的；

（6）其他依法不追究刑事责任的。

2. 终止侦查。对于经过侦查，发现有犯罪事实需要追究刑事责任，但不是被立案侦查的犯罪嫌疑人实施的，或者共同犯罪案件中部分犯罪嫌疑人不够刑事处罚的，应当对有关犯罪嫌疑人终止侦查，并对该案件继续侦查。

（二）撤案的程序

应当撤销案件或者对犯罪嫌疑人终止侦查的，办案部门应当制作撤销案件或终止侦查报告书，报县级以上公安机关负责人批准。

经县级以上公安机关负责人批准，侦查人员应当制作《撤销案件决定书》或者《终止侦查决定书》，并在三日以内告知原犯罪嫌疑人、被害人或者其近亲属、法定代理人以及案件移送机关。

公安机关决定撤销案件或者对犯罪嫌疑人终止侦查时，原犯罪嫌疑人在押的，应当立即释放，发给释放证明书。原犯罪嫌疑人被逮捕的，应当通知原批准逮捕的人民检察院。对原犯罪嫌疑人采取其他强制措施的，应当立即解除强制措施；需要行政处理的，依法予以处理或者移交有关部门。

对查封、扣押的财物及其孳息、文件，或者冻结的财产，除按照法律和有关规定另行处理的以外，应当在三日内解除查封、扣押、冻结，并及时返还或者通知当事人。

公安机关撤销案件以后又发现新的事实或者证据，认为有犯罪事实需要追究刑事责任的，应当重新立案侦查。对于犯罪嫌疑人终止侦查后又发现新的事实或者证据，认为有犯罪事实需要追究刑事责任的，应当继续侦查。

二、侦查终结

侦查终结也称结案，是刑事侦查工作的最后一个环节，是指公安机关在对所立刑事案件进行侦查的基础上，根据已经查明的事实、证据和有关的法律规定，足以作出犯罪嫌疑人是否犯罪、犯什么罪、犯罪情节轻重以及是否应当追究刑事责任的结论时，决定结束侦查并对案件作出处理决定的诉讼活动。

（一）侦查终结的条件

根据《刑事诉讼法》第一百六十二条和《公安机关办理刑事案件程序规定》第二百八十三条的有关规定，侦查终结的案件应当同时符合下列条件：

1. 案件事实清楚。案件事实已经查清，这是侦查终结的首要条件，是指对于犯罪嫌疑人的身份、犯罪行为是否为犯罪嫌疑人实施，犯罪嫌疑人实施犯罪行为的时间、地点、手段、经过、后果以及有无从重、从轻、减轻或者免除处罚情节等，均已查证属实。

2. 证据确实、充分。证据确实、充分是侦查终结的一个重要条件，主要是指对犯罪嫌疑人定罪量刑的事实都有相关证据予以证明；作为认定犯罪事实的证据材料来源可靠，经核对无误，具有真实性，并经过法定的侦查程序查证属实；证据与案件事实之间客观联系，案内各种证据之间能够互相印证，足以证明犯罪嫌疑人的行为已经构成犯罪，且充分的证据可以排除在符合逻辑或者经验规则的前提下提出的质疑。

3. 犯罪性质和罪名认定正确。基于侦查机关查明案件、收集证据、证实犯罪的基本职能，这里的犯罪性质和罪名认定正确，是指公安机关认为自己认定的犯罪性质和罪名正确，并非要求绝对符合《刑法》的规定。

4. 法律手续完备。即公安机关的全部侦查活动都必须依照法定程序进行，并且相应形成的法律文书和履行的法律手续都要符合法律规定的要求，以保证其必要的法律效力。

5. 依法应当追究刑事责任。即根据查明的犯罪事实，结合《刑法》有关犯罪构成的相关规定，应当对犯罪嫌疑人追究刑事责任。

（二）侦查终结的程序

1. 听取辩护律师意见。根据《刑事诉讼法》第一百六十一条的规定，在案件侦查终结前，辩护律师提出要求的，侦查机关应当听取辩护律师的意见，并记录在案。辩护律师提出书面意见的，应当附卷。

2. 制作结案报告。侦查终结的案件，应当制作结案报告。结案报告应当包含以下内容：犯罪嫌疑人的基本情况，是否采取了强制措施及其理由，案件的事实和证据，法律依据和处理意见。

3. 侦查终结的处理决定。侦查终结案件的处理，由县级以上公安机关负责人批准；重大、复杂、疑难的案件应当经过集体讨论。

4. 装订立卷。侦查终结后，应当将全部案卷材料加以整理，按照要求装订立卷。

存入刑事案卷的全部案卷材料，是指按照《刑事诉讼法》和《公安机关办理刑事案件程序规定》等规定制作或收集的与案件有关的所有法律文书和证据材料。与案件无关的文书材料，不得归入案卷。刑事案卷分为诉讼卷（正卷）和侦查工作卷（副卷）两大部分，向人民检察院移送案件时，只移送诉讼卷，移送时可将诉讼卷分为诉讼文书卷和证据材料卷装订；侦查工作卷由公安机关存档备查，其中秘密侦查工作卷可单独立卷。

5. 制作《起诉意见书》，移送审查起诉。办案部门对侦查终结的案件，应当制作《起诉意见书》，报县级以上公安机关负责人批准后，连同全部案卷材料、证据，以及辩护律师提出的意见，一并移送同级人民检察院审查决定；同时将案件移送情况告知犯罪嫌疑人及其辩护律师。

犯罪嫌疑人自愿认罪的，应当记录在案，随案移送，并在《起诉意见书》中写明有关情况；认为案件符合速裁程序适用条件的，可以向人民检察院提出适用速裁程序建议。

（三）对扣押物品的处理

侦查终结时，对侦查过程中收集、扣押的物品要进行全面彻底的清理，根据不同情况，分别作出妥善处理。

1. 随案移交。案件中扣押的财物、文件，应随同案卷材料和《起诉意见书》一并移送至同级人民检察院审查处理。移交时，侦查人员应当制作《随案移送清单》，由移交和接收双方经办人共同签字，加盖公章，并注明扣押移送的财物、文件的来源和移交日期。《随案移送清单》应一式两份，正页随案卷移交人民检察院，副页存入侦查工作卷（副卷）内备查。对于实物不宜移送的，应当将其清单、照片或者其他证明文件随案移送，在移送清单上注明实物存放或封存的地点。

2. 发还。对与案件无关的物品应当退还犯罪嫌疑人或其家属，并开具《发还清单》，由领取人和主办的侦查人员签名后，存入侦查卷。

3. 上缴。经过审查，对于确实无法查到失主的赃款赃物，经县级以上公安机关领导的批准，予以没收，上交地方财政。

4. 暂予保存或销毁。对查获的不宜随案移交的物品、文件，应当拍成照片存入卷内，原物由公安机关妥为保管。

对案件中无证据价值又不宜退还物主的本人的扣押物品，如淫秽书画、照片、音像制品等应按照有关规定，经县级以上公安机关领导批准，对其进行销毁。由侦查部门销毁的，应事先填写《销毁清单》，写明扣押物品的名称、数量、特征等，并由批准人、监销人、销毁人签名后，在监销人参加下予以销毁。

（四）补充侦查

1. 补充侦查的条件与期限。根据《刑事诉讼法》第一百七十五条第二款的规定，人民检察院审查案件，对于需要补充侦查的，可以退回公安机关补充侦查，也可以自行侦查。其中，前者一般适用于犯罪事实不清，证据不足，或者遗漏了重要犯罪事实及其他应追究刑事责任的同案犯的案件。后者则适用于有部分证据需要进一步查证且人民检察院有能力侦查的，或者自行侦查更有利于案件正确处理的情形。

对于人民检察院退回补充侦查的案件，公安机关接到人民检察院退回补充侦查的法律文书后，应当按照补充侦查提纲在一个月以内补充侦查完毕。补充侦查以二次为限。

2. 补充侦查后的处理。对人民检察院退回补充侦查的案件，应当根据不同情况，报县级以上公安机关负责人批准，并作出如下处理：

（1）原认定犯罪事实不清或者证据不够充分的，应当在补充证据后，制作《补充侦查报告书》，移送人民检察院审查；对确实无法查明的事项或者无法补充的证据，应当书面向人民检察院说明情况。

（2）在补充侦查过程中，发现新的同案犯或者新的罪行，需要追究刑事责任的，应当重新制作《起诉意见书》，移送人民检察院审查。

（3）发现原认定的犯罪事实有重大变化，不应当追究刑事责任的，应当撤销案件或者对犯罪嫌疑人终止侦查，并将有关情况通知退查的人民检察院。

（4）原认定犯罪事实清楚，证据确实、充分，人民检察院退回补充侦查不当的，应当说明理由，移送人民检察院审查。

3. 协助人民检察院补充侦查。人民检察院自行补充侦查，需要公安机关协助的，公安机关应当协助。对人民检察院在审查起诉过程中以及在人民法院作出生效判决前，要求公安机关提供法庭审判所必需的证据材料的，应当及时收集和提供。

第三章　犯罪现场勘查

第一节　犯罪现场

一、犯罪现场的概念

犯罪现场，是指由犯罪行为所引起的变化了的有关客观环境的总称，它包括作案人实施犯罪行为的场所和其他遗留有与犯罪有关的痕迹、物证的场所。作案人为了实现其犯罪意图而在一定的时间、地点，侵害一定的对象（人或物），从而引起客观物质环境发生一系列变化，就在特定的地点形成了犯罪现场。随着现代科技的发展，计算机网络和智能通信工具普遍应用，使得网络空间的活动在人们社会生活中占有越来越重要的位置，因此，犯罪现场不仅仅包括实体空间，也包括虚拟空间。

所谓“实施犯罪行为的场所”，是指作案人对犯罪对象实施侵害的场所，如杀人的地点、抢劫的地点、盗窃财物的地点等。这些地点存在、保留着作案人因实施犯罪行为而遗留下来的各种痕迹、物证。这些痕迹、物证能够客观地反映作案人的犯罪手段、犯罪活动的内容以及活动的全过程，能揭示作案人的个人特征，能为侦查提供重要的线索和依据。因此，实施犯罪行为的场所是犯罪现场的主要组成部分。

所谓“其他遗留有与犯罪有关的痕迹、物证的场所”，是指除实施犯罪行为的地点以外遗留有与犯罪有关的痕迹、物证的场所。如作案人在作案前准备作案工具的场所，在现场周围窥视、预伏的场所，合伙作案人聚集谋划犯罪事宜的场所，实施犯罪后转移处理赃物、罪证的场所等。这些现场上常常可以发现作案人的手印、足迹、交通工具痕迹及其遗弃的作案工具、凶器，隐藏的赃款、赃物等痕迹、物证，可以反映作案人实施犯罪活动的不同侧面和发展过程，因而，也是犯罪现场的重要组成部分。

犯罪现场是获取犯罪信息，收集痕迹、物证的重要场所，是犯罪现场勘查的重要对象，也是认定犯罪嫌疑人，分析判断案情的出发点。因此，深入研究犯罪现场的特点和分类具有非常重要的意义。

二、犯罪现场的特点

犯罪现场的特点是指犯罪现场区别于其他类型的现场的特殊之处。犯罪现场作为承载特定犯罪事实的空间，具有以下特点：

（一）犯罪现场的客观反映性

犯罪现场的客观反映性，是指犯罪现场呈现出的犯罪活动的真实状态性。犯罪行为必然引起被侵害对象及其物质环境发生某种形态的变化，如凶杀、投毒行为所造成的人、畜伤亡；盗窃、抢劫、爆炸行为所造成的财物损失；由于犯罪行为而在现场遗留各种痕迹或者物证等。这些现场的变化和状态，都是作案人实施犯罪行为的真实记录和客观反映。作案人的犯罪动机、目的，目标、手段的选择等主观方面的因素虽然产生于人的大脑，但它的存在却是客观的，也会通过被侵害客体、现场环境、现场上的痕迹、物证反映出来。

（二）犯罪现场的特定性

犯罪现场的特定性，是指每一个犯罪现场都有不同于其他现场的特殊性。例如，一起盗窃案件，被侵害的对象是特定的，盗窃的时间、地点是特定的，盗窃的手段、方法是特定的，现场遗留的痕迹、物证也是特定的。这些特点是任何其他同类犯罪现场所不能代替的。每一起犯罪案件的侦查都应以该案现场勘查中所发现的具有特殊属性的特定证据、线索为依据，而不能以同类案件的共同属性为依据。

（三）犯罪现场形成的阶段性

犯罪现场形成的阶段性，是指现场状态随着犯罪活动的发展而形成的段落性。犯罪现场既能反映犯罪活动的整体，又能反映犯罪活动的各个阶段。就犯罪活动发生的时间顺序而言，可分为预备、实施、逃离等若干个阶段；就犯罪活动所占有的空间而言，可以分为若干部位或若干区域。这些现场从不同侧面反映出一起案件的不同阶段，同时也只有将这些现场汇总起来才能反映出整个犯罪活动的全貌。

（四）犯罪现场状态的易变性

犯罪现场状态的易变性，是指现场状态很容易受人为或自然因素的影响而发生变化。例如，事主发现被盗后急于清点财物，群众对现场的围观，刮风、下雨等天气变化，都可能导致现场痕迹、物证的变性、变形、变动、混杂、污染、灭失等。犯罪现场的易变性，要求侦查人员必须及时地勘查现场，以收集更全面的现场痕迹、物证，为侦查破案提供有利条件。

三、犯罪现场的分类

对犯罪现场进行分类，就是对犯罪现场进行剖视，根据某类犯罪现场的相同点及其与其他犯罪现场的差异点，把犯罪现场划分为不同的类别。根据犯罪现场的不同属性，一般可以将其划分为以下类型：

（一）按照犯罪现场形成之后有无变动，分为原始现场与变动现场

原始现场，是指刑事案件发生以后到实施勘查以前没有受到人为或自然力改变或破坏而保持作案时原貌状态的现场。原始现场客观真实地反映了作案人在现场上的行为方式和作案过程，与犯罪有关的痕迹、物证比较齐整，能为侦查破案提供丰富的线索和重要证据。

变动现场，是指刑事案件发生以后到实施勘查以前由于自然情况的变化或人为因素的影响，使现场的原始状态有了部分或全部改变的现场。变动现场上作案人遗留的痕迹、物证受到了某种程度的破坏或已经灭失，不能客观全面地反映作案人在现场上的行为方式与作案过程。导致现场发生变动的原因主要有两个方面：一是人为因素，如作案人为逃避打击故意破坏现场、事主急于查清损失进入现场清点财物等；二是自然因素，如室外现场的痕迹、物证因刮风、下雨、暴晒等而遭到破坏等。

（二）按照犯罪现场在犯罪发展过程中所处的地位和作用，分为主体现场与关联现场

主体现场，是指作案人针对犯罪对象实施主要犯罪行为的场所。主体现场是作案人集中实施犯罪行为的场所，能够比较集中地反映出被侵害对象的具体情况，犯罪动机，作案的手段、方法以及犯罪的过程，因而遗留与犯罪行为有关的痕迹、物证较为集中，种类也较多，有利于全面刻画犯罪嫌疑人的特点。

关联现场，是指遗留有与犯罪行为相关的痕迹、物证的一切场所。关联现场是相对于主体现场而言的，是除主体现场以外同犯罪行为相关的场所。侦查实践中，关联现场的表现形式十分丰富，除了预备现场、逃离现场外，还包括藏赃现场、抛尸现场、丢弃作案工具现场、藏匿现场等。由于不是犯罪行为实施的主要场所，关联现场的暴露性不像主体现场那么强，因而关联现场不容易被全部发现，有的关联现场还容易被忽视。但必须注意的是，关联现场也容易被作案人忽视，从而在不经意间遗留直接反映作案人信息的痕迹、物证，因此，侦查人员也要高度重视关联现场。

（三）按照犯罪现场的真伪，分为真实现场、伪装现场与伪造现场

真实现场，是指作案人在实施犯罪行为的过程中及实施犯罪行为之后，未

蓄意加以伪装的犯罪现场。

伪装现场，是指作案人实施犯罪行为后为扰乱侦查视线、逃避打击而故意改变犯罪现场状态形成的现场。例如，把内盗伪装成外盗，把他杀伪装成自杀，等等。伪装现场是目的行为和伪装行为共同作用的结果，即先有犯罪现场，然后由作案人故意对犯罪现场状态加以改变、粉饰，达到以假乱真，逃避打击的目的。在伪装现场中既有作案人为达到犯罪目的而实施的犯罪行为，又有作案人为逃避打击而对犯罪现场进行加工粉饰的伪装行为。

伪造现场，又称伪假现场，是指行为人为达到某种目的或为了掩盖自己其他行为而有意布置的假案现场。伪造现场不能反映真实案件的存在，现场是基于虚构的犯罪情节布置出来的。伪造现场形形色色，多种多样，行为人出于不同的动机，故意布设假的犯罪现场以乱视听，以实现某种目的。

此外，还可以从其他角度对犯罪现场进行分类，如按照现场所处空间，分为室外现场与室内现场；按照案件的性质，分为杀人现场、盗窃现场、抢劫现场等。

对犯罪现场进行分类，是对犯罪现场状况的总结和进一步的理论推理，这种总结和推理有助于厘清现场状态，寻觅现场中的犯罪信息；有助于研究犯罪和案件的规律；有助于有针对性地研究勘查方法及侦查对策，因而对侦查破案具有非常重要的意义。

第二节　犯罪现场保护

犯罪现场保护，是指对犯罪嫌疑现场进行封锁，使其保持事件发生或发现时的状态和勘查状态的一项专门工作。现场保护的好坏直接影响着现场勘查的质量，犯罪现场的保护是现场勘查的前提和基础。根据《刑事诉讼法》第一百二十七条、第一百二十八条以及《公安机关刑事案件现场勘验检查规则》第十四条的相关规定，任何单位和个人，都有义务保护犯罪现场，并且立即通知公安机关派员勘验；发案地公安机关接到刑事案件报警后，对于有犯罪现场的，应当迅速派员赶赴现场，做好现场保护工作。

一、犯罪现场保护的意义

（一）有利于侦查人员收集与犯罪有关的证据

实践证明，越早保护现场、保护得越完整，侦查人员获取犯罪证据的条件就越有利、越充分，打击和证实犯罪的成功率就越高。因此，现场保护的首要价值就是有利于侦查人员收集与犯罪有关的证据。为此，要尽量保持案发后现场的原始状态。现场中与犯罪有关的一切要素应尽量不变动、不损坏。

（二）有利于正确分析、判断案情

任何明智的判断、推理都应当建立在对犯罪信息的加工、整理之上。犯罪现场作为犯罪信息的载体，是获取犯罪信息的源泉。但是，如果这个载体遭到了破坏或改变，侦查人员对于犯罪现场以及犯罪行为的认知、分析和判断就失去了准确的前提和基础。因此，现场保护质量的高低，在很大程度上决定着侦查破案过程中对案情的分析和判断。

（三）有利于对犯罪现场的正确处置

把现场保护起来，还有利于维护现场秩序，救护受伤人员，扑灭火险、抢救财物，排除交通障碍，发现和寻找证人，拘捕未及逃跑的作案人和监控犯罪嫌疑人等，从而保证现场勘查有序地进行，加速案件侦破。有的重大、复杂案件的现场，在第一次勘查结束后仍需继续保护，以便为复勘复验提供条件。

二、犯罪现场保护的任务

现场保护的任务，因其主体（包括社会单位和公民、基层公安机关民警以及侦查人员）不同而有所差异。这里仅介绍基层公安机关民警保护现场的任务。

（一）核实情况，迅速上报

公安机关在接到刑事案件报警后，立即赶赴现场，核实情况，并立即向下达处警指令的单位报告。首先到达现场的民警在核实情况时，切不可随便进入现场中心。情况核实后应迅速向上级报告，并因案因地制宜，采取必要的前期处置措施。

（二）划定保护范围、封锁现场

民警到达现场后，应根据现场所处的地理位置、现场的环境状况，结合现场已发生事件的情况划定现场保护范围，原则上要把作案人作案的地点和实施犯罪行为而可能遗留有犯罪痕迹、物证的一切场所都包括进去。保护范围划定的总原则是“宁大勿小”，等侦查人员到达现场后，再由侦查人员根据现场情况进行适当调整。

保护范围划定后，应根据现场具体情况严密封锁现场。封锁现场是现场保护最主要的措施，包括：设置人墙；设置障碍物，划出警戒线；封锁交通要道，指挥现场交通；张贴布告、关闭大门、划出通道。

（三）针对现场情况采取紧急措施

1. 救治伤员。当现场有人员伤亡时，民警应根据伤势危急程度和所掌握的救护知识，迅速对受伤人员采取临时救治措施，并视情通知120急救中心到场救治，绝不能为了保护现场而耽误了伤员的救治。

2. 排除险情、抢救财物。在爆炸、放火等案件现场，现场保护人员应及时采取有效措施排除险情、抢救群众的财物，并尽量减少对现场的破坏，特别是爆炸点、起火点、爆炸物、引火物及其周围状况变动越小越好，已经变动的，应记明变动前的原始状态，若有需要还应在第一时间通知应急救援部门或特警。对于可能继续发生火情、爆炸的现场，应果断地切断险源，疏散群众，避免发生新的危害。在排除险情时，要始终提高警惕，注意自身安全。

3. 排除障碍、保障交通。发生在铁路道轨、机场、航道、城市交通要道和城区繁华街道的命案或事故现场，应迅速采取有效措施排除交通障碍，必要时可将尸体和有关物品移开，在变动时，要拍照并详细记录现场变动前后的状态。在现场条件允许的情况下，可将现场暂时封锁，中断交通，待现场记录、拍照和初步勘验后再妥善处理。

4. 制止犯罪，控制犯罪嫌疑人。对正在作案的犯罪嫌疑人应设法予以制止、扣留。看管现行犯罪嫌疑人时应注意安全，做好人身搜查工作，防止其逃跑、自杀、行凶、毁灭证据等意外情况的发生。

（四）进行初步调查访问

担负保护现场任务的民警在做好警戒工作的同时，也要抓紧时间，充分利用案件知情群众、报案人、现场发现人对案件情况记忆犹新的有利条件进行访问，收集现场被发现后至保护前的各种情况和犯罪嫌疑人的情况，并且登记所有在场的证人。

（五）向侦查人员汇报有关情况

在现场勘查人员到达现场之后，负责现场保护的人员应当向勘查人员汇报以下情况：

1. 保护现场人员的基本情况。主要包括保护现场人员的身份，即是普通群众，还是基层治保人员或者侦查人员进行的现场保护。

2. 有关发案的时间。主要包括案件发生发现、接受报案时间，保护现场时间。

3. 有关案件的基本情况。主要包括案件发生发现的简要经过，事主、被害人、发现人、报案人的基本情况等。

4. 案件发生后的损失情况。主要包括财产损失情况和人员伤亡情况。

5. 有关现场保护情况。主要包括现场保护前的情况，保护过程中采取的具体措施，保护前后现场发生变动、变化的情况等。

6. 有关案件的知情人和疑人疑事。对于在现场保护过程中发现的与案件有关的疑人疑事和案件知情人的有关情况，也应向现场勘验、检查指挥员予以汇报。

三、犯罪现场保护的方法

（一）室外现场的保护方法

室外现场，通常也称为露天现场，其保护通常是在现场周围布置警戒，将现场封锁起来，禁止一切人畜进出。保护范围的大小应根据现场的不同情况和具体环境而定，原则上应当把作案人作案的地点和可能遗留犯罪痕迹、物证的一切场所都包括进去。

1. 交通要道现场。一般应在道路两端布置警戒，暂时中断交通，派专人指挥车辆、行人绕道而行。如系铁路或公路干线，过往车辆频繁，附近又无岔道可绕，可在现场保护人员监督下允许车辆通过。如果道路上留有犯罪痕迹、物品、尸体，不影响车辆通行的，可就地保护起来；影响车辆通行的，要在记录其原始位置和姿势后，将物品或尸体从道轨或路面上移至路旁，等待勘验检查。

2. 城镇繁华市区现场。为防止围观人群过多而冲击现场，要派出较多警力维持现场秩序，用白灰或粉笔划出现场范围，或用绳索将现场围起来，必要时可组成人墙，禁止非勘查人员进入，并劝离围观群众。

3. 野外现场。可对中心现场以及留有痕迹、物证的部位组织人员看管、警戒，禁止行人通行。遇有刮风、下雨、下雪等情况，应立即用干净的塑料布、苇席等物对痕迹、物证进行遮盖或将有关物品转移，以免其遭到破坏。

（二）室内现场的保护方法

室内现场的保护一般是将现场所在的房间，留有痕迹、物证的通道，进出路线一并封闭起来，封闭的范围视现场环境而定，以不影响他人的生活和工作为宜。

1. 单门独户的现场。可派人看守出入口，禁止无关人员进出。如果现场周围或者门窗外有可疑痕迹、物品，要做好标记或采取其他方法加以保护。

2. 单元楼或办公室现场。应将发生案件的房间封闭起来，并在居室或办公室门口、窗外派人看守，禁止无关人员进出。在通道、楼梯处如发现痕迹、物证，应在不影响他人生活、工作的情况下，将楼梯、通道一同封闭。如果构成影响，用粉笔将痕迹、物品圈起来，派人警戒即可。

3. 复杂公共场所现场。对影剧院、食堂、会议室、商场等现场，应及时有效地疏散人群，尽量减少对现场的破坏，同时要注意发现可疑人员。对现场中心部位，要及时采取保护措施，禁止无关人员进出。对现场上可能留有痕迹、物证的部位要组织人员看守，防止其被拿走、翻动或破坏。

（三）对现场痕迹、物证的保护方法

对室内的痕迹、物证一般不要触动。遇有特殊情况，如抢救伤员、排除险情等，必须进入现场或移动现场物品时，现场保护人员应尽量避免踩踏现场上的足迹和触摸现场上的物品，以免破坏原有的痕迹和留下自己的痕迹；对行走路线上已经发现的痕迹、物品，可用粉笔、白灰加以圈划标示，以免其他人不注意而破坏；对特别重要的痕迹、物证，必要时可以派员警戒；对暴露在室外的痕迹、物证，如遇天气变化，痕迹、物证有可能被风吹、雨淋、雪掩、雹打破坏时，应设法遮盖或转移，但忌用带有浓烈气味的器物遮盖，以免破坏嗅源，妨碍使用警犬追踪。

第三节　犯罪现场勘查的意义、任务与要求

犯罪现场勘查，是指侦查人员依法运用一定的技术手段和策略方法对与犯罪有关的场所、痕迹、物品、人身、尸体进行现场勘验、检查和对事主、被害人、知情群众进行现场调查访问的一项侦查措施。

犯罪现场勘查是我国《刑事诉讼法》规定的一项重要的侦查措施，勘查的主体是侦查人员，必要时可以指派或聘请具有专门知识的人，在侦查人员的主持下进行勘验、检查。现场勘查主要包括现场访问、实地勘验、现场分析、现场实验、现场搜索与追踪、现场处理、现场复验与复查等。其中现场访问和实地勘验是现场勘查的主要手段，也是现场勘查的两大核心组成部分。

一、犯罪现场勘查的意义

（一）犯罪现场勘查是侦查破案的起点和基础

根据法律的相关规定，在进行刑事立案审查的过程中，可以通过现场勘查等方式进行调查核实，以确定有无犯罪事实发生，进而明确是否需要立案侦查。因此，现场勘查工作往往是立案侦查的重要依据和起始点。一旦确认有犯罪行为发生，即为犯罪现场，则现场的态势及各种情况信息，就必然成为侦查破案的第一手材料，以后的侦查活动也是在此基础上才能得以展开。

（二）犯罪现场勘查是获取犯罪证据的重要手段

案发现场多数情况下为犯罪行为的发生地或者犯罪后果的呈现地，现场往

往留有大量的、丰富的犯罪信息。其中，有的可以作为侦查的线索，有的是揭露和证实犯罪的重要证据，现场勘查是综合利用各种技术和调查方法获取和保全这些线索、证据的重要手段。例如，通过现场访问可以获取被害人陈述、证人证言等言词证据，通过实地勘验可以获取物证、书证、视听资料等实物证据，而整个现场勘查过程形成的勘查记录本身也是法定的证据形式之一。

（三）犯罪现场勘查资料是分析判断案情的客观依据

犯罪现场是分析、推断犯罪活动的客观依据。通过对现场上发现、提取的痕迹物证的分析及检验鉴定的结果以及对事主、被害人、现场周围目击证人的询问获取的相关信息，可以分析、推断出作案时间、动机、目的、手段、方法、人数、作案工具、作案过程等，进而采取有效的侦查对策。

二、犯罪现场勘查的任务

（一）查明事件性质

事件性质是指已发生的事件的属性。现场勘查中所说的查明事件性质，是指在勘查的基础上判明特定现场中所呈现的事实是犯罪案件还是其他事件。查明事件性质是现场勘查的首要任务。侦查工作的开展是以犯罪案件为前提的，对于不构成犯罪的事件则无须开展侦查。侦查机关只有在查明特定事件是由犯罪行为引起的情况下，才需要立案侦查。

（二）查明并记录犯罪活动情况

查明作案人在现场的活动情况有助于分析判断案情，选择合适的勘验顺序，以便更好地完成现场勘查的各项任务。主要应查明以下内容：

1. 查明犯罪时间。即查明作案人何时侵入现场，实施侵害行为所经历的时间，逃离犯罪现场的时间。

2. 查明犯罪地点。即查明作案人实施侵害行为的场所及其他和犯罪相关的场所。

3. 查明犯罪行为及其后果。即查明作案人实施了何种犯罪行为，造成了什么后果。

4. 查明作案人的情况。即作案人的人数、个人特点和犯罪条件，包括姓名、性别、年龄、体貌特征、生理特征、语言特征、文化程度、职业、动作习惯，犯罪手法是否熟练，同事主、被害人的关系等。

5. 查明实施侵害行为的过程。即作案人进出现场的路线，侵入现场的部位，实施犯罪活动的先后顺序，逃离的方向等情况。

6. 查明现场上的反常情况。如果是伪装、伪造现场，现场上往往会存在许多与犯罪的发生发展规律不符的反常情况，勘查人员应当注意揭示这些反常情况。

记录的主要方法有现场照相、录像，制作现场勘查笔录、现场绘图等。只有把现场上一切与犯罪有关的情况以及勘查所见、工作过程如实、客观地记录下来，才能为分析研究案情、印证犯罪嫌疑人口供、认定犯罪嫌疑人、侦破案件提供依据，为证实犯罪提供诉讼证据。

（三）发现和收集证据

现场勘查时收集的证据主要是作案人遗留的各种痕迹、物证，在此阶段能否尽可能多地收集证据是破案的关键所在。现场勘查时，应注意发现和收集以下六个方面的痕迹、物证：

1. 同作案人人身有直接联系的痕迹、物证，如指纹、足迹、牙印、血迹以及毛发、唾液、精斑、粪便等。

2. 作案人使用工具留下的痕迹，如撬压工具痕迹，剪、切、锯、钻痕迹，运输工具痕迹，枪弹痕迹等。

3. 作案人遗留在现场上的物品和从别处带来的物质，如手套、帽子、衣物、纽扣等物品，作案工具以及烟头、泥土、煤渣等。

4. 被害人的尸体和人体组织以及各种附着物、包装物等。

5. 作案人书写的字迹、伪造的证件、票证等。

6. 周围群众对案情的各种反映，如看到的某种现象，听到的某种声响，嗅到的某种气味等。总之，现场上的各种痕迹、物证，都可成为直接或间接证明作案人作案的重要证据。在现场勘查中，应全面收集，妥善保管。

（四）分析案件情况，确定侦查范围和侦查方向

分析判断案情，划定侦查范围，确定侦查方向，是侦查活动开展的重要基础，也是现场勘查的中心任务，能否顺利完成这项任务，取决于现场勘查前期工作效率与质量的高低。实践证明，凡是现场勘查全面、细致，发现和收集的证据材料确实、充分，分析方法科学，所确定的侦查方向和范围就会准确，否则就会出现较大的偏差，甚至将侦查工作引入歧途。

三、犯罪现场勘查的要求

犯罪现场勘查是一项时间紧迫、艰苦细致的工作。在侦查实践中，通常会遇到一些意想不到的困难和险情，特别是暴力犯罪案件，作案人作案手段残忍，后果严重，社会影响大。勘查的速度和质量，直接关系到能否迅速获取证据、抓获犯罪嫌疑人。为了确保现场勘查工作的质量和效率，在勘查过程中应

严格遵守以下要求：

（一）及时

现场勘查必须及时。赶赴现场要强调一个“快”字，即刑侦部门接到报案后，不管白天夜晚、刮风下雨、酷暑严寒，都要以最快的速度，及时到达现场，及时部署紧急措施，及时进行勘验检查，及时进行现场分析。特别是对一些发案不久的现行犯罪、暴力犯罪案件，侦查人员更应快速反应，把握作案人尚未远逃，赃物、罪证还来不及处理的有利时机，采取措施开展各项工作，不给作案人喘息之机。为此，侦查机关应建立严格的值班接警制度，做好勘查器材、通信器材、交通工具的日常保障工作，随时做好出现场的准备。

（二）全面

勘查现场必须全面。凡是与犯罪有关的时间、地点、人、事、物等都要进行全面的勘验和调查；凡是能够认定和证实犯罪的有价值的案件信息都要全面收集；凡是与案件有关的事实都要全面地进行分析和判断。只有这样，才能防止主观片面，才能使侦查工作少走弯路。但是，全面勘查也不等于面面俱到，也不是多次重复勘查现场。比较妥当的做法是根据不同类型的案件现场和每个现场的具体情况，有重点、有目的、有步骤地进行勘查。

（三）细致

勘查现场必须细致，即侦查人员勘查过程中应做到精细入微。勘验注意力不仅要集中在作案人翻动、破坏较多，容易引起人们注意的地方，也要注意勘查现场的边角缝隙和一些不易被人们察觉的地方。不仅要发现提取那些完整、清晰的痕迹、物证，还要注意发现和提取那些不完整的、模糊的、比较细微的痕迹、物证。在现场访问中，不但要收集与案件有明显关联的材料，而且要善于抓住群众以为无关紧要的，在闲谈中偶尔说出的实际上却对案件侦破很有启示的片言只语。如果勘查不细，痕迹、物证提取或包装不当，或访问粗糙，势必造成因占有材料不全导致案情分析作出错误结论的被动局面，甚至冤枉无辜，放纵罪犯。

（四）客观

勘查现场必须客观，即要求侦查人员要按照现场的本来面目去认识犯罪现场，把现场情况如实反映出来，无论是实地勘验还是现场访问或是分析案情，都必须坚持实事求是的科学态度，一切从客观实际情况出发。为了保证现场勘查工作的客观真实性，应注意反映现场情况一定要真实，不能添枝加叶，否则会影响以后各项工作的准确性；分析案情时要一切从现场实际出发，以现场材料为依据。离开现场实际情况去办案，势必使侦查工作走弯路。

（五）合法

犯罪现场勘查是一项法定的侦查措施，具有很强的程序性，必须严格按照法律的规定进行。如果勘查不合法，即使将犯罪嫌疑人抓获了，也会因程序上不符合要求，而不能及时、准确地定案。因此，侦查人员必须增强法制观念，严格依法办案，严格遵守现场勘查的法律程序和有关规定。

第四节　犯罪现场勘查的组织与指挥

《公安机关刑事案件现场勘验检查规则》第二十条规定："公安机关对刑事案件现场勘验、检查应当统一指挥，周密组织，明确分工，落实责任，及时完成各项任务。"现场勘查是综合运用各种侦查措施和技术手段的一项时间性、政策性很强的侦查活动，头绪多，任务重，情况复杂，特别是重大、特大案件的现场勘查，经常出现紧急情况，需要及时处理。因此，现场勘查必须统一领导、统一组织、统一指挥、分工负责；必须调动各方面的力量，统筹协调共同努力。这既需要上下级刑事侦查部门的通力合作，又需要兄弟部门、相关单位的相互配合、相互支援以及侦查部门自身各种侦查、技术力量间的合理分工与协作。只有加强组织领导，充分调动每名参战人员的积极性，才能步调一致，发挥协同作战的合力，提高现场勘查的质量和效率。

一、犯罪现场勘查的组织

（一）犯罪现场勘查的职责划分

根据《公安机关刑事案件现场勘验检查规则》的有关规定，刑事案件现场勘查的职责划分应按照地域管辖和级别管辖的一般原则确定：县级公安机关及其派出机构负责辖区内刑事案件的现场勘验、检查。对于案情重大、现场复杂的案件，可以向上一级公安机关请求支援。上级公安机关认为有必要时，可以直接组织现场勘验、检查。

涉及两个县级以上地方公安机关的刑事案件现场勘验、检查，由受案地公安机关进行，案件尚未受理的，由现场所在地公安机关进行。

新疆生产建设兵团和铁路、民航等公安机关及海关缉私部门负责其管辖的刑事案件的现场勘验、检查。

公安机关和军队、武装警察部队互涉刑事案件的现场勘验、检查，依照公安机关和军队互涉刑事案件管辖分工的有关规定确定现场勘验、检查职责。

人民法院、人民检察院和国家安全机关、军队保卫部门、监狱等部门的自办案件，需要公安机关协助进行现场勘验、检查，并出具委托书的，有关公安机关应予以协助。

（二）犯罪现场勘查的组织分工

1. 人员组成。现场勘查人员主要由指挥员、侦查员、技术员以及发案地区的管片民警或单位内部的保卫干部组成；需要进行法医鉴定时，法医也是现场勘查的组成人员。必要时，应商请人民检察院派员参加，还可以邀请有专门知识的人员协助勘查。

2. 人员分工。勘查一般案件可以分为现场访问和实地勘验两个小组，勘查重特大案件现场时，一般分成现场保护组、现场调查组、实地勘验组、通信联络组以及机动组。其中现场保护组由派出所民警、巡警、交警、武警、保卫人员、治保人员、民兵等组成，负责警戒、保护现场，维持秩序，管理交通和来往车辆、行人，防止人为破坏现场；现场调查组以侦查人员为主，吸收派出所民警、保卫人员、治保人员参加，负责对发现人、报案人、事主、被害人及其亲属、周围群众的询问，寻找发现知情人，收集案件线索和证据；实地勘验组由侦查人员、刑事技术人员和邀请的具有专门知识的人员组成，负责对现场的勘验、检查，发现、提取犯罪痕迹、物证；通信联络组由通信联络员、音视频传输员、车辆驾驶员等组成，负责整个现场勘查过程中的通信联络；机动组由侦查员、民警、武警和其他警力组成，负责紧急处置各项指令性任务。

3. 见证人。根据《公安机关刑事案件现场勘验检查规则》第二十四条的规定，勘验、检查现场时，应当邀请一至二名与案件无关的公民做见证人。邀请见证人的目的主要是接受群众的监督，保证勘验的客观性和合法性，并确保现场勘查笔录具有证据作用。

二、犯罪现场勘查的指挥

现场勘查的指挥员由具有现场勘验、检查专业知识和组织指挥能力的人民警察担任。主要依法履行下列职责：决定和组织实施现场勘验、检查的紧急措施；制订和落实现场勘验、检查的工作方案；对参加现场勘验、检查的人员进行分工；指挥、协调现场勘验、检查工作；确定现场勘验、检查的见证人；审核现场勘验、检查工作记录；组织现场分析；决定对现场的处理。

（一）接警后的指挥

1. 核实报警的情况。接到报警后指挥员应及时问清现场所在的准确地点、案件发生或发现的时间、保护措施等情况，以便作出相应的判断，布置下一步工作。

2. 向有关部门报告、通告。情况核实后，如有必要，指挥员应及时向上级部门汇报情况，或通知其他部门配合公安机关的工作。

3. 亲临现场，靠前指挥。指挥员应当及时亲自赶赴现场，听取发生、发现现场的情况，检查现场保护措施，并根据案件具体情况决定是否采取紧急措施。

（二）勘查实施阶段的指挥

1. 现场访问的指挥。现场访问是现场勘查的一项重要工作，能否有效进行直接关系到案件的侦破。勘查中指挥员应注意以下两个问题：

（1）抓住有利时机，及时组织访问。现场访问的指挥应以及时、快速、准确、有效为原则。时间就是效益，现场指挥人员在对现场紧急情况进行处置的同时，还应抓住发案不久、犯罪嫌疑人未及远逃、赃物尚未脱手、罪证未及毁灭、新的危害尚未产生、群众记忆犹新的有利时机，组织侦查人员深入现场及其周围迅速选定访问对象，开展现场访问工作。

（2）分辨轻重缓急安排询问的顺序。现场访问，应根据案件的类型、特征、现场的具体情况等，寻找并确定被访问对象，并按照重要程度安排询问的顺序，对能提供重要信息或线索，以及有利于及时采取紧急侦查措施的对象，要先询问。

2. 实地勘验的指挥。实地勘验工作是发现犯罪证据，拓展侦查线索的重要途径，这项工作内容多，任务重，实施起来难度较大。如果指挥不利，方法不当，就会失去有利战机，甚至使案件侦查陷入僵局。因此，侦查指挥员必须胸怀全局，综合使用各种技术手段和方法，合理安排勘验人员，以确保实地勘验任务顺利完成。实地勘验时指挥员应当注意以下三个问题：

（1）制订具体的勘验检查方案。侦查人员在勘验检查前，应根据现场情况制订详细的勘验检查方案，明确勘验检查的范围、重点、顺序、步骤等，为勘验工作的有序、高效开展提供重要依据。

（2）综合运用各种技术手段和方法。在勘验技术方法上，合理地综合运用各种技术手段非常重要。对于发现的新情况、新问题，要充分应用各种技术手段和方法予以解决，现场上一时解决不了的或者没有完全解决的问题，应带回实验室作技术处理，或送交上级公安机关技术部门检验和鉴定。

（3）全面掌握实地勘验的情况，有针对性地加以指导。在现场勘查中，指挥员要靠前指挥，随时汇总现场访问和实地勘验的信息，边指挥边分析研究，必要时，要及时准确调整勘验重点，集中注意力解决重点和难度较大的问题。

3. 组织好现场分析。现场分析时，指挥员要发挥好枢纽作用，将各小组汇总上来的信息资料有效整合，梳理出有价值的线索和思路，并对后期工作进行合理指导。在此过程中，指挥员要掌握好现场分析的节奏并创造出使勘查人员畅所欲言的气氛。

第五节　犯罪现场勘查的具体实施

犯罪现场勘查应重点做好现场实地勘验与现场访问等工作。

一、实地勘验

（一）实地勘验的概念

实地勘验，即现场实地勘验检查，是指侦查人员借助感觉器官和各种技术手段及方法，依法对与犯罪有关的场所、痕迹、物品、尸体和人身等进行记录、勘验、检查的一项侦查活动。由于实地勘验所获多为运用科学技术手段的结果，且多来自主体现场，一般认为具有较高可靠性。因此，实地勘验在整个现场勘查中具有十分重要的地位和作用。

（二）实地勘验的意义

刑事案件的侦查多是从对现场上遗留的物品、痕迹、尸体以及有关的人身进行勘验、检查开始的。实地勘验是现场勘查的重要组成部分，是勘查任何犯罪现场都应采用的一项最基本的专门措施，也是侦查中经常实施的侦查行为。实地勘验具有以下几项重要意义：

1. 为分析案情提供物质根据。作案人作案时，不管其手段如何狡猾，行动如何诡秘，都必然会引起现场及周围环境一定程度的变化。通过实地勘验，可以为判断作案人的动机、目的、手段、作案过程以及作案人的某些个性特点提供最重要的信息。

2. 为现场访问提供正确方向。现场访问的主要内容往往来源于犯罪现场。通过实地勘验，可以明确现场访问应该查明的问题以及现场访问的重点，从而使现场访问具有明确目的和针对性。

3. 为揭露和证实犯罪提供证据。犯罪现场同犯罪行为的联系最直接，同犯罪活动的因果关系最明显，因而是获取犯罪证据的重要场所。寻找、发现揭露和证实犯罪的证据，也是实地勘验的主要任务之一。侦查人员可以从现场上发现和提取各种能够证明案件真实情况的证据，充分证明犯罪现场与犯罪行为之间的因果关系，并为后续的起诉、审判提供证据。

4. 为采取进一步的侦查措施提供可靠的依据。根据在实地勘验中发现的作案人的足迹、车辆痕迹，可以判明其逃跑的路线和方向，可以为采取追缉堵截等措施提供依据。

5. 为技术鉴定提供良好条件。技术鉴定的对象主要是现场上提取的痕迹、物证，而实地勘验发现和收集的有关痕迹和物品，则为技术鉴定提供了条件。

（三）实地勘验的一般步骤

实地勘验应当有步骤、有顺序地进行。实践中，实地勘验主要分为以下几个步骤：

1. 整体巡视。整体巡视，又称视察现场或巡视现场，是指侦查人员对现场的外部环境及内部状态的整体状况所进行的概览性的巡视观察。侦查人员在进行实地勘验时，首先要进行整体巡视。整体巡视主要完成以下任务：

（1）确认或者调整保护现场的范围与措施。如果尚未对犯罪现场采取保护措施，应迅速确定保护范围和措施；如果原来确定的保护范围与措施比较适当，可以维持原状；如果原来确定的保护范围过窄、过宽、有遗漏或保护方法不适当的，要加以调整和改进。

（2）记录现场方位和概貌情况。运用笔录、绘图、照相、录像等方法，将现场的方位和概况记录下来。

（3）确定实地勘验的范围。确定实地勘验的范围，即现场勘查指挥员对于应勘验、检查、搜索的具体地点的宽窄、大小所做的界定。具体包括：作案人实施犯罪的地点；作案前在主体现场周围窥视、潜伏守候，等待作案时机的地点；作案后在主体现场附近隐藏、处理赃物、凶器和其他罪证的地点；来去现场的路线等。

（4）确定实地勘验的重点。确定实地勘验的重点，就是要在既定的勘验范围内确定出需要认真、仔细勘验、检查的部位和客体。主要是指那些痕迹、物证比较集中的部位以及对查明案情、查缉和证实犯罪嫌疑人有重要意义的部位和客体。

（5）确定实地勘验的顺序。确定实地勘验的顺序，就是要确定实地勘验以哪里为起点，沿着什么方向，依照什么顺序进行。实践中常采取的勘验顺序主要有以下几种：

①由中心向外围。现场小，中心明显，痕迹、物证比较集中的，一般由中心向外围勘验。

②由外围向中心。现场大，中心不明显，痕迹、物证比较分散的，一般由外围向中心进行勘验。

③以进出口为起点进行勘验。现场进出口明确或来去路线明显的，为防止痕迹、物品遭到破坏，可以由进出口为起点，或沿作案人来去路线勘验、检查。

④按陈设物顺序依次勘验。对于室内现场，一般以房屋进出口为起点，沿着室内陈设物体摆放的顺序进行勘验。

⑤沿着自然界限延伸勘验。对于露天现场，自然界限、地形、地貌界限明显的，可沿着界限向其他部位延伸勘验。

⑥分层、分片、分段勘验。这种勘验顺序主要适用于以下几种情况：现场范围过大；现场地处狭长地带；犯罪活动涉及多个地点、几个场合、几个楼层；现场痕迹、物证形小量少，或某类应该被发现的重要物证混迹在现场的物品中，需要十分仔细地加以勘验的。

2. 局部观察。局部观察，是指侦查人员在整体巡视的基础上，根据已确定的实地勘验的范围、重点和顺序，把现场划分为若干部分，逐一顺次或分头同步进行观察研究，以对现场局部加以记录和重建，形成相应的判断和推论，并为个体勘验做必要的准备。局部观察主要完成以下任务：

（1）记录现场在个体勘验前的状态。局部观察中，首先要按照局部的划分，通过照相、录像、笔录和绘图的方式记录下重点部位的情况及痕迹、物证的原始位置。

（2）判断现场状态有无反常。通过观察，分析现场现象有无与事主、被害人或目击证人等陈述不一致的地方。

（3）进行局部现场重建。局部观察的方法主要是观察研究，通过观察可以实现对局部现场痕迹、物证的整体把握，对特定局部所发生的犯罪行为、过程及作案人的个人特点和犯罪条件作出判断和推论，即对现场局部进行重建，以作为整个犯罪现场重建的基础。

（4）实现对犯罪现场的系统把握。局部观察是实现对犯罪现场系统认识的中间环节，通过观察各个局部痕迹、物证的分布情况，进一步判明所观察的局部与整个犯罪现场的关系及其在整个犯罪活动中的地位和作用，以便分析整个犯罪活动的内容、过程和顺序。

（5）为个体勘验做准备。通过观察，利用已发现的痕迹、物品，研究分析作案人的犯罪过程，并根据犯罪过程，进一步寻找尚未发现的痕迹、物品，从而全面确定需要仔细勘验的个体。如果发现了有勘验价值的痕迹、物品，应用粉笔标示其位置，或用保护性器具将其保护起来。

3. 个体勘验。个体勘验，是指在局部观察的基础上，运用各种刑事技术手段和方法对现场上与犯罪有关或可能与犯罪有关的各种痕迹、物品，逐个进行的具体勘验、检查。

（1）个体勘验的两个阶段。个体勘验分为静态勘验和动态勘验两个阶段。所谓静态勘验，是指在不变动客体原来位置状况和存在条件的情况下，对其暴露部分的结构特征与形态变化进行的观察、记录和检查活动。通过静态勘验，将对查明案情具有重要意义或具有重要证据价值的痕迹、物品加以测量，并通过笔录、细目照相、录像、绘图等方式，把它们的分布状况、位置、形态和相互关系固定下来。所谓动态勘验，是指在静态勘验的基础上，在触动或翻转客体的情况下，借助各种技术手段和方法，对客体进行的系统观察、记录、检验、显现和提取活动。通过对这些痕迹、物品的分析研究，弄清它们形成的过程、原因以及与犯罪活动之间的联系，从而为全面分析现场情况、确定案件性质、划定侦查范围提供依据。

(2) 个体勘验的规则。个体勘验应当遵循以下几个规则：

先静观，后动手。发现有价值的痕迹、物证，不要立即动手，应先仔细观察，记录它们的状态和位置及其与周围物体的关系，然后再通过正确的方法，翻转移动相关物体进行仔细观察，寻找上面有无痕迹或附着物。

先固定，后提取。在提取痕迹、物证之前，均应先予以记录，把它们的位置和状态固定下来，然后再选用必要的技术方法进行提取。

先外表，再内部。勘验现场上的任何客体，都应该先观察其外表的结构、特征及变化情况，然后再检查其内部变化。

先地面，后高处。个体勘验中按照先地面后高处的顺序进行勘验，可以防止勘验高位痕迹和物品时，踩踏地面的痕迹和物品。

先重点，后一般。重点客体是指被作案人触摸或移动、抛弃的物体。按照先重点后一般的顺序进行勘验，可以高效率地发现犯罪的痕迹、物证，特别是勘验被破坏的现场时，要善于从变动中寻找未变动的、从破坏中寻找未破坏的、从重叠中寻找未重叠的部位或客体进行勘验。

先易消失，后稳定。勘验现场时，要先提取那些容易消失的痕迹、物证，如脚印等，然后提取那些不易消失的痕迹、物证。

需要注意的是，进行实地勘验的人员，应当佩带公安部统一制发的《刑事案件现场勘验检查证》。

4. 现场复验、复查。现场复验、复查，是指对已经勘验、检查过的与犯罪有关的场所、物品、人身、尸体等再次进行的勘验检查。根据《公安机关刑事案件现场勘验检查规则》的有关规定，遇有下列情形之一，应当对现场进行复验、复查：

(1) 案情重大、现场情况复杂的；

(2) 侦查工作需要从现场进一步收集信息、获取证据的；

(3) 人民检察院审查案件时认为需要复验、复查的；

(4) 其他需要复验、复查的。

现场复验、复查时，应当研究原有勘验内容，看其根据是否充分，反映是否客观、方法是否恰当、结论是否正确、程序是否合法。现场复验、复查的新材料、新线索，应当结合原来的情况进行综合分析研究，并进行检验对照。

现场复验、复查的情况，应当制作笔录，并由参加现场复验、复查的侦查员、见证人、记录人签名。

二、现场访问

现场访问，是指侦查人员为了查明案情，收集侦查线索和犯罪证据，在现场勘查过程中依法对了解案件有关情况的人员进行的调查访问活动，与实地勘验同时进行。

现场访问是现场勘查的重要组成部分，其主体是侦查人员，现场访问活动只能在现场勘查的过程中进行，在现场勘查之后所进行的询问则不属于现场访问。现场访问的主要目的是查明案件发生的原因、过程及事实情节，收集犯罪证据，发现侦查破案的线索，为分析案情、采取紧急措施、及时揭露和查获作案人提供依据。

凡是可能了解与犯罪现场有关情况的自然人都应列为现场访问的对象。现场访问的对象是根据每一起案件需要查明的问题而定的，不同的案件有不同的访问对象。从法律角度可将现场访问的对象分为两大类，即当事人和证人。为了调查工作的需要，一般将现场访问的对象分为三类：一是犯罪现场的发现人和报案人；二是事主、被害人及其家属亲友；三是现场周围和犯罪嫌疑人来去现场沿途可能知情的人员。针对不同的对象访问的重点各有不同，采取的访问策略也各有不同。

（一）现场访问的意义

1. 可以为及时采取紧急侦查措施提供依据。侦查人员到达现场时，犯罪嫌疑人是否已经离开现场，是否有毁灭转移罪证或继续犯罪的可能等问题尚不明朗。此时，侦查人员应抓住发案不久，事主、被害人和有关群众记忆犹新的有利时机，及时进行访问，以迅速查明犯罪嫌疑人的人数和体貌、衣着特征，所持赃物、交通工具等明显标志，以及犯罪嫌疑人逃跑的方向、路线等有关情况，从而为采取追缉堵截、搜索检查、控制赃款赃物等侦查措施提供重要支撑。

2. 可以为实地勘验提供依据。实地勘验过程中，时常由于对案件发生情况缺乏必要的了解，而在勘验范围、重点、步骤的确定和痕迹、物证的提取等方面遇到困难。通过及时准确的现场访问，可以了解案件发生、发现的经过，犯罪嫌疑人在现场的活动情况以及现场的有关情况等信息，将以上信息进行综合分析，有助于侦查人员准确、细致、全面地进行实地勘验；另外，将现场访问所获得的材料与实地勘验结合起来，相互印证、相互补充，有助于侦查人员客观全面地收集各种痕迹、物证。

3. 可以为正确分析案情，科学拟定侦查方案提供依据。侦查人员正确地分析案情，科学拟定侦查方案，离不开必要的案件情况和证据材料，而现场访问恰恰是获得案件情况和证据材料的重要手段之一。通过及时准确的现场访问，能够发现并获取到具有重要价值的侦查线索，从而为正确分析案情，拟定侦查方案提供依据。

（二）现场访问的原则

1. 个别访问的原则。为了保证现场访问结果的真实性与可靠性，必须坚持个别访问的原则，即每次访问只能对一个访问对象进行，不能对几个访问对象同时进行，更不能采用开座谈会或集体讨论的方式进行，因为如果将几名访问对象集中在一起进行访问，很容易产生下列后果：第一，造成访问对象心存顾虑，不敢陈述真实情况或回避作证；第二，容易相互干扰，使一些访问对象产生从众心理，影响访问结果的真实性；第三，容易泄露侦查秘密，使一些只有个别人知道的案情、线索暴露出去，不利于案件侦破。基于上述原因，访问应个别进行。

2. 依法访问的原则。《刑事诉讼法》对询问证人和被害人作出了明确的规定，现场访问时必须严格遵守。第一，依法告知访问对象应如实提供证言以及有意作伪证或隐匿罪证应承担的法律责任；第二，为访问对象提供有利于其客观陈述的条件，严禁采取刑讯、威胁、引诱、欺骗等方法获取证言；第三，访问未成年人可以通知其法定代理人到场；第四，对访问对象的隐私应保密；第五，依法制作《询问笔录》。严格坚持依法访问的原则，是访问活动和访问结果合法、有效、客观、公正的基本保证。

3. 及时访问的原则。现场勘查过程中，一旦发现知情人，应及时访问，尤其是对那些重要的知情人、流动性较强的知情人以及伤病情严重的被害人更应当立即访问。坚持及时访问原则，可以防止访问对象遗忘案情，确保及时收集到可靠的证言；可以防止访问对象事后受到某些消极因素的影响而作伪证或拒证；可以防止访问对象离去或死亡，失去访问条件。

（三）现场访问的内容

现场访问需要了解的问题因案而异，内容庞杂，不同的案件有各自的访问重点。总的来说，对大多数刑事案件而言，现场访问的内容主要包括以下几项：

1. 案件发生、发现的情况。主要是指案件发生的时间、地点、经过、后果；犯罪嫌疑人是否逃跑、逃跑的方向、乘坐的交通工具以及可能隐藏的地点等；发现案件的准确时间、地点和详细经过等。

2. 现场的情况。主要是指现场的具体位置和原始状况；现场有无变动，变动的原因和变动的具体情况；是否采取了保护措施，采取了哪些保护措施等。

3. 犯罪嫌疑人的情况。主要是指犯罪嫌疑人的人数、性别、年龄、口音、身高、体态、相貌、衣着打扮、携带物品及特征以及来去方向、路线等。

4. 事主、被害人的情况。主要是指事主、被害人的自然状况、经济状况、社会交往情况等；被害人的思想状况、婚恋情况等。

5. 现场遗留物的情况。主要是指遗留物品的性能、用途、生产日期、生产厂家、销售使用范围，使用修理过程中形成的各种特征，什么人曾经使用或拥有此物品等；有无其他人员遗留的物品和痕迹等。

6. 被侵犯财产的情况。主要包括被侵犯财物的名称、种类、数量、重量、体积、价值、暗记、新旧程度、包装方法、维修特征；有价证券的数额、票面值、号码、捆扎情况；被侵犯财物的占有、使用、保管情况和知情范围；犯罪嫌疑人对财物的选择情况等。

（四）现场访问的程序

1. 现场访问的准备阶段。现场访问的对象形形色色，需要调查的问题各不相同，还要面对很多意外情况，因此，访问前要做好相应的准备工作。现场访问的准备阶段，主要有以下几项任务：

（1）确立现场访问的重点和范围。现场访问的重点因案而异，侦查人员在访问的准备阶段应结合具体案情确定好所要访问的重点问题。访问的范围主要包括：地域范围，即在什么地区范围内进行访问；对象范围，即在哪些部门、行业、哪些人中进行访问；内容范围，即就现场和案件需要了解和搞清哪些问题；时间范围，即案发时及案发前后的时间段。有的案件可能需访问案发前更长时间的情况。

（2）了解访问对象的有关情况。包括访问对象的个人情况；访问对象与被害人、事主及其所提供的犯罪嫌疑对象之间的关系；访问对象可能提供的线索、证据及能够证明的问题，可能遇到的阻力和障碍等，以便有针对性地确定访问的时间、地点和方式。

（3）确定访问的地点。访问的地点应就地选择，不能舍近求远，应当比较安静，同时有利于保密。

（4）拟定访问提纲。访问提纲的内容包括：访问的目的和要求；访问对象的基本情况；访问的时间、地点；访问的方法和方式；应访问的主要问题；访问中应注意的问题及侦查人员的分工；等等。

2. 侦查人员与访问对象的初步接触阶段。初步接触是为正式访问打基础的过程，其工作完成得好坏，关系到正式访问能否顺利进行。这一阶段侦查人员主要有以下两项任务：

(1) 稳定访问对象的情绪。现场访问时，事主、被害人由于刚刚受到犯罪行为的侵害，紧张、恐惧、悲痛、愤怒的情绪都比较强烈，这些情绪直接影响着他们陈述的客观真实性。因此，访问之前，必须首先稳定他们的情绪。

(2) 做好访问对象的思想转化工作。访问对象的背景情况各不相同，尤其是他们同案件中相关当事人之间可能存在这样或那样的关系，或者对当事人及侦查人员持有积极或消极的态度，因此他们对待访问的态度必然会有所不同。侦查人员首先应探明他们的心理状态及可能存在的思想顾虑和如实陈述的障碍，并加以教育疏导，以顺利推进访问。

3. 正式访问阶段。正式访问是现场访问的主要步骤，也是通过访问获取线索和证据的关键环节。应在前期工作的基础上，针对不同的访问对象，采取灵活的访问方法和策略进行。正式访问阶段的工作内容主要包括以下几项：

(1) 向访问对象提出主要调查事项。侦查人员提出的访问事项应当有一定的概括性和明确性。所谓概括性，即提问不能过于具体，以免限制访问对象的陈述范围。所谓明确性，即提问不能模糊不清，以确保访问对象能够抓住主题并围绕主题进行陈述。由于案件性质，访问对象的性别、年龄、个性特点以及与案件之间的关系各不相同，侦查人员应当有针对性的运用恰当的方式提出问题。

(2) 访问对象进行自由陈述。侦查人员向访问对象提出访问事项后，应让其自由地陈述自己所知道的或所感知的与案件有关的事实。在其陈述时，侦查人员一般不要过多提出问题，以免打乱其思路，影响其正常的回忆和联想。

(3) 向访问对象有针对性的提出问题。待访问对象就其所知进行自由陈述之后，侦查人员应针对其陈述提出相关问题。这时的提问主要分为三类：对象在自由陈述过程中没有涉及的或者涉及但不够充分的事实；陈述的事实与案情相矛盾的；需要进一步了解细节的某些事实。

4. 结束访问。在结束现场访问之前，还应做好以下两项工作：

(1) 现场访问应当制作《询问笔录》。经过审查核实的《询问笔录》不仅是分析案情、推进侦查的重要依据，也是刑事诉讼的证据材料，因此应按照法律规定制作《询问笔录》。

(2) 善始善终地结束现场访问。现场访问结束时，侦查人员应当对访问活动作出简明扼要、切合实际的评价，对积极配合访问工作的对象给予肯定和感谢，对拒证和作伪证的对象给予批评和否定，并要求其尽快转变态度，如实提供有关情况。

第六节 犯罪现场勘查记录

犯罪现场勘查记录，是现场勘查人员在现场勘查过程中将现场上一切客观事实和对现场勘验、检查的情况如实记录下来的证据材料。犯罪现场勘查记录是犯罪现场勘查过程中必须制作的重要法律文书，是刑事诉讼中重要的证据之一，是分析、研究案情，采取侦查措施，甄别犯罪嫌疑人口供、证人证言和被害人陈述的重要依据。

一、现场勘验检查工作记录

（一）现场勘验检查工作记录的概念

现场勘验检查工作记录，是侦查人员依照法定程序，运用文字、照片、绘图等形式对犯罪现场和现场勘验、检查工作开展的情况所做的客观记述。根据《公安机关刑事案件现场勘验检查规则》第四十二条的规定，现场勘验、检查结束后，应当及时将现场信息录入“全国公安机关现场勘验信息系统”并制作《现场勘验检查工作记录》。

《现场勘验检查工作记录》的记录过程是侦查人员对现场情况的了解、认识、加工和列表的过程，有助于侦查人员对现场进行全面、深刻的理解，把握现场勘查重点。它能为侦查人员、了解现场情况提供详细、真实的资料，为深入研究案情，复原犯罪现场提供客观依据。

（二）现场勘验检查工作记录的内容与要求

1.《现场勘验检查工作记录》包括《现场勘验笔录》、现场图、现场照片、现场录像和现场录音。

2.《现场勘验检查工作记录》应当客观、全面、详细、准确、规范，能够作为核查现场或者恢复现场原状的依据，符合法定的证据要求。

现场绘图、现场照相、现场录像、《现场勘验笔录》应当相互吻合。

现场绘图、现场照相、现场录像、《现场勘验笔录》等现场勘验、检查的原始资料应当妥善保存。现场勘验、检查原始记录可以用纸质形式或者电子形式记录，现场勘验、检查人员、见证人应当在现场签字确认，以电子形式记录的可以使用电子签名。

对现场进行多次勘验、检查的，在制作首次《现场勘验检查工作记录》

后，逐次制作补充勘验检查工作记录。

二、现场勘验笔录

（一）现场勘验笔录的内容

现场勘验检查笔录由三部分组成：

1. 前言。前言部分记录的内容包括：笔录文号，接报案件时间和内容，现场地点，现场保护情况，勘验、检查的起止时间，天气情况，勘验、检查利用的光线，组织指挥人员，现场方位和周围环境等。

2. 正文。正文部分记录的内容包括：与犯罪有关的痕迹和物品的名称、位置、数量、形状、分布等情况，尸体的位置、衣着、姿势、血迹分布、性状和数量以及提取痕迹、物证情况等。

此外，如果在现场上进行了尸体外表检查、解剖检验、现场实验、人身搜查，除应单独制作详细记录外，也应在现场勘验笔录中简要加以反映。

3. 结尾。结尾部分记录的内容包括提取痕迹、物证情况，扣押物品情况，制图和照相的数量，录像、录音的时间。同时还包括笔录人、制图人、照相人、录像人、录音人，现场勘验、检查人员的单位、职务及签名，见证人签名。

（二）制作现场勘验笔录的要求

1. 现场勘验笔录的顺序应与现场勘验检查的顺序一致，提取的痕迹、物证要与现场勘验笔录内容相符，现场勘验笔录应与现场图、现场照相、现场录像的内容一致。

2. 现场勘验笔录的用语应精练、规范，应使用准确语言叙述现场上痕迹、物品之间的距离和相对关系。不得使用非标准化的字、词。笔录中的度量衡单位应按照国家、国际标准使用。

3. 现场勘验笔录应详略得当，记录客观、准确。与案件关系不大的情况应简要记录，与案件密切相关的情况，应详细记录。对现场情况的记录应客观，不能将个人的主观判断、推测等记入现场勘验笔录。

三、现场图

（一）现场图的概念

现场图，是指侦查人员在勘验过程中运用制图学的原理和方法，借助多种符号和文字形象地反映犯罪现场的一种记录形式，它是现场勘验笔录的重要补充。现场勘验、检查人员应当制作现场方位图、现场平面示意图，并根据现场情况选择制作现场平面比例图、现场平面展开图、现场立体图和现场剖面图等。

现场图以简明的形式，准确醒目地描绘出现场上与犯罪有关的痕迹、物证的形状、尺寸、位置和相互间的关系，以及现场中心的建筑陈设、周围环境和作案人的来去路线等。它既可以形象地表达出笔录难以叙述清楚的痕迹、物品的形状大小，又可以具体地补充现场照相、现场录像难以反映出的痕迹、物品的方位、距离等，从而使人看后对现场情况一目了然，获得准确的印象。

（二）现场图的分类

1. 以表现方法为标准，可以将现场图分为现场方位图、现场全貌图和现场中心图。

（1）现场方位图，是反映现场的位置及其周围环境的图。它形象地反映现场的位置和周围的环境以及与本案有关的其他场所，遗留痕迹、物证的地点与犯罪嫌疑人潜逃的道路和方向等。如果同时有第一现场、第二现场的案件，还要清楚显示各现场的位置和它们之间的关系。

（2）现场全貌图，是反映现场全貌及现场内部状态情况的图。它以发案地点为中心，不仅能客观地反映犯罪现场的范围和状态，还能把现场上与犯罪活动有关的物体、痕迹的位置、形状、大小以及它们之间的距离和关系等表现出来。

（3）现场中心图，是专门反映现场重要部位的图。它以现场的某个重要客体为中心，专门反映与犯罪有关的痕迹、物品、尸体及其相互关系。

2. 以表现形式为标准，可以将现场图分为现场平面图、现场立体图、现场立面图、现场剖面图和现场综合图。

（1）现场平面图，是以垂直投影原理绘制的一种水平俯视图。现场平面图能够反映出与案件有关的房屋、门窗、家具陈设和痕迹、物证等的形状、大小和具体位置。

（2）现场立体图，是按中心投影原理将现场上的痕迹、物证的位置及相互关系反映出来的一种平视图。现场立体图把多种平面通过透视变化组合在一起，表现了两个面以上物体外形。

（3）现场立面图，是以水平投影原理绘制的一种平视图。现场立面图实际上是立起来的平面图，可以根据现场的实际需要，灵活选择运用。

（4）现场剖面图，是以中心投影原理和方法，将其阻挡视线的部分删除，只反映现场内部或物体内部情况的一种现场图。根据工作需要，设想把现场某一部分切开，或去除一面，也可中间分割、横竖分割，绘制剖面图，它能把从表面难以看到的东西表现出来。

(5) 现场综合图，是综合运用多种绘图形式绘制的一种现场图。重大复杂的现场，可将平面图、立面图、立体图、剖面图等几种图综合起来进行绘制。

3. 以比例要求为标准，可以将现场图分为比例图、示意图和比例示意结构图。

(1) 比例图，是将现场的大小和现场上物体、痕迹的位置以及相互间关系都严格按一定的比例缩小绘制的一种图。

(2) 示意图，是将现场上物体、痕迹及相互关系按大致位置绘制的一种图。它与描绘的对象实体之间不是完全对应的，只大概地反映描绘对象。

(3) 现场比例示意结构图，是综合运用比例和示意两种表现手法绘制的一种图。

(三) 绘制现场图的一般程序

1. 全面观测现场。要求对现场内外状况，包括现场中心部位、现场周围环境、建筑设施、物品陈列、痕迹、物证的分布等进行全面观察了解，特别是要注意观测现场较隐蔽、容易忽视的情况，对整个现场做到心中有数。

2. 确定现场图的种类。根据《公安机关刑事案件勘验检查规则》第四十六条规定："现场勘验检查人员应当制作现场方位图，现场平面示意图，并根据现场情况选择制作现场平面比例图、现场平面展开图、现场立体图和现场剖面图等。"

3. 构思现场图的结构和内容。根据案情和对现场外貌的观察，安排好现场中心部位、现场周围环境、建筑设施在图画上的布局。总的要求是图面美观、简洁，层次分明，重点突出，比例适当，内容表现正确，画面安排有序。整个构图安排好之后，还要做好局部特写、图例说明、案件标题、指北标志位置以及绘图日期等的安排。

4. 确定现场图的方向和比例大小。按"上北下南、左西右东"的原则将指北标志安排在图的右上方，并与现场实际方位保持一致。有些现场环境的方位并不是正南正北，或有较大的偏移，绘图时指北标志可以允许有一定幅度的倾斜（一般不超过45°）以与现场实际吻合。

现场方位图通常用1∶500、1∶1000或1∶2000的比例；现场中心图常用1∶40、1∶60或1∶100的比例。在一张图中原则上采用一种比例尺寸，但有时也采用几种不同的比例尺寸。

5. 绘制铅笔草图。首先要用铅笔速写现场主要物体轮廓，然后记明有关数据，一般只记一个基数，同时记录物体长、宽、高的比例。

6. 认真核对，仔细描图。先绘制现场图的图体，然后写明图题、指北标志、图例说明、制图人、制图时间。草图经加工核对无误后，即可描上墨线。

侦查实践中，计算机技术越来越广泛地应用于刑事侦查工作中，现场图制作电子化已经成为一种必然趋势。利用现场绘图软件绘制现场图已经是较为普遍的做法，极大地提高了现场记录工作的效率和准确性。

四、现场照相

（一）现场照相的概念

现场照相，是将案件发生的场所和与案件有关的痕迹、物品，用照相的方法客观、准确、全面、系统地固定记录下来的专门手段。现场照相能够记录犯罪现场所处的位置、现场中客体间的空间位置关系及其自身状况，具有客观、迅速、准确、形象的特点。

现场照相的基本要求是必须客观真实地再现现场。因此，应按照一定的技术规范进行拍照，要实事求是、全面系统地记录一切与犯罪有关的现场和现场内的痕迹、物证，防止遗漏。而且还必须突出重点，层次分明，使现场照片能够显示出现场状况和特点。现场照相必须反映出犯罪行为、犯罪动机、犯罪过程、犯罪手段等客观事实和物证特点，为案件侦破提供线索，为刑事诉讼活动提供可靠的证据。

（二）现场照相的内容

完整的现场照相应包括四种类型：现场方位照相、现场概貌照相、现场重点部位照相、现场细目照相。

1. 现场方位照相。它是以整个现场和现场周围环境为拍照对象，反映犯罪现场所处的地点、位置及其与周围事物关系的专门照相。

为了能够清楚地表现现场所处位置和方向，现场方位照片应尽可能包括一些永久性的标志物，必要时可以用特写照片对标志物进行辅助说明。除此之外，现场方位照相还必须反映现场与周围环境的关系及现场环境特征。一般应选择正对现场中心，距犯罪现场较远、较高的地点拍摄。在构图上，应把现场或重点景物安排在前景或画面的主要位置上。应尽量使用一个镜头来反映被拍景物，受拍照距离和镜头视场限制时，也可以使用回转连续拍照法或直线连续拍照法拍照。如遇阴雨天气或夜间，应在天气好转时或白天补拍一次，把当时拍的照片和补拍的照片同时使用，互为补充。

2. 现场概貌照相。它是以整个现场和现场中心地段为拍照内容，反映现场的全貌以及现场内各部分与犯罪活动之间联系的专门照相。

现场概貌照片所反映的现场面貌，应包括作案人进出现场的出入口、犯罪现场内部空间全貌、被侵害对象以及痕迹、物证的位置关系等，从而清楚地表现出现场范围及现场内各个物体、犯罪痕迹和物证之间的相互关系。拍摄现场概貌照片，一般采用相向拍照法、多向拍照法进行拍摄，也可拍摄连续片，用一组照片反映现场的全貌。如果一个案件有多处现场，那么每个现场都要各拍一组概貌照片，然后用一两张照片把各个现场联系起来。

3. 现场重点部位照相。它是以现场上重要部位或地段的状况、特点以及与犯罪有关的痕迹、物品所在部位为拍照对象的专门照相。

现场重点部位包括与犯罪有关的中心地段，遗留有犯罪痕迹和物证的地段。不同案件的现场有不同的重点部位，即使是同类案件，由于各个案件具体情况不同，其重点部位也不尽相同。一般情况下，犯罪现场内往往有多个重点部位需要拍照，有时，甚至每个重点部位需要有多张照片来表现。因此，在现场照相中，重点部位照相所占比例较大。拍摄现场重点部位时，必须选择适当的取景方向，采用标准镜头，在适当距离拍照，以保证透视关系合理。拍摄重点部位照片。采用单向拍照法和相向拍照法进行拍摄。

4. 现场细目照相。是以现场上发现的与犯罪有关的细小局部状况和各种痕迹、物品为拍照对象，反映其形状、大小、细节特征的专门照相。

现场细目照相，一是可以为物证检验、鉴定提供条件，例如，拍摄现场指纹、足迹等；二是可以为侦查提供线索，例如，拍照显示作案人遗留物品上的不清晰字迹等；三是可以作为证据向法庭出示。因此，细目照片必须清楚地再现痕迹、物证上的细节。拍摄现场细目照片要认真取景构图，合理利用画面。被拍客体应占画面的 1/3 以上。拍照时要在拍照对象旁放置比例尺，将比例尺与拍照对象一同拍入画面。并且，应将照相镜头的光轴垂直对准被拍物体平面的中心，使镜头平面、胶片平面和物体平面平行，以保证物体影像不变形。拍摄痕迹、损伤时，要反映出痕迹、损伤的形态、特征与所在位置。现场上同类型痕迹、物证较多时应当编号，并将号码也摄入画面。

（三）现场照相的步骤

现场照相，一般分为以下几个步骤：

1. 观察研究现场的地理位置及周围环境状况、特点。

2. 观察研究犯罪现场的出入口状态和在现场周围发现的各种痕迹、物证的分布情况，对易于破坏或消失的痕迹应及时拍照或予以保护。

3. 观察现场内部概貌，了解作案人实施犯罪的基本情况，对现场的范围和拍摄重点有一个全面的认识。

4. 制订整体现场的全面拍摄计划及拍摄步骤。现场照相的拍照计划，一般可按现场照相的四种类型进行，即首先拍摄现场方位照片，其次拍摄现场概貌照片，再拍摄现场重点部位照片，最后拍摄细目照片。对一些重大、特大犯罪现场也可首先拍摄现场概貌照片，其次拍摄现场中心照片，再次拍摄现场细目照片，最后拍摄现场方位照片，以节约拍摄时间，加快整个现场勘验的进程。

（四）现场照相的原则

为了防止现场受到人为或自然因素的影响或破坏，更好地保证现场勘查和现场照相的顺利进行，拍摄现场照片必须遵循以下原则：

1. 先拍犯罪现场的原始状况，后拍移动的状况。

2. 先拍地面上的痕迹、物证，后拍高位的痕迹、物证。

3. 先拍正在变化、易消失的痕迹、物证，后拍已经稳定的、不易消失的痕迹、物证。

4. 先拍痕迹、物证的整体环境，后拍痕迹、物证的局部特征。

5. 先拍易于拍摄的客体，后拍不易于拍摄的客体。

6. 先拍需要紧急处置的客体，后拍不需要紧急处置的客体。

7. 现场方位照相要根据具体情况灵活安排。

（五）现场照相的方法

1. 单向拍照法，是指只用一个镜头画面，只从某一个方向对客体拍照的方法。这种方法只从一个角度反映现场客体的某一个方面的状态。

2. 相向拍照法，是指以被摄目标为中心，从两个相对的方向、相等的距离，分别对目标进行拍摄的方法。相向拍照法是从两个相对的方向对被摄目标进行拍照，两张照片可以互为补充，能比较全面地反映出目标的状况及目标与相邻物体的关系。

3. 多向拍照法，是以被摄目标为中心，从多个不同的方向，以相等的距离对被拍物进行拍照的方法，用于表现现场目标的状况和目标与其周围物体的关系。所谓多向，是指可以分别从三个、四个、八个方向拍摄目标。此种方法可以更全面地表现目标状况及其与周围物体的关系，多用于现场概貌照相，有时也用于现场重点部位照相。

4. 回转连续拍照法，是指固定照相机位，水平或垂直方向转动镜头，将被拍客体分段连续拍照成若干画面的拍照方法。制成照片以后，再将这数张照片连接在一起，形成一张完整的照片。这种方法可以扩大照相范围，有利于表现广阔的现场。

5. 直线连续拍照法，是指将照相机固定在与被拍物体平行的某一平面上，呈等距垂直状态，由一端向另一端将现场景物分段拍照，制成照片后，再把它们拼接成一张组合照片的一种拍照方法。这种方法可以有效表现狭长景物的状况，主要用于现场全貌、现场重点部位和现场细目照相，例如，用于拍照成趟足迹、车轮痕迹等。

五、现场录像

（一）现场录像的概念

现场录像，是指利用摄录像设备，按照现场勘查的要求，将案件发生的场所和与案件有关的痕迹、物品的状况及其空间位置关系及时全面、客观准确、连续系统地摄录下来的一种技术方法。

现场录像和现场勘验笔录、现场图、现场照相相互印证、相互补充，能快速、生动、全面地反映现场的具体状况。同时，现场录像在记录现场的过程中，还具有声画并茂、即时再现、连续完整、生动形象等特殊优势。目前，我国各地公安机关已较为普遍地使用录像技术记录刑事案件现场，固定犯罪证据，反映现场勘查和现场实验的过程。

（二）现场录像的种类

1. 现场方位录像，是指以反映整个犯罪现场位置及其与周围环境之间关系为目的的一种现场录像形式。由于现场方位录像需要反映的信息多，概括的面积广，所以要把摄像机机位选得尽量远一些，高一些，以俯角远景拍摄，有些情况下还需要用空中录像方式拍摄。

2. 现场概貌录像，是指以整个犯罪现场作为摄录对象，所拍摄的内容主要用于反映整个现场的概貌状况的一种现场录像形式。现场概貌录像要用摇镜头把整个现场范围和现场全貌拍摄下来，再用推拉镜头反映物品与环境、痕迹、物证与周围物品的位置关系。当现场是多处时，从一处到另一处可以用跟镜头拍摄车辆的运动或现场勘查人员的走动，把几处现场连接起来。现场概貌录像是现场录像的重点和难点，要用几个或几十个镜头才能完成。

3. 现场重点部位录像，是指以反映现场上与犯罪有关的主要物体、地段或部位的状况、特点及痕迹与物体的关系为目的的一种现场录像形式。现场重点部位录像不仅要反映现场重点部位，还要反映出它与周围事物的联系，所以拍摄时要先用摇镜头反映重点地段、重点部位的状况，再用推拉镜头反映重点物体、重要痕迹、物证与周围的联系。为使被摄物不变形，拍摄摇、推、拉镜头时，要灵活选择机位拍摄。

4. 现场细目录像，是指记录现场上所发现的与犯罪有关的细小局部状况和各种痕迹、物品，以反映其形状、大小、特征等为目的的一种现场录像形式。录像时，首先把痕迹、物证的原始状况及与周围其他物体的相互关系拍摄下来，用全景镜头固定痕迹、物证所在位置，再用推拉镜头拍摄与周围的联系，之后再移动拍摄，这样可以改变光照条件和拍摄位置、角度，保证被摄对象不变形，使其质感和特征都能清晰地反映出来。

5. 其他录像，主要包括现场实验录像、现场搜查录像、现场分析录像、讯问犯罪嫌疑人录像等。

（三）现场录像的步骤

1. 听取现场保护及案件有关情况的介绍，并进行实地观察。

2. 根据案件性质构思拍摄计划，确定录像内容、角度、距离和顺序。

3. 按照现场勘查的程序进行录像。

4. 现场录像片的编辑。

第七节　犯罪现场分析

犯罪现场分析，是指现场勘查人员在现场指挥员的组织下根据实地勘验和现场访问所获得的材料，对在现场上发现的各种情况进行充分的讨论，并力求作出符合客观实际的分析判断的侦查活动。

犯罪现场分析是现场勘查的一个阶段性总结过程。通过现场分析，可以加深对案件的进一步认识，对案件的性质，作案目的、动机、时间、地点、手段、人数、特点等有一个更清楚的了解；通过现场分析，可以及时查漏补缺，帮助侦查人员和刑事技术人员从整体上进行研究，进一步明确有关信息的链条是否完整，从而有助于及时进行有效的弥补；通过现场分析，还可将实地勘验和现场访问的材料结合起来，给作案人准确画像，确定侦查方向和范围，加快破案速度。

一、犯罪现场分析的任务

（一）判明事件与犯罪行为的关系

现场分析的首要任务，就是通过对现场访问和实地勘验所获取的各种信息和资料的分析研究，判明已发生的事件是否与犯罪行为有关，是否属于刑事犯罪案件，并确定案件性质。应当指出，分析事件性质是一个复杂的过程，有时在现场分析中难以下定论。对于不能确定性质的事件，调查工作应及时跟上，并应注意从多种可能出发收集线索。

（二）鉴别证据的真实性和证明力

现场分析的第二项任务，就是对现场访问和实地勘验所获得的材料和证据，进行认真的审查和评断，鉴别证据的真实性和证明力。证据材料是现场分析的物质基础，它的真伪和证明力直接关系到对事件性质及犯罪事实判断的准确性，因此，现场分析过程中，必须对汇总的各种证据资料进行筛选和分析鉴别。

（三）确定侦查方向和侦查范围

现场分析的第三项任务，就是对已构成犯罪的案件，确定侦查方向、范围，制订初步侦查计划，侦查工作从此进入查找犯罪嫌疑人阶段。现场分析是一个集思广益的思维过程，通过现场分析，整合资料，梳理思路，对案件情况形成较为科学合理的判断，对犯罪嫌疑人进行较为准确的画像，并在此基础上制订初步的侦查计划，指导后续的侦查工作。

二、犯罪现场分析的方法

（一）逻辑推理法

现场分析时对所获得的案件材料要经常用逻辑的标准进行衡量，看其是否符合事物发展的规律；作出判断时也要遵循逻辑学的思维方法，进行正确的归纳、演绎，以便对案情作出合情合理、恰如其分的推理。

（二）辩证分析法

即认真分析研究实地勘验和现场访问所获得的各种材料，着重分析这些材料中反映出来的各种矛盾和反常现象，透过现象看本质，坚持唯物主义，坚持辩证法，反对唯心主义和形而上学，以揭示案件的本来面目。

（三）心理剖析法

现场分析时要充分运用心理学的基本原理，对证人、被害人和作案人的心理作出客观分析，以判断证人证言的可靠程度，被害人陈述的真伪及作案人的犯罪动机、目的和心理状况，从而缩小侦查范围，避免走弯路。

（四）数学推导法

现场分析离不开数学推导，例如，根据手印、足迹推算人的身高；根据尸体骨骼推断人的年龄、身高；根据弹道计算射击的角度和距离；利用概率论和数理统计，排除或认定作案人等。

（五）实验检验法

实践是检验真理的唯一标准。现场分析时，常常会遇到一些互相矛盾的现象或难以解释的问题，通过现场实验，往往能使一些矛盾现象和疑难问题得到圆满的解释，使分析更加准确。

现场分析的方法很多，必须相互配合，灵活运用，才能全面、客观、准确的分析案件情况。

三、犯罪现场分析的阶段

（一）呈报材料阶段

呈报材料阶段主要是由侦查人员将各自收集到的材料陈述报告出来。呈报要求语言简洁，有条不紊。具体包括以下几项内容：

1. 由先期到达现场的民警，汇报发案情况和到达现场后采取的保护现场和现场前期处置工作情况。

2. 由侦查人员汇报现场访问工作和初步调查及侦查工作的部署情况。

3. 由现场勘验、检查人员汇报实地勘验结果和获取的痕迹、物证情况。

4. 凶杀命案现场，还要由法医汇报尸体情况或检验意见。

（二）展开讨论阶段

展开讨论阶段是现场分析的关键环节。在汇集、鉴别材料的基础上，与会人员要对犯罪现场情况进行一些专题分析，如对作案的目的、动机、时间、地点、手段、工具、人数、犯罪痕迹、物证、证人证言、被害人陈述及案件的性质等进行深入剖析探讨。

（三）综合分析阶段

综合分析，是在听取信息汇报、各自观点、认识、分析、评断、争论的基础上进行归纳整理，得出结论的过程。综合分析应把握三点：一是要注意综合分析信息的可信度；二是要综合分析信息与犯罪的关系；三是要综合分析所有材料的证明力。

（四）作出决议阶段

作出决议阶段是现场分析的结束收尾阶段。这是一个综合过程，需要归纳整理讨论中提出的各种看法，对意见进行整合，并对一些具体工作进行部署。这一阶段需要完成以下几项任务：

1. 对案情作出基本判断，即对事件性质进行分析，首先要判断其是否为犯罪案件。如果认为确有犯罪事实存在，依法应当追究刑事责任，且属于本单位管辖，则应进一步分析案件的类型，作案的动机、目的等。如果不属于本单位管辖或者不是刑事案件则可视具体情况作出移送案件、撤销案件、转为行政案件等决定。

2. 提出侦查工作的思路和部署，即对决定立案侦查的刑事案件，制订书面或口头的侦查计划，侦查计划的内容主要包括：划定侦查范围，刻画犯罪嫌疑人条件，提出侦查工作的任务和措施，组织侦查力量和分工，等等。

3. 对现场进行处理。现场勘查结束后，指挥员应根据案件性质、现场情况和现场勘查的结果对现场作出撤销现场保护、全部保留现场或部分保留现场的处理意见。

四、犯罪现场分析的内容

（一）分析事件性质

对事件性质的分析，主要是分析所发生的事件是否为犯罪案件，属于何种犯罪。具体包括如下内容：

1. 分析事件的基本属性，即确定该事件是意外事件还是犯罪案件或者责任事故，这是现场分析中必须首先解决的问题。经过分析，对确有犯罪事实，并且需要追究刑事责任的犯罪案件，公安机关应当立案侦查。

2. 确定案件的基本属性。案件的基本属性主要是从行为的结果进行分析，并依据《刑法》分则中有关罪名规定确定案件性质，例如，是杀人案件、抢劫案件还是强奸案件等。由于犯罪结果的暴露性相对较强，因此，对案件基本属性的判断，一般情况下根据现场勘查的结果就能作出。

3. 明确案件的具体类别。对案件具体类别的分析，主要从犯罪的动机、目的入手，依据作案人的行为特征作出判断。例如，杀人案件要判明是情杀、仇杀还是谋财害命；盗窃案件要判明是内盗、外盗还是内外勾结盗窃，等等。

（二）分析作案时间

任何案件都有实施犯罪的时间，犯罪时间是作案人犯罪的一个基本条件。准确地分析作案时间，对于排查嫌疑对象，审核证人证言和被害人陈述，追缉堵截犯罪嫌疑人，确定侦查范围等都有重要作用。分析作案时间，既要分析作案人开始作案的时间，也要分析作案所需的时间。从现场分析的诸多问题上看，作案时间是现场分析的难点，这是因为现场分析是一种回溯推理，是在较为模糊的状态下进行的，由于受到很多客观条件的限制，常常会与真实情况存在差异，难以做到十分精确。分析作案时间时，应尽量缩小时间差，使分析更接近犯罪的真正时间。分析作案时间的主要依据有：有关人员提供的情况；现场遗留的痕迹、物证的新旧变化情况；现场上陈设物品的变化情况；尸体现象；现场附近居民生产、生活的时间规律；天气变化情况等。

（三）分析作案地点

对作案地点的分析，主要是为了弄清发现案件的地点是否为实施犯罪的主体现场；如果不是，主体现场在哪里。此外，还应判明勘查的现场与犯罪行为之间的关系。一般情况下，分析判断作案地点比较容易，如爆炸、放火、盗窃等案件的作案地点显而易见，但有些案件，如杀人抛尸案件、拦路抢劫、强奸案件等，其作案地点并不易判断，必须根据已有材料进行深入细致的分析。分析作案地点的依据有：有关人员提供的情况；现场上的各种痕迹、物证；现场地理位置和环境；反常现象；尸体现象和尸体包装物、黏附物等。

（四）分析作案人数

分析作案人数主要是分析是单人作案还是结伙作案，在依据确切时还可以确定具体的作案人数。准确分析作案人数对确定侦查方向、范围具有重要意义。分析作案人数的依据有：有关人员提供的作案人、可疑人的人数；现场遗留的痕迹种类；现场遗留物的情况；作案目标的体积、数量和重量等。

（五）分析作案工具

在实施犯罪行为的过程中，作案人往往会使用一定的作案工具。通过研究犯罪工具，可以为分析判断作案人的作案动机、职业特点、特殊技能以及是否惯犯等提供依据。但是，由于作案人使用的工具种类繁多，再加上承受客体的种类、性质的差异及作用力的不同，分析判断作案工具难度相对较大。这就需要侦查人员注意在平时工作中积累经验，必要时还要结合侦查实验进行分析。分析作案工具的依据有：作案工具留下的痕迹；遗留在痕迹上的各种微量物质；现场上遗留的与作案工具相关的物证；作案目标的体积、重量、数量；尸体上的伤痕种类等。

（六）分析作案动机、目的

作案目的是作案人进行犯罪所要达到的结果，如将被害人杀死，将财物夺走等。作案动机是作案人进行犯罪活动的内心起因，往往比较隐蔽，且情况千差万别，要真正准确地认识它并不容易。当现场上出现两种以上的犯罪行为，或出现真相与假象并存，以及作案人用一种现象去掩盖另一种现象的情况时，分析犯罪动机必须格外细致严谨，既要考虑犯罪结果所反映出来的直接原因，又要考虑从犯罪结果反映出来的间接原因（其他方面的可能性）。分析作案动机、目的的依据有：事主、被害人的经济情况、工作状况、生活状况、社会关系、习惯嗜好、生活作风、思想品德；被害人的伤情；作案人在现场上的行为次序以及案发时间对被害人是否有某种特别重要的意义；事主的财物损失情况等。

（七）分析作案人特点及作案条件

分析判断作案人特点及作案条件，即通常所说的给作案人“画像”。这种分析判断包括对作案人人身形象和其他个人特征及作案条件的分析判断。作案人的人身形象包括性别、年龄、身高、体态、相貌、走路姿势以及穿戴物的情况；作案人的其他个人特点及作案条件主要包括社会职业、文化程度、口音与语言特点、行为习惯、精神状态、是否惯犯以及对现场是否熟悉等。该要素分析判断是否准确，在很大程度上决定着侦查方向和侦查范围划定的准确度，决定着能否及时发现作案人，因而是案情分析的一个主要内容。分析判断作案人特点及作案条件的主要依据有：被害人、事主、目击者对作案人、可疑人印象的陈述；现场的足迹、手印、攀登痕迹、毛发、遗留的穿戴物；作案人使用的工具及熟练程度；对被盗抢财物的选择情况；作案手段、特点、过程和结果等。

（八）分析作案过程

作案过程是指作案人在犯罪现场上作案的先后顺序和行为动作的综合情况，包括作案前在现场附近的活动过程、实施作案的过程和作案后在现场附近的活动过程。分析作案过程是为了全面掌握犯罪活动情况和作案人的心理状态，它对分析作案人数、犯罪动机、目的和验证犯罪嫌疑人口供的真伪有一定的价值。作案人有什么样的心理，必然会从其行为动作上反映出来。因此，分析作案过程，不仅要确定犯罪行为的先后顺序，还要把各种行为动作和先后顺序串联起来，分析作案人的心理特点和作案的动机、目的。分析作案过程的主要依据有：有关人员提供的作案人和可疑人在现场及其附近的活动情况；犯罪目标的位置、状态；现场陈设物的变化情况；犯罪痕迹、物证所显示的犯罪行为方向与轨迹；作案人的一般作案心理等。

根据《公安机关刑事案件现场勘验检查规则》的相关规定，现场勘查结束后，应由现场勘查指挥员提出对现场的处理意见。

第一，对不需要保留的现场，应当及时通知有关单位和人员处理。

第二，对需要保留的现场，应当及时通知有关单位和个人，指定专人妥善保护。

第三，对死因未定、身份不明或者其他情况需要复验的，应当保存尸体。

第四，对没有必要继续保存的尸体，经县级以上公安机关负责人批准，应当立即通知死者家属处理。对无法通知或者通知后家属拒绝领回的，经县级以上公安机关负责人批准，可以按照有关规定及时处理。

第四章　常规侦查措施

第一节　调查访问

一、调查访问的概念

调查访问，又称调查询问，是指侦查人员以查明案件事实、收集证据、揭露和证实犯罪为目的，依法运用公开或秘密的方式，就与案件有关的人、事、物等向有关人员和知情群众进行询问的一项侦查措施。

调查访问是在刑事案件侦查过程中经常采用的一种侦查措施，是获取犯罪证据的重要方法，这项工作贯穿于侦查破案的始终，从审查立案材料到判断案件性质、分析案情，从发现嫌疑线索到审查重点嫌疑对象，从获取证据、查清案件事实真相到深入侦查抓捕犯罪嫌疑人，都离不开调查访问的使用。

二、调查访问的对象

根据调查访问的目的，调查访问的对象应是与案件有关的人或了解案件有关情况的人。一般情况下，包括被害人和其他知情人。有些情况下还需要对能解决与案件有关问题的专业人员及案件嫌疑对象进行走访、询问，这些人员也属于调查访问的对象。

尽管犯罪活动具有一定的隐蔽性，但是只要作案人生活在社会中，其犯罪行为就会或多或少地被群众察觉。这些了解案件有关情况的人即知情人，他们能从不同侧面、不同角度、不同程度反映案件事实，也是侦查中调查访问的重要对象。被害人是遭受犯罪行为侵害的人，他们往往比其他人员更了解犯罪的起因、过程及后果。在刑事案件侦查过程中，只要被害人没有死亡，侦查人员就应及时、详细地询问，了解案情。调查访问的对象具体包括：

（一）事主、被害人及其亲友

事主、被害人及其亲友是调查访问的重点对象。他们是掌握案件信息较多的人，访问的价值比较大。

（二）案件的知情人和发案时的目击者

案件的知情人和发案时的目击者往往会提供很多有价值的线索和证据。侦查工作中要注意对知情人和目击者进行动员，认真细致展开询问工作，围绕刑事案件构成要素逐个进行调查访问。

（三）案件的检举揭发人

案件的检举揭发人是最早发现案件情况的人，他们占有时间和空间上的有利条件，了解其他人可能无法了解的情况，因此对他们也要及时进行调查访问。

（四）案件发生单位或地区的相关人员

案件发生单位或地区的相关人员主要包括发案单位的保卫人员和发案地区的民警。可以向他们了解发案地区或单位的治安状况，本地区的刑事犯罪活动的规律特点，刑事犯罪嫌疑人员和重点人口情况以及他们对案件的想法等。

（五）案件有关问题的专业人员

当侦查工作涉及某个行业或某些专门技术问题需要解决时，应向有关专家或某种行业的专业人员进行调查访问，以解决案件中的有关问题或某些技术性难题。

（六）案件的嫌疑对象

对于在侦查中发现的嫌疑对象，也可以采用调查访问的方式查明其情况和问题。一般是在案件侦查初期，嫌疑对象的嫌疑尚未十分确定的情况下采用。

在具体侦破案件时，随着侦查工作的开展，以及对案情认识的逐步深化，侦查人员应及时调整调查访问对象的范围。

三、调查访问的任务

调查访问的根本任务是查明案情和揭露犯罪。通过调查访问，侦查人员可以查明基本案情，发现和甄别嫌疑线索，收集和审查证据，查找犯罪嫌疑人。

（一）查明案件事实

对于已经发生的刑事案件，侦查人员通常需要通过实地勘验和现场访问，对案件发生的时间、地点，案件的性质，案件发生的前因和后果，犯罪嫌疑人实施犯罪的手段、方法、过程等情节进行了解。随着侦查工作的深入进行，侦查人员对案件的认识也将不断深化，在这一过程中调查访问起着十分重要的作用。可以说，调查访问的效果直接影响着侦查工作的方向。

（二）发现和甄别嫌疑线索

线索，是指刑事案件中的迹象。这种迹象可能是物证、记录或痕迹，也可能是人的行为、伤痕或对话。循着这些迹象追查，是侦破刑事案件的重要途径。对有关人员进行调查访问也是发现和甄别嫌疑线索的主要方法之一。侦查人员在调查访问中，要注意从案件发生前、发生时、发生后的种种反常情况、因果关系等方面入手，发现和甄别嫌疑线索。

（三）收集和审查证据

刑事侦查不仅是要揭露犯罪，更是要证实犯罪，因此侦查人员必须在调查访问中，注意发现、及时收集、认真审查与案件有关的证据。其中，证人证言和被害人陈述两种类型的证据，都需要通过调查访问加以收集。同时，根据被访问对象提供的线索还可能获得其他法定类型的证据材料。为了保证办案质量，必须对获得的犯罪证据材料进行审查，在审查中常常用调查访问的方法去核实、鉴别其他侦查措施所获得材料或结论的可靠性。

（四）查缉犯罪嫌疑人

随着侦查工作的不断推进，案件事实和真相将逐渐明朗，重大嫌疑对象逐渐清晰。但犯罪嫌疑人为逃避打击，往往会不断变换藏匿地点，所以侦查人员需要通过调查访问，如询问犯罪嫌疑人的亲友、邻居和同事，了解犯罪嫌疑人可能逃匿或藏身的地方，以将其抓捕归案。

四、调查访问的原则

（一）迅速及时的原则

迅速及时地开展调查访问既是刑事侦查工作方针的具体体现，又是快速打击刑事犯罪的需要。侦查机关抓住战机开展调查访问工作，可以在最短时间内查明案情，了解作案人的动向，为其他侦查措施的使用提供条件，为尽快抓获犯罪嫌疑人奠定基础。同时，迅速及时开展调查访问，有助于在群众对案件相关情况记忆犹新以及犯罪证据未被毁灭时，发现侦查线索和犯罪证据。否则，时过境迁，证据灭失，证人遗忘相关情况，会给后续侦查工作带来很大困难。

（二）全面客观的原则

调查访问所获得的材料，是判断事件性质、分析案情、制订侦查计划、采取其他侦查措施的重要依据。调查访问获得材料是否真实、准确，关系到侦查工作能否按照正确的方向顺利进行。因此，侦查人员必须坚持全面客观的原则。在调查访问中侦查人员必须实事求是，不能把自己的主观臆断强加给被访问对象，也不能诱导被访问对象，提出的问题不能带有明显的倾向性，而应让被访问对象自由、不受干扰地进行陈述。《询问笔录》应如实反映被访问对象的陈述，侦查人员不能凭主观猜测进行修改或增删。同时，在进行调查访问时，不仅要对正面、肯定的线索进行收集，对反面、否定的线索也要及时收集。只有全面占有案件材料，才能准确分析、判断案情，更好地为侦查破案服务。

（三）深入细致的原则

调查访问过程并不总是顺利的，也常常会遇到一些困难和挫折，这就要求侦查人员必须有敏锐的洞察力，以及迎难而上、勇于攀登的精神。侦查人员要从案件全局着眼，从细微处入手，把和案件相关的情况查实、查清，不漏查任何一条线索，不放过任何一个疑点。对于发现的案件线索，必须逐条核实，逐条顺线深入调查，直至把问题查清为止。

五、调查访问的内容

案件不同，被访问对象不同，询问目的不同，调查访问中涉及的问题也是各不相同的。但调查访问的总目标是查明案件情况和事实，揭露和证实犯罪。因此，调查访问的内容，应该是与刑事案件有关的事实，即构成刑事案件的要素。具体地说，包括何事、何时、何地、何物、何情、何故、何人，简称“七何”。

（一）何事

何事，是指事件性质。事件的性质包含两层含义：第一层含义是指该事件是刑事案件、治安事件还是意外事件，是自杀事件、他杀案件还是假案事件等；第二层含义是指该刑事案件的类型，即在确定该事件是刑事案件的基础上，进一步查明刑事案件的属性和类型，是杀人案件、盗窃案件、抢劫案件、诈骗案件还是偷渡案件、毒品案件，杀人案件是情杀、仇杀还是财杀，盗窃案件是内盗、外盗或内外勾结盗窃等。

（二）何时

何时，是指犯罪行为发生、发展的持续性，也就是犯罪活动是从什么时间开始，到什么时间结束。时间具有一维性，人在特定时间内只能在一定空间进行活动，是否有作案时间是判断一个人有无重大作案嫌疑的重要依据。但是，不能仅仅把没有作案时间，作为排除某人有作案嫌疑的唯一依据。广义的犯罪时间还包括作案人预谋、准备和逃离等行为所持续的时间。

（三）何地

何地，是指犯罪行为发生、发展过程中的所在地点，即在什么地方发生的案件，周围环境有多大范围，与周围空间的关系等。任何刑事案件都发生在一定的空间，犯罪嫌疑人实施犯罪必然要进入这一空间，犯罪行为一旦付诸实施，必然会使犯罪现场上各种物质发生一系列的变化，在犯罪空间留下各种犯罪信息。犯罪空间是侦查人员获取犯罪信息的重要场所。

（四）何物

何物，是指犯罪工具，即犯罪嫌疑人实施犯罪活动所用各种器具、用品的总称。如杀人、抢劫用的刀、斧、枪、绳；盗窃用的螺丝刀、钢丝钳、插片；制造冰毒的设备和原料，为运输毒品而购买的汽车等。查明犯罪工具的种类、特征、来源、使用情况及案后存放或藏匿位置，是揭露和证实犯罪、确定犯罪嫌疑对象的重要依据。

（五）何情

何情，是指犯罪是在何种状态下进行的，包括犯罪的过程、活动的特点及方式。犯罪案件的形成是一个完整的、系统的过程，这一过程中可以反映出犯罪嫌疑人是如何预备犯罪，如何寻找作案目标、实施犯罪活动，如何逃离现场掩饰犯罪活动的。

（六）何故

何故，是指作案人作案的动机和目的。犯罪目的是指作案人希望通过实施犯罪行为达到某种危害社会结果的心理态度，也就是犯罪结果在作案人主观上的表现。犯罪动机是指刺激作案人实施犯罪行为以达到犯罪目的的内心冲动或者内心起因。了解犯罪动机和目的是寻找犯罪嫌疑人的重要依据，它能指明犯罪嫌疑人的范围和方向，为侦查工作明确方向和重点。

（七）何人

何人，即谁是犯罪嫌疑人或者犯罪嫌疑人具有哪些个人特征，人身形象如何。具体包括犯罪嫌疑人的姓名、性别、年龄、相貌、籍贯、文化程度、职业、爱好、生活习惯以及生理病况等方面内容。

何事、何时、何地、何物、何情、何故、何人构成了刑事案件的七要素。侦查人员应紧紧围绕这七大要素，深入、细致地开展调查访问工作。通过揭示案件的七大构成要素，查清相关案情，寻找和收集相关证据，明确犯罪嫌疑人，以便更好地揭露和证实犯罪。

六、调查访问的方式

刑事侦查中，很多情况需要通过调查访问来了解。由于任务不同、被访问对象不同，常常需要采取不同的方式开展调查访问工作。尤其是随着信息化的发展，调查访问的方式也随之更新。

（一）公开调查访问

所谓公开调查访问，主要是指侦查人员公开其警察身份直接就与案件有关的事实和情节询问被访问对象，是侦查破案中最经常使用的方式。公开调查访问的对象大多为被害人和与案件没有紧密联系的人。公开调查访问的方式包括以下两种：

1. 开座谈会。这种方式多在案件侦查的初期以及摸底排队时使用，以全面收集和案件相关的情况，广辟侦查线索来源。依据刑事侦查基本原则中的“依靠群众”原则，侦查人员应当在条件成熟的时候，充分发动群众，及时组织群众座谈讨论，扩大消息面，拓宽信息渠道，有目的、有控制地公布案情，从而获取更多情况和线索。涉及案件中的具体人或某条重要线索时，要及时转为个别单独询问。有时为了解决某一专门问题，也可以召集具有专门知识、专门技能的人员开座谈会。

2. 个别走访。在公开调查访问中，侦查人员可以深入案件现场或与案件现场有关地点的周围群众中去，调查了解发案前后他们所听所见的与案件相关的疑人疑事，从而寻找侦查线索，获取证人证言；侦查人员也可以就某一问题或某些人的情况，有针对性地找相关人员个别收集证言。《刑事诉讼法》第一百二十四条规定：“侦查人员询问证人，可以在现场进行，也可以到证人所在单位、住处或者证人提出的地点进行，在必要的时候，可以通知证人到人民检察院或者公安机关提供证言。在现场询问证人，应当出示工作证件，到证人所在单位、住处或者证人提出的地点询问证人，应当出示人民检察院或者公安机关的证明文件。询问证人应当个别进行。”这种方式比较灵活，是由侦查人员和被访问对象单独进行的，既可以避免引起矛盾和泄密，也容易取得被访问对象的信任和支持，有利于密切侦查人员与群众的关系，既方便了群众，又起到了实地观察的作用，所以在侦查中经常采用。个别走访，应坚持单独询问的原则。在进行询问时，要告知被访问对象应如实提供证言和有意作伪证或隐匿罪证应负的法律责任。

（二）秘密调查访问

秘密调查访问，主要是指侦查人员在不暴露身份和侦查意图的情况下所进行的调查，是针对调查访问对象和调查内容的特殊性而采取的一种调查形式。秘密调查访问通常是在向犯罪嫌疑人或者向与犯罪嫌疑人关系比较密切的人进行调查时采用，对其他不宜公开的人和事，也可以进行秘密调查访问。秘密调查访问的方法有两种：一种是侦查人员以其他身份、其他名义作掩护，直接与被访问对象接触，进行有目的、有策略的谈话和发问，了解所要调查的问题。使用这种方法时，侦查人员要注意选择合适的身份、适当的时机进行询问，查清相关情况。另一种是由侦查人员挑选某个具有接近被访问对象的条件而且安全可靠、能保守侦查秘密的人同被访问对象接触，了解所要调查的问题。使用这种方法时，要注意选择合适的调查人员，明确其是否可靠、是否愿意为公安机关工作、有无接近被调查对象的条件、是否有相应的工作能力等。在询问前，侦查人员应事先向调查人员交代具体的询问方法、询问重点和应遵守的纪律。

（三）信息化远程调查

信息化工作方式如雨后春笋般出现在公安工作的各个领域，远程的信息化调查访问应运而生。通过电话访问、视频调查访问等方式，能在一定程度上解决访问对象已离开案发地或不愿直接到公安机关作证的问题，极大地提高了调查访问的工作效率。通过电话进行调查访问，侦查人员可以同步对通话过程进行录音；在使用视频电话进行调查访问时，可以同步录音录像，尤其是同步录像，可以记录对被调查对象的行为动作，为分析调查访问对象的心理，有针对性地开展深入访问提供重要依据。将音视频资料和《询问笔录》相结合，可以更好地记录调查访问的过程和结果。

七、调查访问的方法

调查访问是通过侦查人员和被访问对象之间的对话、问答等方式进行的。为了能和被访问对象更好地沟通和交流，选择合适的切入点、使用合适的方法，取得被访问对象的信任十分必要。因此，要根据不同的被访问对象采用不同的方法，要注意在询问过程中的语气、动作、表情，以保证调查访问工作能取得良好的效果。

（一）调查访问前的准备工作

1. 了解基本案情。调查访问进行前，侦查人员应通过查阅现场勘查记录、询问笔录等方式，了解案件的基本情况，如案件发生的时间和地点、案件的性质和后果、作案的手段和方法、作案人可能具有的特征以及有关证据的情况等。从而确定调查访问的重点以及采用的方法，以提高询问效率，降低询问的盲目性。

2. 了解访问对象的基本情况。在正式访问进行前，侦查人员还应了解被访问对象的基本情况，主要包括：

(1) 被访问对象与本案的关系。了解这一点，有助于侦查人员在调查访问中更好地把握被访问对象的心理特点，选择合适的方式、方法开展工作。

(2) 被访问对象的个人情况。包括被访问对象的年龄、性别、民族、职业、文化程度、健康状况、性格特点、社会经历、个性爱好、生活习惯等。侦查人员可以通过查阅有关材料，或向被访问对象所在单位及有关人员，或当地派出所管片民警，或居民委员会等工作人员，或被访问对象的邻居和同事了解访问对象的基本情况，以便进一步分析被访问对象的个性特点及态度，因势利导，达到询问的目的。

3. 确定合适的询问时间和地点。在询问时间上，一般选择被访问对象方便、空闲、情绪稳定、精力充沛的时间，以保证被访问对象能专心地回忆调查的内容。在询问地点上，一般选择有利于保密且安静、不受外界干扰的场所，以保证被访问对象能够放松地和侦查人员进行交谈。询问地点可以是被访问对象的家里、公安机关或其他比较安静、保密的场所。

4. 拟订询问提纲。在调查访问中，侦查人员往往要询问多名对象，由于被访问对象情况不同，与案件关系不同，接受询问时的心理状态不同，了解案情的侧面与角度不同，因此，侦查人员确定的询问内容、方式各有差异。为防止工作中张冠李戴，相互混淆，保证询问工作顺利地进行，侦查人员在询问之前，应拟定简要的提纲。提纲主要包括：询问的目的和要求；应向被访问对象提出的问题；采用什么样的询问方式等。对于特别重要的被访问对象，事前还应制订出详细的书面询问计划。

（二）初步接触工作及方法

1. 稳定访问对象的情绪。当被访问对象是案件的被害人及其亲属时，他们因身心或财产受到侵害，往往思想紧张，思绪紊乱，情绪短时间内难以平静；当被访问对象是犯罪嫌疑人或其亲属时，因为怕事情败露，受到刑事处罚，往往心理恐惧、矛盾；当被访问对象是一般证人时，遇有侦查人员来访，容易产生警惕、戒备心理。所以，侦查人员应根据被访问对象的具体情况，选择合适的切入点和话题，稳定被访问对象的情绪，以打破开始接触时的生疏、拘谨、紧张或散乱局面，营造轻松平和的询问气氛。对被害人及其亲属进行调查访问时，应首先对其不幸表示同情和安慰，并指明他们的陈述对侦破案件的重要作用，稳定他们的情绪，然后进行调查访问。对犯罪嫌疑人或其亲属进行调查访问时，在犯罪嫌疑人及其罪行尚未公开揭露前，侦查人员应隐瞒身份或选择合适人员进行秘密调查。待时机成熟后，再同犯罪嫌疑人或其亲属进行正面接触，对知情不报者、拒不承认者应晓以利害、指明后果。

2. 消除被访问对象的思想障碍。调查访问要接触不同的对象，不同对象有不同的思想和态度。侦查人员要针对具体被访问对象的思想障碍，做好化解工作，使被访问对象由消极变为积极，由被动变为主动，积极配合公安机关工作。被害人及其家属一般能积极提供情况，但由于身心受到打击，情绪偏激，容易夸大某些事实；或受作案人要挟，不敢吐露真情；或为了掩盖个人隐私、过错而谎报案情；等等。除一部分证人积极提供情况外，另一部分则不愿意作证。有的觉得与己无关，多一事不如少一事；有的害怕打击报复；还有的是由于侦查人员态度不好，从而产生抵触情绪，不愿意作证等。针对调查访问中出现的不同情况，侦查人员应首先分析被访问对象存在何种思想障碍，然后探究导致这种障碍的根源，对症下药。一方面通过自己询问的语言、方法和态度，促进与被访问对象的心理接触；另一方面通过对被访问对象的思想教育，启发其正义感和社会责任感，提高其对犯罪行为的认识，动之以情，晓之以理，消除其思想障碍。如对夸大事实的人，应对其讲明案件的侦破需要掌握真实情况，对犯罪嫌疑人定罪是以事实为依据；对思想有顾虑的人，要表明破案的决心，讲明法律保护的是被害人的利益，使他们放下思想包袱，主动提供情况。

在询问不满十八周岁的未成年被害人时，可以通知他的法定代理人到场。对于被害人的个人隐私，侦查人员应当保守秘密。询问聋哑人时，应聘请手语翻译，询问少数民族人员，也应聘请翻译。

（三）正式访问的方法

正式访问阶段的主要工作就是了解被访问对象曾经感知的事物。

1. 提出需要了解的问题，让被访问对象进行自由陈述。在调查访问过程中，侦查人员应首先提出需要了解的问题，让被访问对象进行自由陈述。这一过程，有助于侦查人员了解被访问对象掌握的情况，以及被访问对象的性格、表述能力、作证的态度，为以后的重点询问、选择询问策略和方法奠定基础。同时，由于被访问对象不知道侦查人员关注的重点所在，其作伪证、隐瞒真相的可能性会大大降低。因此，侦查人员不应随意打断被访问对象的陈述。

2. 适当进行辅助性提问。在询问过程中，侦查人员不得向被访问对象泄露案情或者表示对案件的看法，严禁用威胁、引诱和其他非法方法询问证人。在被访问对象自由陈述的过程中，侦查人员也应当适时地进行辅助性的提问。有时，被访问对象未能真正理解侦查人员的意图，将自己认为重要的情况详细描述，导致陈述完全偏离主题，这就需要侦查人员通过巧妙的辅助性提问，调整其陈述的内容和角度；有时，被访问对象表述能力较差，不能很好表达自己的意思，这就需要侦查人员运用一些提示性的话语，帮助被访问对象准确、清楚地表达自己。

3. 对可疑情节反复追问。在被访问对象陈述过程中，侦查人员若发现一些可疑情节，应对其进行反复追问。调查访问过程中，可疑情节常常会出现，可能是被访问对象故意作伪证、说谎，也可能是被访问对象口误或侦查人员理解有偏差。侦查人员对任何可疑情节都要高度重视，分析可疑情节产生的原因，并采用各种方法，弄清事实真相。尤其是对于被访问对象可能故意作伪证、说谎的，可以通过和其他被访问对象的陈述、现场痕迹物证等的比较来发现。再通过有技巧的询问，揭露其谎言，使其如实提供情况。

4. 促使被访问对象回忆。由于时间间隔较长，或被访问对象记忆力较差，有时会出现记忆不清，相互混淆。为帮助被访问对象正确再现事件的过程，侦查人员可以寻找一定的线索，促使被访问对象积极正确回忆，常用的方法有以下几种：

（1）接近回忆。就是利用时间或空间上接近的事物作为回忆的线索，推动回忆。被访问对象对某一事情发生的时间记忆模糊时，可以就近选择某一特定活动和现象发生的时间作为线索，让被访问对象回忆。例如，该事情是发生在某一节日之前或之后的第几天。当被访问对象对某一人或物品在空间上的位置记忆模糊时，可以先让他回忆出该人或物品周围的人或物品的位置，再按顺序确定该人和物品所在的位置。

（2）相似回忆。就是利用彼此接近或相似的事物作为回忆线索，推动回忆。例如，当被访问对象对某人的体貌特征记忆模糊时，可以让他从和哪些人的体貌特征相似入手进行回忆。

（3）对比回忆。就是利用彼此相反的事物和现象作为回忆线索，推动回忆。当调查涉及气候情况时，可以用冷或热、阴或晴做对比；涉及颜色时，可以用黑或白、红或绿等不同色调做对比。

（4）关系回忆。就是利用事物之间的联系作为回忆线索，推动回忆。例如，当被访问对象对丢失财物的数目不能确定时，可以让他从各种财物的来源及使用情况进行回忆，以确定数目。

实践中，可以有选择地使用上述方法挖掘被访问对象的记忆潜力，促进回忆有关案件事实和情节。需要注意的是，推动记忆与引诱、暗示有本质的区别。询问中，不可混淆两者，借推动记忆之名，行引诱、暗示之实。

八、调查访问结果的审查判断

调查访问所得材料，是分析案情、确定侦查方向、划定侦查范围、制订侦查计划、采取侦查措施的依据，也是对犯罪嫌疑人定罪的重要证据。因此，其是否真实可靠，关系到犯罪嫌疑人的命运和法律的严肃性。事实表明，被访问对象所提供的材料多数是真实可靠的，但受各种因素的影响，也存在一些材料不够准确，被访问对象有意无意提供虚假或不可靠信息的情况。因此，对于调查访问所得的材料，应进行认真的审查与判断。

（一）调查访问结果审查判断的意义

1. 可以保证调查访问材料的准确性。真实可靠的调查访问材料，不仅是分析案情的基础，也是印证其他证据材料真伪、确定犯罪嫌疑人，使侦查工作顺利进行的有力保证。因此，侦查人员通过比对、综合、推理、调查等方法，对调查访问材料进行分析、判断、审查、研究，可以确定其是否存在矛盾和疑点。对存在的矛盾和疑点，经过调查、分析，加以澄清后，才能确定调查访问结果的真实、可靠性。

2. 可以为下一步侦查工作的开展提供依据。调查访问的结果，往往为侦查破案提供一定的线索和证据，是确定下一步工作重点、侦查措施的重要依据。因此，真实、可靠的调查访问结果，能推动案件侦破工作的顺利进行，而虚假的调查访问结果会使侦查工作方向产生偏差、贻误战机，还可能使侦查工作产生重大失误，甚至出现冤假错案。

3. 可以提高侦查人员的询问能力。对调查访问结果进行审查判断，侦查人员必然会对调查访问工作进行回顾和总结，很容易发现工作中的经验和不足甚至是失误。这些都是宝贵的财富，通过总结，成功的经验继续使用，不足或失误可以及时进行改正或补救。以上对提高侦查人员的询问能力，促进其养成深入、细致的工作习惯有很大帮助。

（二）对调查访问结果的审查判断方法

1. 分析被访问对象的陈述来源。即分析被访问对象陈述的内容，是直接耳闻目睹的还是听他人讲述得到的。一般来说，直接耳闻目睹的比听他人讲述的真实。如果是被访问对象直接耳闻目睹的，还应弄清楚其感知这些情况时的主客观条件，以判断在当时情况下，其能否正确感知与案件相关的事实。如果被访问对象是听他人讲述的，应尽可能找到直接感知案件事实的人，然后对其开展调查访问。

2. 分析被访问对象与案件的关系及身心状态。

（1）分析被访问对象与案件的关系。主要是分析被访问对象与案件之间的利害关系。如果被访问对象是案件的当事人或其亲属、朋友，他们极有可能为了严惩犯罪、挽回损失等而夸大事实。如果被访问对象是犯罪嫌疑人或其亲属，他们极有可能为了开脱自己、维护亲情、友情等而隐瞒事实。如果被访问对象和案件无关，他们反映的情况往往比较客观。如果被访问对象和案件有其他关系，他们也可能为了开脱自己、报复、泄愤、报恩等而虚构事实。

（2）分析被访问对象的身心状态。调查访问应选择在被访问对象身体允许、心理放松、思维清晰的时候进行。因为调查访问结果很容易受到被访问对象身心状态的影响，如被害人情绪高度紧张、尚未放松，其他知情人高度疲劳、生病等情况，都会导致调查访问的结果出现虚假。

3. 分析、判断被访问对象的感知、记忆和陈述能力。调查访问的过程，是侦查人员和被访问对象间的问答过程。被访问对象的陈述是对其所了解的相关案情的复述。被访问对象必须首先感知相关情况，然后通过大脑进行记忆，最后通过陈述表达出来。因此，被访问对象的感知能力、记忆和陈述能力对调查访问的结果有直接的影响。在相同条件下，由于被访问对象感知、记忆和陈述能力不同，他们所了解、陈述出的案情往往也会有很大的差别。侦查人员应在调查访问进行前，对被访问对象的生理状况、精神状况、智力发育水平等进行审查。《刑事诉讼法》明确规定，生理、精神上有缺陷或者年幼，不能辨别是非，不能正确表达的人，不能作为证人。此条规定的立法目的就是保证调查访问结果的真实性和客观性。

4. 分析调查访问内容有无矛盾。分析调查访问内容有无矛盾，主要是分析被访问对象所叙述的内容有无矛盾，是否符合事物发展的规律。通常状况下，如果被访问对象有意作伪证，捏造事实，或者夸大、缩小某些情节，其陈述必然会出现漏洞或矛盾，违背事物发展的规律。为此，在调查访问过程中，侦查人员应仔细观察被访问对象的神态有无反常之处；将证人证言同案件的其他证据，几个不同被访问对象对同一问题的叙述进行综合研究，使之相互印证，以辨别证言的真伪。除此之外，侦查人员还可以通过侦查实验的方法验证被访问对象陈述的真伪。

5. 分析被访问对象是否受到外界的干扰和影响。调查访问，应该是被访问对象在安静、不受任何外界干扰的情况下进行的。侦查人员应注意分析被访问对象是在什么条件下提供的案件情况，以判断调查访问结果是否真实、可靠，如被访问对象是否受到侦查人员的威胁、引诱、欺骗，是否受到案件当事人或其他人的贿赂、威胁、指使等。如果发现情况，还应进一步分析这些因素对调查访问结果的影响，并及时采取措施进行补救。

6. 分析被访问对象的思想品质和一贯表现。一般来说政治觉悟高、思想品质优秀的人，提供的证言比较真实，而思想觉悟低、品质不好的人，往往容易提供伪证。

总之，对于调查访问的结果，必须进行全面、细致的分析、研究，综合考虑各方面因素，进行综合的分析、判断。调查访问的结果必须在查证属实后，才能作为分析判断案情、开展下一步侦查工作的材料使用。

第二节　侦查辨认

一、侦查辨认的概念

侦查辨认是指侦查人员为了查清犯罪事实，依照有关法律规定和程序要求，组织具有相应条件的人员对案件涉及的有关人、文件、尸体、物品或场所进行辨别认证的一种侦查措施。

刑事侦查过程中的辨认就是利用人的识别和再认能力，组织事主、被害人、现场目击者和有关知情人员对犯罪嫌疑人、无名尸体以及与案件有关的物品或场所进行识别，以查清案件的某些事实。辨认的正确实施，有助于缩小侦查范围，确定侦查方向，发现线索，澄清嫌疑，认定重大犯罪嫌疑对象。《公安机关办理刑事案件程序规定》第二百五十八条规定："为了查明案情，在必要的时候，侦查人员可以让被害人、证人或者犯罪嫌疑人对与犯罪有关的物品、文件、尸体、场所或者犯罪嫌疑人进行辨认。"

二、侦查辨认的任务

（一）确认犯罪嫌疑人是否为作案人

通过组织辨认，可以确认犯罪嫌疑人，如对抢劫、强奸、诈骗、拐卖妇女儿童等被害人与作案人有过正面接触的案件，可以利用被害人对作案人的体貌特征、口音、举止特征留有印象的条件，组织被害人对犯罪嫌疑人进行公开或秘密的辨认，以确定该犯罪嫌疑人是否就是作案人。

（二）查明无名尸体、碎尸的身源

对于无名尸、碎尸杀人案件，查明尸体身源是开展侦查工作的前提，而查明尸体身源的一种很常用且有效的方法就是侦查辨认。通过辨认尸体面貌、尸体上的特殊标记（如胎记等），可以较为迅速地查明身源，为侦查工作铺平道路。

（三）查明现场遗留物的来源

对于物品、文件等现场遗留物，通过组织辨认可以确认其与案件、犯罪嫌疑人、被害人等的关联，确定其来源，属于何人所有，以便为查找侦查线索，确定犯罪嫌疑人提供依据。

（四）证实查获的物品是否为赃物

对于有赃物的案件，在侦查机关通过控制销赃、公开或秘密搜查等方式查获一些可能为犯罪赃物的物品后，常常需要组织事主对这些物品进行侦查辨认，以确定其是否为损失的财物，从而肯定或否定嫌疑对象，并为诉讼提供证据。

（五）甄别某个场所是否为犯罪现场

犯罪现场是储存犯罪信息的重要场所，因此，确定犯罪现场对案件侦查意义重大。对于一些拦路抢劫、强奸案件，杀人抛尸案件，寻找犯罪现场是必须进行的一项工作。通过组织犯罪嫌疑人、被害人对某些嫌疑现场进行辨认，确定其是否为实施犯罪的地点，是否为遗留有与犯罪有关的痕迹、物品的地点，是侦查辨认的又一项重要任务。

三、侦查辨认的类型

在侦查实践中，辨认可以根据以下四个不同的标准进行分类。

（一）根据实施辨认措施的工作程序不同分类

1. 直接辨认是指辨认人通过对辨认客体的直接观察和感知所进行的辨认，例如，直接观看犯罪嫌疑人外貌所进行辨认，直接听犯罪嫌疑人谈话声音来辨认，等等。直接辨认对客体的感知比较真实、全面，因此大多数辨认都采取直接辨认的方法。

2. 间接辨认是指辨认人通过中介了解客体特征，并以此为基础进行的辨认。这些中介包括照片、模拟画像、录音、录像等。虽然间接辨认不如直接辨认可靠，但是比较简便，在不能或不便进行直接辨认的情况下，可以采取间接辨认的方法，比如群众对无名尸体的辨认大多通过照片间接进行。间接辨认过后如果条件允许，可以再安排直接辨认，以保证结论的可靠性。

（二）根据辨认人所依据的客体特征的种类不同分类

1. 静态辨认是指根据客体形象特征进行的辨认。形象特征是指人的身高、体态，物的形状、质地等静态的外观特征，因为它们比较容易识别且具有较强的稳定性，因此绝大多数辨认都以客体的形象特征为依据。

2. 动态辨认是指根据客体习惯特征进行的辨认。习惯特征是指客体在运动中体现出来的习惯性特征，在辨认中利用的主要是人的动作习惯特征（如人的行走姿势）和语音习惯特征（如人的嗓音特点、方言特点）等。由于人的走路姿势、语言习惯比较容易伪装，因此，在侦查实践中，动态辨认多作为静态辨认的补充。

（三）根据辨认对象种类的不同分类

1. 对人的辨认。当通过一系列侦查活动，发现了嫌疑对象后，可以组织被害人或者证人对其进行辨认，如果肯定了他的嫌疑，则可以使侦破工作取得突破性进展，如果否定了嫌疑，则缩小了侦查范围。辨认前，应问清辨认人对辨认对象体貌特征的感知情况和记忆的清晰程度，在此基础上，先辨认照片，然后按照混杂辨认的要求，将被辨认对象混杂在一组性别相同、年龄相仿、身高相近的人当中，在光照条件较好的室内提供给辨认人进行辨认。辨认时，可把体貌特征的辨认、坐立行走姿势的辨认和说话声音的辨听有机地结合起来，以使辨认结果更趋准确。

2. 对物的辨认。对物的辨认适用于各类犯罪案件侦查的各个阶段，其对象包括赃款、赃物、作案工具、现场遗留物品和疑为赃款、赃物、作案工具的物品等，其作用在于发现嫌疑线索和认定重大嫌疑对象。辨认前，要先让辨认人陈述被辨认物体的名称、特征，并做好记录，然后再进行辨认。

3. 对无名尸体的辨认。对无名尸体的辨认适用于有无名尸体的杀人案件侦查的初期，也是侦破此类案件的关键性步骤，对无名尸体的辨认可以从两个方面进行：一是直接对尸体进行辨认。即经过现场勘查、尸体检验，对无名尸体进行整容后，组织被害人亲属、现场附近的有关群众，进行直观辨认。辨认时，不仅要对面部及暴露部位的特征进行辨认，而且要注意隐蔽特征的辨认，同时也要对死者的衣着、携带物品进行辨认。二是对无名尸体照片进行辨认。对于一时难以查明死者身份的，应对尸体清洗、整容后进行拍照，向有关地区发出协查无名尸体的通报或由侦查人员携带死者照片到有关地区组织群众辨认。在进行照片辨认时，要附文字，详细说明死者的性别、大致年龄、身高、发型、衣着、携带物品以及明显特征等。

如果发现的是被肢解的尸体，要通过失踪者家属详细了解失踪人员的情况，并与推断的被害人的性别、年龄、身高以及肢体各部分的斑痕、疮疤、暗记、牙齿镶补、衣着装饰等特征进行全面的对照比较和辨别认定。非必要情况，一般不要让失踪人员家属辨认肢体。如果发现死者头颅且失踪者家属能提供失踪人员近照的，还可以进行头颅和面相重合比较。

4. 对犯罪场所的辨认。对场所辨认的主要目的是确定刑事犯罪现场。对大多数案件来说，犯罪现场是蕴含线索和证据最为丰富的地方，只有找到犯罪现场才能最大限度地获取犯罪痕迹及其他物证，为下一步的侦破工作及审判工作奠定物质基础。在一些强奸、抢劫、诈骗等案件中，有的作案人会将被害人引诱、欺骗或劫持到比较僻静的场所。由于人地生疏，心情紧张，被害人可能无法准确描述犯罪发生的地点。这种情形下，为了寻找发案现场，侦查人员在向被害人问明现场情况有无特殊标记后，可带领被害人对疑似现场进行辨认，以便确定犯罪现场，进而发现更多的痕迹、物证，为侦查破案提供证据。

（四）根据工作方式的不同分类

1. 公开辨认。公开辨认是由侦查人员组织辨认人在公开场合中，在被辨认人或者被辨认物的持有人完全明了的情况下所进行的辨认，公开辨认应当制作笔录。《辨认笔录》是侦查人员在辨认活动中，对辨认活动的经过和结果依法作出的文字记录，经过查证属实的《辨认笔录》可以作为诉讼证据使用。《辨认笔录》的内容主要包括：辨认前的询问和辨认人的陈述；辨认时间、地点和光线条件；辨认人的姓名、性别、年龄、文化、职业、工作单位和住址；辨认对象如果是人，应将混杂人员的姓名、年龄、职业、住址记录下来。若是物，应写明物品的名称、来源、混杂情况；辨认的结果，无论是肯定还是否定的，都要将此辨认结论的依据按照辨认人的原话记录下来；参加人员签名，包括侦查人员、辨认人、见证人等，均应在《辨认笔录》上签名。

2. 秘密辨认。秘密辨认是由侦查人员安排辨认人在被辨认人或者被辨认物的持有人毫无察觉的情况之下所进行的辨认。秘密辨认一般是在侦查中发现嫌疑人或嫌疑物后采用的，有时也用于寻找犯罪场所。秘密辨认无须聘请见证人，也不用制作《辨认笔录》，但应当制作简明扼要的秘密辨认工作报告，以备日后查阅。该报告只能供侦查人员参考，不能作为诉讼证据使用。需要且允许时，可将秘密辨认转化为公开辨认，并制作《辨认笔录》。

对已发现的犯罪嫌疑人的秘密辨认，可在晚上将辨认人安排在嫌疑人住宅、工作场所的周围或途经的隐蔽处所，利用室内外照明灯光的反差，进行侧面和正面的仔细辨认。如果尚未发现犯罪嫌疑人，但被害人对作案人的形象特征记忆深刻，或有认识作案人的秘密力量，经适当化装后，可带领被害人或秘密力量在作案人可能出现的区域、场所进行寻找辨认。通过秘密侦查手段获得的作案凶器、赃物的秘密辨认，应安排辨认人就近进行，辨认结束后，立即送回原处，恢复原状，以免暴露侦查手段。

四、侦查辨认的规则和程序

（一）侦查辨认的规则

辨认是辨认人对自己曾经感知过的事物经过回忆予以再认的过程，辨认结果对于侦查工作具有十分重要的意义，对被辨认人和被辨认物的持有人均会产生重大影响。因此，为了保证辨认结果的客观性、可靠性，组织辨认必须遵守一定的规则。

1. 自主辨认规则。自主辨认规则又称严禁诱导规则，是指辨认中应当使辨认人的意志保持独立自由，不受他人引导和干扰。这个规则主要是针对侦查人员而言的，即防止侦查人员对辨认人进行干扰。《公安机关办理刑事案件程序规定》第二百六十条第一款规定：“辨认时，应当将辨认对象混杂在特征相类似的其他对象中，不得在辨认前和辨认人展示辨认对象及其影像资料，不得给辨认人任何暗示。”辨认是一种再认活动，容易受到外界干扰，只有当辨认人的意志处于完全独立自主的状态时，才能保证辨认结果准确、可靠。因此，侦查人员不得以任何方式对辨认人施加影响，暗示或诱导其按照自己的意向进行辨认，作出符合自己预期的辨认结论。

2. 混杂辨认规则。混杂辨认就是侦查人员要将辨认对象混杂在若干个无关但是与其相似的人或物中间，一起提供辨认，以充分调动辨认人的主观能动性。这是针对辨认客体的一项规则。一方面，人们认识一个事物往往是通过将它与其他事物尤其是同类事物相比较而实现的，因此再认过程中也应当为辨认人创造这种相互比较的条件。另一方面，如果辨认对象被单独提供给辨认人，也容易对其产生一种误导，所以组织辨认要遵守混杂辨认的规则。

混杂辨认需要将辨认客体混杂在其他事物中间，这些其他事物就是陪衬客体。法律对于陪衬客体的选择在数量及特征上都有相应要求。《公安机关办理刑事案件程序规定》第二百六十条规定："……辨认犯罪嫌疑人时，被辨认的人数不得少于七人；对犯罪嫌疑人照片进行辨认的，不得少于十人的照片；辨认物品时，混杂的同类物品不得少于五件；对物品照片进行辨认的，不得少于十个物品照片。对场所、尸体等特定辨认对象进行辨认，或者辨认人能够准确描述物品独有特征的，陪衬物不受数量的限制。"另外，对人进行辨认时，每个陪衬人与被辨认人除性别必须相同之外，在年龄、身高、体态等方面应当尽可能相近，甚至应当考虑到，如果陪衬人在衣着、情绪表现上与被辨认人存在明显差异，也会对辨认人产生导向作用。对物进行辨认时，陪衬物在种类、形状、新旧程度等方面也应与被辨认物尽可能相似。

对于犯罪嫌疑人的秘密辨认，无法由侦查人员安排混杂客体，但是，由于辨认地点多为人们日常生活工作的场所，所以辨认对象往往实际上处于自然混杂状态。

3. 分别辨认规则。《公安机关办理刑事案件程序规定》第二百五十九条第二款规定："几名辨认人对同一辨认对象进行辨认时，应当由辨认人个别进行。"分别辨认有两层含义：第一层含义是针对辨认主体而言的，即辨认主体是两个以上时，应当让辨认人分别、单独地对辨认客体进行辨认，否则，就会由于辨认人之间不可避免的相互干扰，使辨认结果的客观性、准确性受到影响。第二层含义是针对辨认客体而言的，即当需要同一个辨认人对两个以上的辨认客体进行辨认时，也应当把辨认客体分别提供辨认，以免辨认客体之间的相互干扰而影响辨认结果的专一性。

（二）侦查辨认的程序

1. 审查批准。侦查中需要进行辨认时，侦查人员应制作《呈请辨认报告书》，写明辨认的理由、辨认人的姓名、辨认的对象、拟定的辨认时间、地点等，经办案部门负责人批准后进行。

2. 确定辨认主持人。辨认应当在侦查人员的主持下进行，主持辨认的侦查人员不得少于两人。主持辨认的侦查人员应当全面熟悉案情，明确辨认的目的要求。

3. 做好辨认准备。

（1）详细询问辨认人。组织辨认前，侦查人员应详细询问辨认人，问清他所看到的有关人、物或场所的具体特征及其他有关情况，并详细记录在案，以便核对查证。通过对辨认人的询问，侦查人员既可以了解辨认人所掌握的被辨认对象的各种情况，也可以了解辨认人的感知能力、记忆和表达能力，为正确组织辨认和评断辨认结果提供依据。同时，侦查人员在询问时，还应根据辨认人的具体情况对其做必要的思想工作，告知其应有的权利和义务，促其客观真实地进行辨认。

（2）确定辨认的时间和地点。公开辨认的时间和地点，应尽量安排在符合辨认人原感知条件的时间和地点，各种情况要与原来的相似，以确保辨认结果的准确性。秘密辨认时应注意不能让被辨认对象察觉，在安排辨认时间和地点时，既要考虑辨认人原来的感知条件，又要考虑辨认的保密需要。

（3）制订辨认方案，准备辨认条件。侦查人员在组织辨认之前，应制订具体方案，包括组织者的分工，行动步骤，可能遇到的问题以及要采取的相应对策。此外，还要布置适当的环境，选好混杂客体并准备好必要的器材。

4. 实施辨认。在辨认主持人的主持下，按照事先制订的辨认方案，严格遵守辨认规则，有步骤、有计划地组织辨认人进行辨认。

5. 制作相应法律文书。公开辨认可以通过辨认笔录、辨认照片、辨认录像、辨认录音等方式进行记录。《公安机关办理刑事案件程序规定》第二百六十二条规定："对辨认经过和结果，应当制作辨认笔录，由侦查人员、辨认人、见证人签名。必要时，应当对辨认过程进行录音录像。"秘密辨认不制作辨认笔录，由主持辨认的侦查人员写出秘密辨认报告，存入侦查工作卷备查。如有证据方面的需要，应当转为公开辨认。

五、侦查辨认结果的审查判断

辨认结果是分析案情、审查嫌疑人的依据，也是审判中认定被告人有罪或无罪的重要证据。由于辨认结论具有直观性，属于"眼见为实"，容易得到人们的信赖。然而，在司法实践中，辨认错误的情况时有发生，有些还造成了十分严重的后果。因此，在使用辨认结论时必须格外慎重，既不能仅凭辨认的肯定性结论就认定犯罪嫌疑人，也不能仅凭否定性结论就排除嫌疑。在分析判断辨认结果时，要考虑以下几方面的因素：

（一）主体因素

1. 辨认人与案件的关系。要注意了解和审查辨认人与案件的利害关系，有无影响辨认的因素，从而判断辨认结果的真实性和可靠性。一般来说，被害人与案件关系较密切，辨认的积极性较高。同时他在案发时的记忆往往属于主动记忆，印象也相对深刻一些。而证人往往与案件无利害关系，对辨认结果存有放任心态，并且在案发时一般为被动记忆，印象相对模糊一些。

2. 辨认人的生理因素。要考查辨认人与辨认相关的各项生理因素，如视觉、听觉是否正常，记忆力如何。如果辨认人的视觉、听觉正常，记忆力较强，其辨认结论的可靠性就大；如果辨认人的视觉、听觉有缺陷，或者记忆力较差，其辨认结论的可靠性就小。

3. 辨识人的心理因素。辨识人感知、记忆、辨识时的心理状态对辨认结果有重大影响，比如辨认人在受到作案人的突然袭击，精神高度紧张或极度痛苦的情况下，其感知往往容易出现错觉，甚至幻觉，因此，组织辨识人在正常情况下对原来感知和记忆的事实或现象进行再认，也往往出现误差。另外，辨认人在感知、记忆和辨识时的态度是否积极主动，也直接影响着辨认结果的准确性。比如辨认人对原来的某种现象感知淡漠、记忆模糊，再认时准确程度就差；若辨认人曾对自己接触的现象十分警觉，记忆就会深刻，组织其对原来感知和记忆的事实进行辨识，准确度就高。因此，必须对辨认人的感知、记忆和辨识进行全面审查。

（二）客体因素

客体因素方面主要是考查被辨认对象的特征是否明显稳定。一般情况下，辨认对象的特征明显稳定，辨认结论的准确性就大；相反，被辨认人或被辨认物品的特征不明显，易改变，其辨认结论的准确性就小。在一些强奸、抢劫、诈骗案件中，由于被害人与作案人有过面对面的接触过程，能够发现作案人面部、四肢暴露部位的一些明显、突出且稳定的特征，如作案人面部的疤痕、痣、胡须颜色、口臭、狐臭、皮肤颜色、生理缺陷等，这些特征大多是比较稳定的，一般在辨认人头脑中留下的印象较深，其辨认结果的准确性相对较高，如果没有明显、突出的特征、标记，则辨认的准确性就会相对差一些。

此外，还要审查客体作案前后有无伪装。有些作案人在作案过程中戴假面具、戴假发、蒙面，掩盖面部的明显特征；作案后改变发型、修饰面容以及对物品进行拆卸、改装、改变颜色、变换大小等，易造成辨认的失误。侦查人员在审查辨认结论时要充分考虑到这些情况。

（三）环境因素

案发时和辨认时的自然环境和条件是否良好，也是影响辨认结论的因素之一，因为自然条件，如光线、风沙、雨雪等，对人的视觉有着重要的影响。因此，应当认真考虑案发时及辨认时的环境和条件，综合评断辨认结论。

在分析评断辨认结果时，除分析上述因素外，还应将辨认结论同其他证据材料相互印证核实，以便作出准确无误的判断，从而真正起到证实和揭露犯罪，认定犯罪嫌疑人的积极作用。

第三节 侦查讯问

一、侦查讯问的概念与特点

（一）侦查讯问的概念

侦查讯问，是指在刑事诉讼的侦查阶段，侦查人员为了查明案件的事实真相，依照法律规定对犯罪嫌疑人进行诘问，以获取其真实供述和辩解的侦查行为。

在刑事诉讼过程中，除了侦查阶段的侦查讯问，还有审查起诉阶段的讯问和审判阶段的讯问。三者之间虽然同为“讯问”，但其任务和功能各有不同，应注意加以区分。侦查讯问实施于侦查阶段，目的是获取犯罪嫌疑人的真实供述和辩解，收集完善证据，查明案件事实真相；检察讯问实施于审查起诉阶段，目的在于通过讯问进一步审查核实证据；审判讯问实施于审判阶段，目的在于查清案件，为审判提供支持。

（二）侦查讯问的特点

1. 目的的直接性。侦查讯问是侦查人员与犯罪嫌疑人之间进行的面对面的较量，其目的是获取犯罪嫌疑人的真实供述和辩解，以期迅速及时的查明案件的事实真相。基于以上目的，相关法律法规对侦查讯问工作从主体、场所、时间安排、实施方式等方面作出了系统的规定，以确保侦查讯问工作能够依法进行。从侦查讯问工作实施的方式来看，侦查人员会向犯罪嫌疑人提出问题要求犯罪嫌疑人作出回答，虽然从问题的表达形式上可能有含蓄迂回，但是并不妨碍不同表达方式下直接的讯问目的。

2. 实施的强制性。作为一种侦查措施，侦查讯问是侦查人员查明案情、收集证据的重要手段，是国家赋予侦查机关追诉犯罪、打击犯罪的一项重要的诉讼权力，这一基本属性决定了侦查讯问的实施具有必然的强制性。《刑事诉讼法》第一百二十条明确规定，犯罪嫌疑人对侦查人员的提问应当如实回答。对犯罪嫌疑人法定义务的规定，是对侦查讯问活动强制属性的最好体现。

3. 利益的冲突性。侦查讯问活动本身就是一种揭露与反揭露的斗争。侦查讯问的目的是获取犯罪嫌疑人的真实供述与辩解，查明案件的事实真相，对有罪者依法予以惩罚。而对于有罪的犯罪嫌疑人来说，讯问的结果与其有着直接的利害关系。可见，侦讯双方的利益冲突性是显而易见的。另外，从法律地位上看，侦查人员是国家法律的执行者，代表国家和人民的利益；而犯罪嫌疑人则因涉嫌犯罪处于被追诉的地位。地位决定立场，正是由于侦查人员与犯罪嫌疑人的法律地位不同，决定了二者在讯问中的利益冲突是必然的。

4. 语言的载体性。侦查是以侦查人员与犯罪嫌疑人双方对话的方式进行的，一切讯问活动都以语言为载体，因此，侦查讯问活动离不开语言，一切侦查讯问策略方法的运用与效果的达成都离不开讯问语言的恰当运用。侦查讯问人员应当熟悉、研究讯问语言的特性，掌握发问和回答问题的技巧，懂得使用讯问用语的特殊要求，提高运用讯问语言的能力，充分发挥讯问用语的功能。

5. 信息的交流性。侦查讯问是侦查人员与犯罪嫌疑人之间进行信息交流的过程，双方通过交流来获取各自所需要的信息。这种信息交流是互动的、双向的，犯罪嫌疑人通过侦查人员的问话、表情、动作等理解讯问意图，侦查人员也会通过犯罪嫌疑人的回答、表情、动作体会其内心活动。所以，侦查人员要充分考虑犯罪嫌疑人的需要和反应，有针对性地开展讯问活动，也要巧妙控制信息向犯罪嫌疑人的传递，以有效掌控讯问主动权。

6. 实施的谋略性。侦查讯问是侦查人员为了达到侦查讯问的目的而与讯问对象之间进行的心理较量。现代刑事侦查学创始人汉斯·格罗斯说："期望任何人都会勇敢直率地供认其罪行是十分残忍的，或者说是心理上的错误，我们必须为坦白铺平道路，使之容易化。"这个所谓的"铺平道路"的过程就是侦查人员有技巧、有策略地实施讯问的过程，是化解讯问中犯罪嫌疑人消极心理状态的必然选择。

二、侦查讯问的法律要求

侦查讯问是公安机关在进行刑事案件侦查过程中采取的侦查措施之一，属于刑事诉讼的一个环节，侦查讯问必须依照法律规定的程序和内容进行。

第一，讯问的主体。讯问犯罪嫌疑人必须由公安机关的侦查人员负责进行。讯问的时候，侦查人员不得少于两人。对于女性未成年人的讯问，应当有女工作人员在场。

第二，讯问的场所。根据《公安机关办理刑事案件程序规定》第一百九十八条的规定，讯问犯罪嫌疑人时，紧急情况下可以在现场进行讯问；对有严重伤病或者残疾，行动不便的，以及正在怀孕的犯罪嫌疑人，应在其住处或就诊的医疗机构进行讯问。除了上述情形，讯问应当在公安机关执法办案场所的讯问室进行。犯罪嫌疑人被送交看守所羁押以后，应当在看守所讯问室进行。对于正在被执行行政拘留，强制隔离戒毒的人员以及正在服刑的罪犯，可以在其执行场所进行讯问。对不需要逮捕、拘留的犯罪嫌疑人，经办案部门负责人批准，可以传唤到犯罪嫌疑人所在市、县公安机关执法办案场所或者到他的住处进行讯问。第一百九十九条规定，对在现场发现的犯罪嫌疑人，经出示人民警察证，可以口头传唤，但应当在讯问笔录中注明。

第三，传唤、拘传的时间与要求。传唤、拘传持续的时间不得超过十二小时；案情特别重大、复杂，需要采取拘留、逮捕措施的，传唤、拘传持续的时间不得超过二十四小时。不得以连续传唤、拘传的形式变相拘禁犯罪嫌疑人。传唤、拘传犯罪嫌疑人，应当保证犯罪嫌疑人的饮食和必要的休息时间。

第四，讯问的一般要求。侦查人员在讯问犯罪嫌疑人的时候，应当首先讯问犯罪嫌疑人基本情况，告知犯罪嫌疑人在侦查讯问中享有的权利和义务，讯问犯罪嫌疑人是否有犯罪行为，让其陈述有罪的情节或者无罪的辩解，然后向他提出问题。侦查人员在讯问犯罪嫌疑人的时候，应当告知其如实供述自己罪行可以从宽处理和认罪认罚的法律规定。

侦查人员在讯问犯罪嫌疑人的时候，可以对讯问过程进行录音录像；对于可能判处无期徒刑、死刑的案件或者其他重大犯罪案件，应当对讯问过程进行全程录音录像并保持录音录像的完整性。

第五，侦查讯问中犯罪嫌疑人的合法权益保障。侦查人员应当依法保障犯罪嫌疑人享有自我辩护权、控告权、使用本民族语言文字进行讯问权、委托律师辩护权、拒绝回答与本案无关问题的权利、核对笔录权以及要求回避等权利。

三、侦查讯问策略与方法

（一）侦查讯问策略

1. 侦查讯问策略的概念。侦查讯问策略是侦查人员为了实现一定的讯问目标，在法律允许的范围内，根据具体的讯问条件，运用有关的科学原理和实践经验所制订的指导讯问活动开展的计划谋略。

侦查讯问策略是在侦查讯问活动中运用的计划谋略，首先应当受到法律的约束，在法律允许的范围内实施。同时，作为策略本身，应当体现统筹全局的预见性，综合考虑讯问条件选择讯问方法语言的整体性和根据案情发展及时调整的灵活性。只有如此，才能真正发挥侦查讯问策略统领全局、精准施策、有效突破的作用。

2. 常用的侦查讯问策略。侦查讯问中，常用的策略有攻心夺气、避实就虚、引而不发、重点突破等。

（1）攻心夺气，即侦查人员运用政治、法律、政策、形势、情感等对犯罪嫌疑人的心理施加影响，从而改变其认识，转变其观念，转化其情感，瓦解其意志，促使其如实供述犯罪事实的侦查讯问策略。

攻心与夺气是相辅相成的两个方面，攻心是夺气的手段，夺气是攻心的目的。所谓攻心，就是运用正确的思想观念、道德意识、客观事实和利害关系，去揭露、批驳犯罪嫌疑人的错误认识，去启迪、激发其正确情感，使其改变错误认识，抑制不良心理倾向。实践中，常用的攻心手段包括政治攻心、政策法律攻心、情感攻心、以理攻心等。夺气就是侦查人员通过合理的调控讯问主题、节奏和氛围对犯罪嫌疑人施加直接的心理影响和刺激，遏制其拒供抗审的气势，瓦解其拒供心理。主要方法有：增加心理负罪感；明确公安机关揭露犯罪、打击犯罪的决心和能力；明确抗拒的后果等。

（2）避实就虚，也叫避实击虚，是指侦查人员在讯问中避开案件的要害情节，避开犯罪嫌疑人最敏感的问题，以及其他构思良久精心作答的地方，先从案件的外围入手，使其感到莫名其妙，放松警惕，从而如实供述罪行。

在侦查讯问的过程中，有时不宜进行正面追讯，就可以采用避实就虚的侧面追讯的策略，或抓其弱点，或着眼于感情中的细枝末节，或寻找犯罪嫌疑人没有觉察的矛盾，出其不意、攻其不备，突然袭击、出奇制胜。避实就虚的策略要求侦查人员能够发现犯罪嫌疑人防备的虚弱处，善于运用各种心理学方法将犯罪嫌疑人的防备由实化虚；侦查人员一旦发现犯罪嫌疑人防备的虚弱处，应不失时机地进攻。

（3）引而不发，即侦查人员利用犯罪嫌疑人的心理弱点，不出示证据，而是通过一定的语言、行为和气氛的影响，使犯罪嫌疑人形成罪行已被揭露的判断，从而如实供述罪行的策略。引而不发是在掌握证据不足的情况下，利用犯罪嫌疑人特定的心理特点和特定环境所造成的思维片面性提出的有效应对策略。也就是通过侦查人员有意识地控制传递信息的内容，在犯罪嫌疑人信息获取相对不全面的情况下，基于相对消极的思维判断，得出犯罪事实已经暴露的错误结论，为了争取从轻从宽而选择供述。该策略传递的信息量小，但是信息的张力很大，在具体的运用中，要求侦查人员提出的问题必须是真实的，或者是建立在一定证据基础上；施策时要沉着坚定，胸有成竹，速战速决，切忌久攻不下。同时也应注意在运用时不能主观臆断，避免造成违法讯问。

（4）重点突破，即侦查人员在讯问中抓住对讯问活动有利的重点环节，先发制人，以正面追讯的方式向犯罪嫌疑人提出问题，置犯罪嫌疑人于被动的境地，迫使其如实供述的讯问策略。该策略主要运用于掌握证据相对确实充分，或者犯罪嫌疑人没有防备，心理防御不够完善，或者明确掌握了犯罪嫌疑人的心理弱点，易于突破的情况。在使用该策略时，应注意合理选准突破口，保证重点突破的路径最优；讯问中应注意把握节奏，做到节奏紧凑、环环相扣、立场鲜明、态度坚决，以确保有效突破犯罪嫌疑人的心理防线。

（二）侦查讯问方法

1. 侦查讯问方法，是指在侦查讯问中直接作用于犯罪嫌疑人，达到一定讯问目的的具体的战术手段，是促使犯罪嫌疑人如实供述的基本方法。

侦查讯问策略与侦查讯问方法互为表里，相辅相成。其中，侦查讯问策略是侦查讯问活动的指导思想，具有高度的全局性、整体性和抽象性；侦查讯问方法是实现侦查讯问策略的基本方式，针对性强，表达形式具体、直接，能够被犯罪嫌疑人直接感知，但是其内容和运用会受到侦查讯问策略的指导和制约。

2. 常用的侦查讯问方法。

（1）说服教育，即侦查人员针对犯罪嫌疑人在案件事实、证据调查和法律适用等方面的错误认识与态度，通过摆事实、讲道理，使其正确认识自己的现实处境，明辨是非，权衡利弊，改变态度，正确面对侦查人员和讯问工作的一种讯问方法。

在侦查讯问过程中，对于和案件事实、证据、法律适用有关的内容，比较适合选择使用说服教育的方法。说服教育方法主要包括疏导法、例证法、利害选择法、规劝法。该方法使用中应注意做好心理铺垫，并根据不同的犯罪嫌疑人因人施教、找准切入点、有的放矢；在说服教育时要注意把握时机，掌握分寸，态度诚恳，情理交融。

（2）利用矛盾，即侦查人员利用犯罪嫌疑人供述中的矛盾或同案犯之间在利害关系上的矛盾，戳穿犯罪嫌疑人的谎言，离间同案犯的关系，打消其抗拒的心理，促使其如实供述的讯问方法。

侦查讯问中，首先，侦查人员可以通过分析案件材料寻找矛盾，通过巧妙讯问使犯罪嫌疑人在供述中暴露矛盾，利用犯罪嫌疑人的心理及案情等制造矛盾。其次，要头脑冷静、态度客观地分析矛盾，明确可以利用的矛盾和侦查讯问的主攻方向。最后，要在客观分析的基础上合理地利用矛盾，通过利用犯罪嫌疑人供述中的矛盾或者共同犯罪嫌疑人之间的矛盾，有效实现案件突破。

（3）使用证据，即侦查人员在讯问中有计划、有步骤地使用获取的证据揭露犯罪嫌疑人的谎言，打消其抗拒心理，促使其如实供述的讯问方法。在侦查讯问中合理地使用证据可以突破犯罪嫌疑人的防御体系、打击犯罪嫌疑人的嚣张气焰，同时还可以检验证据的真实性。

侦查讯问中，可以通过口头宣示证据、出示实物证据、播放录音录像等方式直接出示证据，也可以通过含蓄、委婉的语言间接地暗示证据，也可以将上述两种方式巧妙结合。无论通过何种方式出示证据，都应当事先对证据进行严格的审查判断，确保所用证据真实可靠。同时，要掌握好使用证据的时机并注意留有余地。应尽量少使用证据，而且重要的证据不能轻易出示。

四、侦查讯问的组织实施

（一）侦查讯问前的准备

1. 及时组织讯问力量。根据法律的相关规定，讯问犯罪嫌疑人，侦查人员不少于两人。除了满足基本的法律要求外，讯问力量的组织应充分考虑案件的性质和复杂程度、犯罪嫌疑人的个性特点和侦查人员的个性特点、犯罪嫌疑人的基本情况以及是否存在需要侦查人员回避等情况。

对于案情简单、证据充足的刑事案件，可由两名侦查人员进行讯问。对于案情比较复杂的案件，讯问力量由指挥人员、主讯人员、副讯人员、记录人员组成。指挥人员负责确定案件的讯问人员、审核讯问计划、研究讯问方案、处理紧急情况；主讯人员负责制订讯问计划、按照讯问计划组织实施讯问、根据讯问情况的发展调整讯问计划；副讯人员负责辅助主讯人员进行讯问工作。

2. 研究和熟悉案件情况、掌握案件专门性问题。主要应熟悉、掌握犯罪嫌疑人的个人情况，了解犯罪嫌疑人被拘捕的依据，全面熟悉案件的证据材料，并注意案件是否有深挖的价值。

侦查人员可以通过阅卷、听取案情介绍、复勘现场等方式熟悉和研究案件情况、掌握案件中专门性问题。在完成上述工作的同时，侦查人员还应当明确案件材料来源是否真实、合法，核查案件材料与案件事实之间是否一致，并结合证据体系要求明确需要进一步查明的问题。

3. 分析犯罪嫌疑人个性特点和心理状态。侦查人员可以通过审阅犯罪嫌疑人的历史档案和个人材料、阅卷等方式来了解基本的案件情况，通过走访犯罪嫌疑人的家人、朋友、居住地的辖区民警、邻居等人了解犯罪嫌疑人日常表现并分析其个性特点和心理状态，还可以通过案件现场、犯罪嫌疑人被拘捕后的行为表现分析其个性特点和心理状态。上述分析，可以为正确选择讯问策略和方法提供依据。

4. 制订讯问计划。侦查人员在讯问开始前首先应该制订好讯问计划，准备好要提的问题，并且分析预测在讯问中可能出现的情况。侦查讯问计划应包括：简要案情；讯问目的与要求；讯问的步骤、重点和突破口的选择；讯问的策略和方法；调查取证的要求和讯问与调查的安排；侦查与看守部门的工作如何协作配合；讯问中可能出现的问题及处理的办法；讯问中的注意事项。

（二）侦查讯问突破口的选择

侦查讯问的突破口是对突破全案具有关键意义的某个案件事实或某个犯罪嫌疑人。突破口可以是与案件有密切内在联系的事实，也可以是共同犯罪中意志薄弱、容易动摇且了解案件主要情况或重要情况的犯罪嫌疑人。

正确地选择突破口，首先，可以从案件事实、情节中选择讯问突破口。一般来说，证据材料掌握的比较确实、充分的案件事实或情节，较为公开的事实，或者是与犯罪事实相关而又相对暴露的情节，犯罪嫌疑人没有防备或防备薄弱的案件事实或情节，犯罪嫌疑人为掩盖犯罪事实而暴露的矛盾，与主要犯罪事实有关联的事实或情节，都比较适合作为侦查讯问的突破口。其次，对突破全案具有关键意义的犯罪嫌疑人也可以作为侦查讯问的突破口。一般来说，侦查机关掌握的犯罪证据比较确实、充分或者容易查清的犯罪嫌疑人，与主犯或其他案犯的关系不太融洽的犯罪嫌疑人或有利害关系的涉案不深、思想脆弱或者有悔罪愿望、犯罪经验较少的犯罪嫌疑人比较适合作为突破口。

（三）侦查讯问的一般过程

侦查讯问的过程分为三个阶段：初讯阶段、续讯阶段和收尾阶段。

1. 初讯阶段。该阶段主要是进行各种程序性活动，树立侦查人员的形象，控制节奏，为后面讯问的顺利进行创造条件。在这一阶段，侦查人员与犯罪嫌疑人均处于相互了解、试探的阶段，因此，侦查人员应当注意把握节奏，避免向犯罪嫌疑人传递较多的信息和讯问倾向。侦查人员除了要履行基本的法律程序以外，还应当注意把握犯罪嫌疑人心理处于薄弱状态的时机适当突破。

2. 续讯阶段。该阶段主要是运用各种侦查讯问策略与方法，集中火力，围绕案件事实情节展开讯问，实现案件突破。在这一阶段，侦查人员首先应当综合运用各种策略方法，准确使用讯问语言，针对涉案问题进行集中发问，有效扫清讯问障碍。同时，还应当选择并适时调整讯问突破口，抓住犯罪嫌疑人的心理薄弱环节，把握犯罪嫌疑人矛盾、犹豫、动摇等时机，及时突破。

3. 收尾阶段。该阶段主要是进一步巩固犯罪嫌疑人的供述心理，解决已经获得的口供中的矛盾，形成系统的供述。即针对前期讯问所得到的证据进行查漏补缺，对发现的犯罪嫌疑人供述中有矛盾、不清楚、还需要进一步查证等问题进行进一步讯问，在筑牢前期讯问成果的同时争取扩大战果。与此同时，还要巩固犯罪嫌疑人的供述心理，预防翻供等情况的出现。

第四节 侦查实验

一、侦查实验的概念

侦查实验是一种特殊的侦查行为，是指侦查办案过程中，为了查明案情，证实与犯罪有关的某些事实、现象等，在相同或者相近的条件下，对某事物或者行为产生、变化过程所做的实验或模拟演示。通过侦查实验，可以根据案件发生的具体情况和条件，对与案件有关的事实或现象予以模拟性再现，以证实或验证某些事实是否存在和某些现象能否发生，从而为正确判断、认识案情提供科学的依据。《刑事诉讼法》第一百三十五条、《公安机关办理刑事案件程序规定》第二百二十一条均明确规定，为了查明案情，在必要的时候，经县级以上公安机关负责人批准，可以进行侦查实验。

对侦查实验的理解，可从以下几个层面入手：第一，侦查实验属于侦查措施的一种，限于侦查阶段使用。因此，侦查实验的主体是有侦查权的侦查人员，其他主体不具备进行侦查实验的资格。第二，侦查实验采用重演或者模拟的方式，从已知推断未知的活动。第三，侦查实验的目的，在于确定案件中的某种事实或现象能否发生或如何发生，即要查明已知的案情条件与未知的事实或现象之间是否存在因果联系。第四，开展侦查实验应该遵守必要的原则。主要包括：条件相似性原则，要求实施侦查实验应尽可能在案件发生、发现时的条件下进行；反复实验原则，应反复多次地在同种条件下实验或者在不同条件下实验；见证原则，应邀请见证人到场见证侦查实验过程；依法文明实验原则，禁止一切足以造成危险、侮辱人格或者有伤风化的行为。

二、侦查实验的种类及作用

（一）侦查实验的种类

按照实验内容和所要解决的问题不同，可以将侦查实验分为以下三类：

1. 感知可能性实验，是指在一定条件下，某些现象通过感觉器官在人脑中直接反映的可能性试验。具体包括：视觉可能性实验，如确定在一定条件下能否看清某人的面孔，或某物的特征，或某事件发生的过程等；听觉可能性实验，如确定在一定条件下能否听见从某处发出的声音，或确定在某种特定条件下是否能听见某些具体谈话内容等；嗅觉可能性实验，如确定在一定条件下能否嗅到某种气味（火药味、香味、臭味等）；触觉可能性实验，如确定在某种特定条件下能否通过触摸感知到某些情况。

2. 行为可能性实验，是指在一定条件下实施某种外在活动的可能性实验。具体包括：行为能力可能性实验，即胜任某种外在活动主观条件的可能性实验；行为过程可能性实验，即从事某种外在活动所经过顺序的可能性实验；行为结果可能性实验，即实施某种外在活动所达到的最后结局的可能性实验。

3. 自然力可能性实验，是指在一定条件下某些现象不经人力干预，自由发展可能性的实验。如草堆在一定条件下能否自燃的实验，某库房能否容纳一定数量货物的实验，某些物品在一定条件下能否发生自然损耗的实验等。①

（二）侦查实验的作用

侦查实验是一项重要的侦查措施，其笔录是法定的证据之一，该措施在刑事侦查中有着极其重要的、不可代替的作用。

1. 验证案件是否可能成立。对于控告、检举、自首的案件情节，可进行必要的侦查实验，以审查控告、举报和自首的材料是否属实。通过侦查实验，如果某种案件事实不可能发生，则案件不能成立；如果侦查实验证明可能发生，则案件有可能成立。

2. 验证推断的案情是否准确。刑事侦查是揭露、证实、打击刑事犯罪的专门工作，侦查的任务是查明犯罪嫌疑人及其犯罪事实。所以，从现场勘查开始，直至整个侦查过程，侦查人员都要结合某些犯罪遗留的痕迹、侵害的客体、作案的时间和地点等对犯罪事实作出假设、推理、判断。有些案件的推理、判断，需要运用侦查实验证实其准确性。如根据现场上被盗物品的数量、重量、体积，推断作案人数，可以通过侦查实验的方法证实这种推断的可能性。

3. 核实言词证据是否真实可靠。核实被害人的陈述、证人证言、犯罪嫌疑人供述与辩解是否真实可靠是侦查中的一项复杂工作，因为被害人陈述、证人证言、犯罪嫌疑人的供述和辩解具有两面性，既具有真实可靠的一面，也有假证、假供、狡辩的另一面。有些案件，可以通过侦查实验来验证被害人陈述、证人证言、犯罪嫌疑人的供述和辩解是否真实可靠。

三、侦查实验的任务

《公安机关刑事案件现场勘验检查规则》第七十条规定了侦查实验的七项主要任务，包括：验证在现场条件下能否听到某种声音或者看到某种情形；验证在一定时间内能否完成某一行为；验证在现场条件下某种行为或者作用与遗

① 陈亮．侦查措施教程．东北大学出版社，2016：366.

留痕迹、物品的状态是否吻合；确定某种条件下某种工具能否形成某种痕迹；研究痕迹、物品在现场条件下的变化规律；分析判断某一情节的发生过程和原因；其他需要通过侦查实验进一步研究、分析、判断的情况。可以概括为以下几项任务：

（一）确定在一定条件下能否听到某种声音，或者看清某种现象

用于验证犯罪嫌疑人供述与辩解、被害人陈述或目击证人证言等言词证据的准确性，例如，其在特定光线、距离条件下，能否看清某个目标对象的特征。

（二）确定在一定时间内能否完成某一行为

是否具备作案时间是确定或排除作案是否具备作案可能性的重要条件，侦查实验可用来验证对案件重要情节或对象行为的分析推断，例如，犯罪嫌疑人能否在一定时间内从甲地赶到乙地。

（三）确定发生某种现象、形成某种痕迹的可能性及其原因、过程

案发前后，犯罪现场的状态变化，痕迹物证的位置、形态等都是犯罪行为造成的。通过侦查实验，确认某种现象或痕迹能否发生，形成及其发生的原因和过程，就是分析判断案情、确认作案工具、寻找破案线索的过程。

（四）确定某种痕迹、物品在什么条件下会发生变异

现场提取的痕迹、物品，有时可能是由于现场的特殊环境或条件而形成的变异痕迹、物品。通过侦查实验，可以确定发生此种变异的作用力、温度等条件，从而分析判断犯罪活动的方法、手段、过程等要素。

四、侦查实验的规则

（一）尽可能在与案件发生相同的地点、条件下，使用原物进行

如果要证明在特定时间、气候环境下能否听见、看见因犯罪活动而引起的声响、变化，侦查实验应当尽可能在与案件发生相同的地点、条件下，使用原物进行。如果原地进行实验的条件已不具备，可另选地点和实验室，模拟发案地的环境条件；如果原物已损坏，则应尽量设法使用同一种类、同一属性、同一牌号的物品或工具代替。

（二）尽可能在与案件发生相同的时间和自然条件下进行

侦查实验的时间和自然条件必须与案件发生的时间和自然条件相符合。如验证能否看见某种行为、某种颜色或能否听见某种声响时，就要选择白天或夜晚的同一时间进行，同时要考虑季节的变化、昼夜的长短、月光的亮度、云雾

的浓淡、积雪的多寡、风力的大小方向以及周围环境的其他变化。在侦查实验过程中，应注意因某些自然条件不一致可能引起的实验误差。必要时，可采取相应的模拟条件加以补救，并在实验记录中加以说明。

（三）对同一种侦查实验反复进行

侦查实验中，有时会由于一些偶然因素的影响，不能得出准确的结论，有时也会因为方法、条件的不同而得出不同的结果。因此，应坚持对同一情况进行反复实验，或变换方法与条件进行多次实验的规则。变换侦查实验的方法和条件就是在侦查实验条件不变的情况下使用不同的方法，或者在侦查实验方法不变的情况下改变实验的条件，或者同时改变侦查实验的方法与条件。如果经过反复多次的侦查实验，其结果都趋于一致，由此得出的结论才是可靠的，才能避免实验结论的偶然性。

（四）严格保密

为了保证侦查工作顺利进行，对侦查实验的结果必须保守秘密。侦查人员应当事先向参加侦查实验的人员讲明纪律，不得泄露实验的内容和结果，否则应负相应的法律责任。同时，参加侦查实验的人数不宜过多，更不能在群众围观的情况下公开进行实验。

（五）禁止一切足以造成危险、侮辱人格、危害人身健康、有伤风化的实验

为了更好地保护国家和人民的财产，侦查人员应当禁止进行一切可能对国家和公民财产造成重大损失的实验。侦查实验不应当危害人身健康，不应当侮辱人格或有伤风化。禁止一切足以造成危险、侮辱人格、危害人身健康、有伤风化的实验。

五、侦查实验的流程

侦查实验是一项科学性很强的侦查措施，必须做好充分的准备工作，并在侦查人员的主持下，有计划、分步骤地进行。

（一）认真履行呈报审批手续

在进行侦查实验前，应当制作《呈请侦查实验报告书》，经县级以上公安机关负责人审批后方可进行侦查实验。

（二）明确侦查实验任务

侦查人员应当仔细研究案件的有关材料，进一步询问待验证事件的有关人员，把需要通过实验加以验证的问题确定下来。如果是为了查明某种现象产生的原因，在实验前，有必要对有关材料集中进行研究，以便确定该现象的产生

可能受到哪些因素的影响；如果是为了审查事主、被害人和犯罪嫌疑人的陈述和辩解，可以对他们再次进行详细的询（讯）问，分析疑点是否由于以前的询（讯）问中的错误陈述或理解上的错误等原因造成的。这样做既可以避免不必要的侦查实验，避免人力、物力和时间的浪费，又可以使侦查实验的目的和所要解决的问题更加明确和肯定。

（三）确定侦查实验的内容和具体实施方案

侦查实验实施前，应当根据其种类、任务、目的确定实验的具体内容和方法、次数，同样条件的反复实验与变化实验方法的具体方案、具体时间的顺序，以避免紊乱，影响实验的顺利进行和结论的准确性。确定实验的具体内容和实施方案时，各方面的细节都应充分考虑到，如果案卷中没有这些细节，还应通过补充调查加以了解。对于实在难以确定的条件和细节，应设计多种不同的方案，在不同的条件下反复实验。

（四）确定侦查实验的时间和地点

根据实验的任务、目的、具体内容、组织方式，确定与被验证事件相同的时间和地点，或者安排在更有利于实验实施的时间和地点进行。

（五）确定参加侦查实验的人员

任何侦查实验都应当由侦查人员主持，由实验项目的操作人员和见证人参加，其他人员应视实验的种类和内容确定。侦查人员是侦查实验的组织指挥者，不应具体操作实验内容，以免影响实验的公正性。如果侦查实验需要利用某种专业知识或具有一定的危险性，应邀请具有相关专门知识或能够预见和有效预防危险发生的人员参加，并由他们担任实验项目的操作执行者。见证人应当同被验证事件无关，且具有理解实验内容、评判实验结论的知识。如果侦查实验所要审查的情况同事主、被害人、证人、犯罪嫌疑人中的某种个人特点有密切联系，或者是为了审查他们的陈述和供述，可以邀请其参加。为了保证侦查实验的顺利进行，还应当安排人员负责现场的警戒工作，以维护现场秩序与工作人员安全乃至公共安全。

（六）准备侦查实验所必需的器材工具和物品

进行侦查实验前，应根据实验任务和内容的要求，准备好实验所需的器材工具和物品。原则上应尽量使用原物，如果原物已经损坏不能使用，或者需要用原物进行比对或鉴定时，应选用与原物同类的工具或物品进行实验。

（七）正式开展侦查实验

实验开始前，侦查人员应将实验的任务和要求告诉每一个实验参加者，但是，不应把实验的具体方案和内容事先告诉每名参加人员，以免他们的心理状况、注意力的方向和感知的敏感程度发生变化，从而影响实验结果的科学性、准确性，甚至导致虚假的实验结果，在进行实验的过程中，侦查人员始终是组织指挥者，不应亲自去进行具体实验、具体任务，也不应让见证人去操作，以免影响实验的质量及结论的公正性。

（八）做好侦查实验记录

对于侦查实验的过程和结果，应客观准确完整的予以记录。即使是在现场勘查过程中进行的侦查实验，也应单独制作记录。从实验开始，就应有专人依照实验进程采用笔录、绘图、照相、录音或录像等记录手段将实验的过程和结果客观详细地记录下来。侦查实验记录应当记载实验的过程和客观结果，不应记录侦查人员对侦查实验的分析与判断。根据《刑事诉讼法》第五十条的规定，侦查实验笔录属于法定证据（勘验、检查、辨认、侦查实验等笔录）形式，经过查证属实的侦查实验笔录，可以作为认定案件事实的证据使用。侦查实验记录以笔录为主，其他的记录资料作为笔录的附件。笔录的主要内容包括以下三部分：

1. 首部。首部的内容包括：标题，在文书顶端正中直接写文书名称；侦查实验的起止时间；地点，进行侦查实验的具体场所；参加人员情况，参加侦查人员的姓名、单位、职务；侦查实验的事由和目的。

2. 正文。正文的内容包括：实验的客观过程，实验的方法结果等。这部分内容是侦查实验笔录的重点，也是侦查实验核心内容的体现。实验过程，包括在什么条件下用何种材料进行实验，如何组织，实验的种类和方式，实验的次数和每次具体情况。这是侦查实验笔录的核心内容。它直接关系到实验结论的可靠程度，如果在实验中使用了几种方法，应将侦查实验过程中的各种情况，逐一具体写清楚。最后还要写明，通过侦查实验所要解决的问题是否得到证实，从而作出肯定或否定的结论。

3. 尾部。尾部的内容包括：参加侦查实验的侦查人员、见证人、记录人签名。实验中如有拍照、录像、绘图等，在笔录中应予以说明，并作为笔录的附件。此外，参加侦查实验的人员如有某种说明性质的意见，可以在笔录的末尾加以注明。

侦查实验笔录的语言以叙述为主，文字力求简洁准确，实验目的明确，结论清晰准确。

第五节 摸底排队

一、摸底排队的概念

摸底排队，是指侦查机关在勘查现场、分析案情的基础上，根据对案件和犯罪嫌疑人的分析判断，在一定范围内对可疑人、可疑事、可疑物进行核查，以发现侦查线索和犯罪嫌疑人，排除与案件无关人员的侦查措施。所谓摸底，就是开展调查，从而发现与犯罪有关的人、事、物；所谓排队，就是对已经发现的嫌疑线索进行核实、查证、甄别，从中确定犯罪嫌疑人。

案件发生后如何确定犯罪嫌疑人，从哪里下手去寻找犯罪嫌疑人，是侦破工作首先要解决的问题。解决这一问题最有效、最基本的措施就是摸底排队。犯罪嫌疑人往往隐藏、混杂于群众之中，若要及时发现和揭露他们，就必须深入、细致地调查，全面、客观地摸底排队。通常情况下，下列案件常采用摸底排队的侦查措施：一是案件性质明确，范围不大的内部案件；二是因果关系突出，犯罪嫌疑人与被害人有一定内在联系的案件；三是遗留的痕迹、物证有特定的地区、行业特征的案件；四是在一定时间、一定地区内连续发生的同一类案件。上述几类案件，由于因果关系清楚或者范围明确，采用摸底排队的方式查找犯罪嫌疑人效果较好。

二、摸底排队的意义

摸底排队是侦查机关在侦查活动中，经过与犯罪活动的长期斗争而逐步形成的一项专门工作，是专门工作与依靠群众相结合的工作方法在侦查工作中的具体运用。侦查过程中，摸底排队是最广泛使用的一项侦查措施，也是侦查人员必须掌握的基本功。在犯罪情报资料建设、刑嫌调控、阵地控制等基础业务加强、完善并实现网络化后，摸底排队将向更科学化的方向发展。

（一）摸底排队可以发现嫌疑对象

大量的侦查工作实践证明，摸底排队是发现犯罪嫌疑人的一条基本途径。近年来，随着科技强警战略的不断推进，刑侦工作科技信息化水平显著提升。但是这并不妨碍刑侦工作仍然需要依靠专门工作与群众路线相结合。案发后，根据实地勘验和现场访问所获得的有关材料，在划定的范围内，按照摸底排队的条件，逐段、逐片、逐村、逐户摸排嫌疑对象，然后进行调查核实，往往可以有效查获犯罪嫌疑人。对于因果关系明显的杀人案件、嫌疑范围较小的内盗案件，采用摸底排队措施一般都能在较短的时间内排查出重点嫌疑人，从而为突破全案打下基础。

（二）摸底排队可以发现和收集证据

侦查过程中，在划定的范围内按照摸底排队的条件摸排嫌疑对象的同时，也可以不断发现新的犯罪线索和证据。因此，摸底排队对发现犯罪线索、收集犯罪证据具有重要意义。

（三）摸底排队可以收集犯罪情报

摸底排队工作常常需要广泛发动群众提供可疑线索，因此，在围绕一起刑事案件摸底排队的同时，除了可以发现本案的嫌疑对象外，还经常能够发现其他案件的犯罪线索，破获一批隐案积案。此外，摸底排队过程中收集到的其他违法犯罪活动的情报和线索，对侦查部门了解犯罪活动规律、研究犯罪对策有着十分重要的价值。

三、摸底排队范围的划定

摸底排队的范围，是指在什么区域、职业和人员范围内查找犯罪嫌疑人，实际上就是对排查的区域和排查的对象所做的假定。案件不同，摸底排队的范围亦不同。时空条件和作案人是构成刑事案件的基本要素，任何一起案件，都只能在一定的地域范围和人员范围内发生，若想迅速有效地查找到犯罪嫌疑人，就必须根据案件事实情况划定一个适当的范围，并在此范围内开展摸排工作。摸底排队范围是否准确、具体，直接关系到摸排的效果，甚至关系到侦查破案的成败。不确定范围就盲目摸排，犹如大海捞针，是无法取得理想效果的。

在什么范围内展开摸底排队，应根据案件的性质、作案人的作案特点和作案时呈现出的物质特征来划定。具体地讲，摸底排队的范围，应在正确分析案情的基础上，从以下几个主要方面确定：

（一）根据现场位置确定

发案现场是作案人活动的空间，无论是本地人作案还是流窜犯作案，都离不开这个空间。因此，就空间范围而言，摸底排队时应以现场位置为中心，逐渐向四周辐射。至于辐射多大范围合适，要根据每一起案件的发案时间、地点和条件来确定。

（二）根据案件的性质确定

案件的性质能够反映出犯罪行为与被侵害对象之间的某种必然联系，能为确定犯罪嫌疑人提供客观依据。如杀人案件，若是私仇报复，摸底排队的范围应划在与被害人有矛盾的人这一范围内；盗窃案件，若属内盗，那么摸排的范围应划定在单位内部或管理财物的人员当中。可见，案件性质是决定摸底排队范围的重要依据。

（三）根据作案人的作案手段、作案工具和现场遗留痕迹、物证确定

作案人的作案手段、作案特点、现场上遗留的痕迹、物品，能反映其个性特点、职业特点、心理特点、特殊技能及体貌特征，有的还能反映出其是惯犯还是偶犯、是流窜犯还是本地人作案。通过查找作案工具的来源，弄清其生产、销售、使用范围，也可以为划定侦查范围提供线索。

（四）根据作案人是否熟知现场情况确定

根据作案人对作案目标，作案时间、地点的选择，可以分析作案人是否了解、熟悉被害人的经济情况、活动规律以及周围的环境，由此可以推断作案人与被害人的关系，从而确定摸底排队的范围。

摸底排队范围的划定是在现场勘查、调查访问的基础上，对案情进行分析、判断所确定的，因此，划定范围的准确性也是相对的。在侦查中，要随着侦查工作进展情况以及对案情认识的进一步深化，及时调整摸底排队的范围。在分析案情时，如果有的案件性质难以作出某一种可能的判断，可以把主要力量用在可能性最大的方面进行摸排，对其他可能性较小的方面也要同时摸排，根据侦查工作的进展情况，逐渐调整摸排范围。经过摸排，如果在原定的范围内摸不出犯罪嫌疑对象，就应重新分析案情，根据新的判断，调整摸排范围。实践表明，准确划定侦查范围不是一件容易的事。它既要看分析材料准确与否，又要看侦查人员的知识、经验、思维方式等分析判断能力如何。因此，侦查人员只有从案件本身的客观实际出发，科学地运用已有的知识、经验和符合逻辑的分析方法，紧密结合当时当地的犯罪活动规律，才有可能确定较为准确的摸排范围。

四、摸底排队的条件

摸底排队的条件是指作案人所具备的与案件相关的各种联系，即作案人应该具备的作案条件。由于案情不同，摸底排队的条件各有差异，在通常情况下，摸底排队的条件有以下几个方面：

（一）作案时间条件

作案时间就是作案人实施犯罪从开始到结束的持续时间。作案时间条件是摸排犯罪嫌疑对象的一个基本条件。任何作案人作案都离不开一定的时间，因此，是否具有作案时间，是判断一个人是否具有作案嫌疑的重要依据。实践中，在摸排时必须把犯罪嫌疑人在发案期间的活动查清、查实，严防犯罪嫌疑

人在时间上做文章，制造伪证，逃避打击。

（二）作案空间条件

作案空间是指作案人实施犯罪活动所涉及的地点和场所。任何案件都有一定的空间，离开空间的案件是不存在的。空间具有排他性，即一个人在特定的时间内不可能同时处于两个或两个以上的空间。因此，在发案时间内，某人是否进入过与案件有关的空间，是判断其有无嫌疑的重要依据。此外，作案空间也是承载各种犯罪信息的场所，这里的犯罪信息既包括显性信息，如痕迹、物证等，也包括隐性信息，如对作案空间的选择所体现出来的作案人的心理痕迹。因此，作案空间也是摸排犯罪嫌疑的重要条件。

（三）因果关系条件

因果关系是指作案人与案件、事主、被害人之间的内在联系。刑事案件的发生往往具有一定的因果关系，只是因与果之间的联系有强有弱，有的明显，有的隐蔽。杀人、投毒、纵火等带有报复性质的案件，作案人多与被害人之间存在某种矛盾冲突或利害关系，从而促使作案人实施加害行为。侦查此类案件，要从结果去探查犯罪原因，再从犯罪原因去追查犯罪嫌疑人。

（四）作案工具条件

作案工具是指作案人在实施犯罪活动时所使用的工具和物品。作案人作案时，往往要使用一定的工具和物品，如凶器、破坏工具、交通运输工具、毒物、爆炸物、包装物等，这些工具或物品有的具有一定的行业性或地区性，有的能反映出作案人的职业、专门知识。因此，作案工具也是摸排犯罪嫌疑人的重要条件。

（五）赃款赃物条件

赃款赃物是指作案人通过实施犯罪活动非法获取的物品和钱财。盗窃、抢劫、诈骗等侵财案件，往往以非法获取财物为直接目的。一旦财物到手，作案人必然要进行藏匿和各种销赃活动。只要掌握了赃款赃物的特征，就可以作为摸底排队的依据条件，根据赃款赃物排查和发现案件的重点嫌疑人。

（六）痕迹、物证条件

犯罪现场遗留的痕迹和物品，不仅反映出作案人的作案活动过程，也反映出作案人的某些个人特点，它为摸底排队提供了重要依据，应在摸底排队中充分使用。在刑事科学技术日新月异的今天，对犯罪现场上各类痕迹、物证的收集和利用越来越充分和深入，从而为侦查人员刻画犯罪嫌疑人形象、对犯罪嫌疑人进行准确排查，实施精确打击提供重要依据。

（七）特殊技能条件

特殊技能是指作案人利用自己的专业技术和专门知识实施犯罪时，所反映出来的区别于一般人的特殊作案条件。如利用绘图、刻印技术伪造货币、有价证券、印章；利用医学知识杀人；利用爆破技术爆炸行凶；利用切割、钻撬技术撬门破锁等。遇有此类案件，应把特殊技能作为摸底排队的一个条件。

（八）体貌特征条件

体貌特征是指作案人的人身形象和特点，如性别、年龄、身高、体态、相貌、走路姿势、说话口音等。作案人在现场作案，必然要将自己的某些特征留于现场或留于某些目击者的记忆中。如果这些特征分析准确，就可以成为摸底排队的重要依据条件，可以在具备这种特征条件的人员中发现犯罪嫌疑人。

（九）知情条件

知情是指作案人在实施犯罪前，了解和知晓被害人情况和底细的程度。作案人在现场作案，对现场和被害人的了解程度不外两种情况，一是知情知底，二是不了解内情和底细。在某些特定情况下，作案人只有在知情知底的条件下才能作案。这种知情知底情况就应作为摸底排队的依据。

（十）表现反常条件

表现反常是指作案人作案前后违反常规的表现形态。作案人在作案前要进行一些犯罪预谋准备活动，如踩点、试探等，在作案后，其心理活动则处在一定程度的恐惧和不安之中。为了逃避侦查，掩盖犯罪，他们总是要做最大限度的自我控制。但这实际上是控制不了的，他们的心理活动必然要反映于他们的言行举止之中，表现出反常状态。这些反常表现可以作为摸底排队的依据。但是在使用这一条件时必须慎重对待，不能把反常表现作为摸底排队的确定性条件，应与其他条件相配合。

五、摸底排队的方法

（一）普遍排查

普遍排查就是按照摸底排队的条件，在已经划定的范围内，逐个排查具备作案因素和条件的人，从中发现犯罪嫌疑人。普遍排查的具体方法有：

1. 公布案情，发动群众提供线索。向群众公布案情，充分发动群众提供线索是摸底排队的一种常用方法，是侦查工作走群众路线的一种具体体现。

公布案情要有目标、有领导、有控制、迅速及时地进行。有目标，是指应当在摸底排队范围内，即犯罪嫌疑人居住地和可能落脚藏身的区域内公布案情；有领导，是指某一案件是否公布案情，要经过领导批准；有控制，是指在分析案情时，哪些案件可以公布案情，哪些不能公布案情，哪些情节可以公布，哪些情节不能公布，应当有所选择。在不同的范围公布，详略也要有所区别。不是任何案件都可以公布案情，也不是案件中所有情节都可以公布。凡是涉及党和国家机密的案件、正在侦查中的预谋案件，不应当公布案情；凡是公布后有损被害人名誉、可能暴露侦查秘密或者会引起作案人毁灭罪证的情节，不应当公布。迅速及时公布案情，是指在案发不久，群众记忆犹新时，迅速及时地向群众公布，这样可以收到良好的效果。如果时过境迁，群众记忆不清，就会失去公布案情的意义。

在公布案情时，要向群众宣传有关的政策和法律知识，动员他们积极检举揭发，提供犯罪线索；号召犯罪嫌疑人的亲属、知情人检举揭发犯罪和规劝犯罪嫌疑人投案自首，同时促使犯罪嫌疑人主动走投案自首、坦白从宽之路。在公布案情之后，要有准备、有计划地组织群众座谈讨论，回忆发案前后的可疑人和可疑事，摆疑点，提看法，把所见所闻毫无保留地提供出来。

2. 依靠基层公安保卫组织排查犯罪嫌疑对象。公安基层派出所以及工厂、企业、机关、学校等单位的保卫组织，负责管理本地区、本单位的社会治安、户口管理和重点人口，了解居民、职工的基本情况。因此，基层公安保卫组织有进行摸底排队的有利条件。案发后，要及时组织他们参加研究，或向其介绍案情，交代摸底排队的内容、条件和任务，实行分片包干，由其在本辖区内，按照摸底排队的条件，逐户、逐人进行摸排，以发现嫌疑对象。对判明为内部人员作案的案件，要根据保卫部门在日常工作中掌握的材料进行摸排，或者在单位党政领导支持和保卫组织配合下，召开各种类型的会议，扼要地介绍案情，说明作案人的必备条件，发动职工结合平时了解的情况，提供线索。

3. 通过检索情报资料排查嫌疑对象。根据现场勘查和调查访问所了解的情况，利用作案人的体貌特征、作案手段、作案特点、作案时机、侵害对象、活动区域等条件，进行资料检索或照片辨认摸排嫌疑对象。根据现场上遗留的痕迹、物证，特别是现场遗留的指纹，通过比对指纹档案，还可以直接查获犯罪嫌疑人。要合理高效地利用公安信息网，使现代科学技术更好地为打击犯罪服务。

4. 通过秘密力量摸排犯罪嫌疑对象。案发后，根据摸底排队的条件，可以布置秘密力量到刑嫌人员和有前科劣迹的人员中，通过秘密方法寻找和发现嫌疑对象。这要求公安机关要有扎实的工作作风，重视刑事侦查基础工作建设，从而使秘密力量能够发挥其特殊作用。

（二）筛选重点

筛选重点是在普遍排查的基础上，将所排出的嫌疑对象和线索集中起来，根据摸底排队的内容、条件逐个分析、研究，调查核实，反复筛选，排除那些查无实据或者与本案无关的线索，以突出重点嫌疑，缩小侦查范围。

普遍排查，实际上是“撒网捞鱼”，利用各种渠道，多管齐下，全面出击，尽可能地去发现犯罪嫌疑线索和嫌疑对象，不使其遗漏。然而，普遍排查中所发现的大量犯罪嫌疑线索和嫌疑对象，肯定不会都是重点线索和重点对象，这就需要通过筛选工作来确定重点线索和重点对象深入侦查。可见，筛选重点其实就是一个确定重大犯罪嫌疑人的过程。所谓重大犯罪嫌疑人，就是从一般嫌疑对象中筛选出来的疑点比较突出的人。某人被确定为重大犯罪嫌疑人应当具备时空、因素和证据“三要件”。时空条件，是指作案人作案的具体时间和空间；因素条件，是指导致作案人实施犯罪的主、客观原因；证据条件，是指犯罪必然留下的证据。通过摸底排队，掌握大量犯罪嫌疑线索之后，应当组织相应力量逐人逐事地调查核实这“三要件”，对照条件反复筛选，否定一般嫌疑，将疑点落实到少数几个嫌疑人身上，为确定重大犯罪嫌疑人打下基础。

筛选重点的过程是一种侦查决策过程。这一决策的正确与否，既关系到侦查工作的成败，也反映出决策人的水平。由于刑事案件的复杂性和侦查主体认知能力的有限性，有时筛选工作需要反复进行，不断调整。如果前期筛选出来的重点，在查证核实中被否定，则应当对前期筛选中暂时排除的线索和对象进行重新分析，对其中相对较为重要的线索、对象进行查证核实。这样的工作，可以反复进行，以防止把真正的作案人轻易否定掉。

当然，如果在普遍排查过程中发现了明显的重点嫌疑对象，就不一定再与其他嫌疑线索、嫌疑对象做过多的筛选、比较，而应毫不犹豫地立即调集力量进行重点查证核实和深入侦查。

（三）网上摸排

网上摸底排队，是指借助计算机、情报与侦查信息网络平台，通过对相关信息系统的查询或者自动比对，在网上寻找、发现犯罪嫌疑人的侦查措施。网上摸排可以短时间内完成对成千上万条信息的批量比对查询，速度快、效率高，远远优于传统的人海战术式的人力排查方式，可以大大节省侦查人力、物力、财力的投入。可以广泛地适用于侵财类案件、多发类案件、流窜犯罪案件等。[①] 网上摸底排队有如下具体方式：

---

① 杨宗辉．侦查学总论．中国检察出版社，2017：273.

1. 人员基础信息的网上摸排。在公安工作系统中，可排查全国性的普通人员的姓名、照片、年龄、籍贯、户籍地、同户人员、相关证件号码等基础信息；全国范围内在逃人员、涉毒人员以及违法犯罪人员的姓名、绰号、照片、涉案情况等信息；本地人员的基础信息和本地侦查机关管控的暂住人员和重点人员的基础信息，以及逐步纳入情报信息平台的医疗、银行卡、各种会员卡等用户信息。在信息系统中可以利用这些已知信息进行组合检索、关联查询、交叉比对等操作，以便明确目标对象真实身份。

2. 活动轨迹信息的网上摸排。大数据时代，人类的活动将处处留下痕迹。活动轨迹信息从住、行、销、乐等不同角度刻画了犯罪嫌疑人在特定时间点或特定时间段所在的空间位置。轨迹信息摸排就是利用目标对象或是其同行人员的姓名、证件号码、手机号码等个人信息，在信息资源库中进行精确查询、关联比对等操作，来回溯目标对象在特定日期、特定时段内的运动轨迹或是具体位置，以确定目标对象是否有可能在特定时段内出现在犯罪的相关地点，进而明确其是否具有作案嫌疑的侦查活动。

3. 犯罪嫌疑人行为信息的网上摸排。侦查实践中，犯罪嫌疑人受犯罪行为习惯、成长环境、知识背景的影响，往往会在多次作案中选择相同或相似的作案手段，也有些犯罪嫌疑人会受到当地社会风气、生活习惯、地域环境的影响，往往会实施带有明显区域性特征的犯罪。犯罪嫌疑人行为信息的网上摸排，就是侦查人员充分挖掘犯罪痕迹所体现出的犯罪手段和特殊技能，选取对应的搜索条件在信息系统中进行检索，以此获取案件线索和犯罪嫌疑人相关信息的侦查活动。

4. 可疑交通工具信息的网上摸排。机动车是作案人出入案发现场常用的交通工具，尤其对于异地作案、流窜作案，车辆的存在大大拓展了作案人犯罪活动的空间范围，同时增加了犯罪活动的隐蔽性。交通工具信息的网上摸排，就是针对案件现场出现的可疑交通工具，结合案件的时空特点、被害人或目击者提供的交通工具外观特征，充分调取社会面监控、卡口信息，通过多角度、多途径的分析比对，进而明确嫌疑车辆，并依托相关信息资源库开展人车信息关联，梳理可疑人员，最终明确犯罪嫌疑人的侦查活动。

5. 现勘痕迹信息的网上摸排。物质交换原理告诉我们，犯罪活动是一个物质交换的过程，而犯罪痕迹就是作案人在犯罪活动过程中留在犯罪现场的物质，可以作为排查犯罪嫌疑人的重要依据。现勘痕迹信息的网上摸排，就是将现场勘查采集的犯罪痕迹信息在专门的案件信息数据库中进行检索和比对，以便发现串并案件的线索或直接认定犯罪嫌疑人的侦查活动。如利用犯罪活动过程中的物质痕迹，包括足迹、指纹、DNA、工具痕迹、微量物证等，在案件信息库中检索比对发现串案，或者排查犯罪嫌疑人；利用犯罪信息痕迹，包括手机通信痕迹、电脑上网痕迹等作案人使用信息化工具所遗留的痕迹，排查作案人的手机号码或者互联网上的虚拟身份等信息。

6. 涉互联网信息的网上排查。当前，很多刑事案件的发生都涉网。每个人在互联网上都有多重虚拟身份，根据相应网站的注册要求和用户本人的喜好，身份标识可能是一串数字，如QQ号；可能是电子邮箱，如大多数论坛；可能是手机号码，如团购网站；还可能是数字和字母符号的组合，如淘宝网等。同一个人的每个虚拟身份可能都不一样，但是根据其在不同网站的预留手机信息、邮箱验证信息、银行支付信息、个人照片信息、人脸识别信息等，侦查人员有可能将多个虚拟身份关联到同一个用户身上。因此，涉互联网信息的网上排查，就是侦查人员充分利用丰富的互联网资源和网监部门的监控资源，结合作案人的生活、娱乐、犯罪等行为与互联网的联系，检索作案人在互联网上的活动轨迹，排查其虚拟身份及对应的交往圈，最终确定犯罪嫌疑人真实身份的侦查活动。实践中，可以利用互联网搜索引擎来排查将在互联网发帖作为犯罪环节之一的作案人的相关信息，查明发帖时间、用户名、IP地址等信息，也可以通过搜索物品特征来排查可能在网上销赃的作案人相关信息。

六、摸底排队应注意的问题

摸底排队涉及面广，工作量大，时间性强，是一项十分细致的工作。为了做好摸底排队工作，防止作案人漏网，应注意以下几个问题：

（一）深入细致，避免粗枝大叶

摸底排队时，要按照摸排条件，在摸排范围内深入细致地展开摸排工作，避免心浮气躁，粗线条地开展工作，更不能走过场，使工作流于形式。否则，不但会白白浪费警力资源，还会贻误战机，造成作案人漏网。

（二）注意摸排范围的准确性和灵活性

划定摸排范围要尽量准确，不能划得太小，也不能划得太大。太小了，有可能把作案人漏掉；太大了，又会分散力量，延误战机，使作案人有喘息之机，趁机毁灭罪证，处理赃物，藏匿潜逃。如果在既定的范围内，通过深入细致的摸排工作，仍排查不出嫌疑对象，就应当及时重新分析研究案情，确定新的摸排范围，决不能顽固死守，贻误战机。

（三）切忌先入为主，偏听偏信

在摸底排队时，一定要严格按照摸排条件认真进行，决不能先入为主，主观臆断地认为哪些可以摸排，哪些不用摸排，或者不根据事实，轻率地加以肯定或者否定。工作时，不能被某些人的表现“积极”、工作“先进”、待人“热情”等假象所迷惑，要善于从“先进”“积极”的人员身上，捕捉与案件有内在联系的因素，不轻易放过任何蛛丝马迹。

（四）严守侦查秘密

摸底排队有时需要适当公布案情，发动群众提供线索，但这并不意味着可以不分情况地公布。侦查人员必须遵守侦查纪律，严格保守案件的侦查秘密，防止泄露摸排线索和与案件有关的情况，以免打草惊蛇，给侦查工作带来困难。

第六节　视频侦查

一、视频侦查的概念

视频侦查，是指在侦查破案过程中，以视频监控技术为依托，综合运用计算机信息技术、电子信息显示技术和数据库技术等，结合依法调取的视频图像，通过关联、分析、比对、预测、碰撞和研判，从中获取侦查线索和犯罪证据，查获犯罪嫌疑人，以预防、控制、揭露、证实犯罪的一种侦查措施。视频侦查被视为继刑事技术、行动技术、网侦技术之后刑事侦查的第四大技术，是侦查措施的重要创新。侦查实践中，视频侦查已逐渐成为主导性的常规侦查措施。通过以上概念的界定可以看出，视频侦查的主体是法定的侦查，其他主体不能进行视频侦查；视频侦查的支撑技术以视频监控技术为主，辅以智能解析技术、大数据技术、特征识别技术、云计算技术和人工智能方法等，视频侦查的过程就是通过涉案视频图像进行关联、比对、预测、碰撞和研判，分析查找案件线索，收集证据的过程。

二、视频侦查的性质和作用

（一）视频侦查的性质

视频侦查是侦查机关实施侦查时采用的特定方法、活动，是预防、控制、揭露、证实犯罪的专门调查工作，在性质上属于侦查措施。侦查措施是在侦查实践中不断发展、完善的，视频侦查是视频监控技术发展和应用的产物，视频监控系统催生了视频侦查，为视频侦查的实施提供了硬件基础，反过来视频侦查又促进了视频监控技术的进一步普及、发展。[①] 视频侦查的结果一般以电子

① 杨宗辉．侦查学总论．中国检察出版社，2017：373.

数据和视听资料等法定证据形式呈现。

（二）视频侦查的作用

视频侦查不仅仅局限于案发后的追查，而且贯穿于侦查犯罪行为的全过程。在不同的犯罪活动阶段，视频侦查都能够发挥重要作用。

1. 预防和控制犯罪。预防和控制犯罪是侦查机关的重要职能。犯罪行为隐蔽性强，特别是在犯罪预谋和准备阶段，往往很难被发现，但犯罪行为的危害性又容易导致其暴露。视频监控为侦查人员提供了全面的视角，侦查人员通过视频监控探头查看人群时，犯罪嫌疑人的犯罪行为往往比较突出。特别是当犯罪嫌疑人自认为四处无人时，由于心理的松懈，其犯罪行为表现得更为明显。

2. 对犯罪行为动态追踪。在当前人、财、物大流通的社会背景下，跨区域流窜犯罪、职业犯罪越来越多，这对侦查的快速反应提出了更高的要求。正如法国刑事侦查学家艾德蒙·洛卡德所指出的："侦查工作的头几个小时其重要性是不可估量的，因为失掉了时间，就等于蒸发了真理。"快速反应需要准确的情报、精确的警力调派和宏观的现场指挥。完善的视频监控网络为"可视化"指挥提供了条件。随着公共安全视频监控系统的完善，各个城市的主要街道基本上都被视频监控探头覆盖。各级公安机关一般都建立了视频监控中心，并与指挥中心联网联动。当发现犯罪嫌疑人正在实施犯罪或完成了犯罪正在逃离时，通过视频监控中心指挥出警或引导追缉堵截，将会取得事半功倍的效果。

3. 回溯监控视频，寻找认定犯罪嫌疑人。针对已发案件，侦查过程多是由果及因的逆向分析过程，因此，只有充分占有各种信息资源，才能真实地还原案发过程。视频监控能够真实地记录犯罪嫌疑人实施犯罪的整个行为过程，从而为侦查部门提供准确的侦查方向和范围。对于已发案件的视频侦查过程，多是通过调取相关视频资料进行视频分析，从中寻找与案件相关的人、车、物、事等对象，进行特征识别和比对，最后通过分析研判以及相关证据线索的应用，从而发现和认定犯罪嫌疑人的过程。①

4. 视频侦查结果助推诉讼，证实犯罪。视频侦查的结果属于视听资料或电子数据的范畴，是《刑事诉讼法》明确规定的法定证据形式之一。由于该证据类型具有客观真实性强、可靠性高的特点，所以被广泛应用于刑事诉讼。但这类证据也有其缺陷，即对客观物质材料的依赖性强，容易因被剪辑、编纂、删改等而失去真实性。所以，在视频侦查过程中，在进行此类证据的收集、保

① 许细燕，杨辉解．侦查措施．中国人民公安大学出版社，2018：88.

存、检验时，要依法履行相关手续，严格操作流程，从而保障证据的证明效力。

三、视频侦查的特点

从性质上来看，视频侦查不仅具有侦查工作的一般属性，还具有现代化侦查技术方法的独特之处。当前，视频侦查主要呈现出以下基本特点：

（一）信息性

视频侦查实际是一种获取和处理视频信息的侦查措施。通过接口技术和解码技术采集视频数据，并将这些视频数据进行浓缩、摘要和结构化处理，部分刑事案件的监控视频还需要进一步采用视频增强技术，实现视频信息的提取。在此基础上，围绕案件相关的人、车、物、事等信息进行特征识别和比对，对这些视频信息综合分析研判和处理，再将其进行可视化展示，实现案件相关视频线索和证据的应用。因此，视频侦查的过程也是处理信息的过程。

（二）专业性

随着视频侦查的广泛运用，这种侦查方法的作用越来越突出，并逐渐朝着越发专业化的方向发展。一方面，视频侦查技术涵盖了多种计算机技术和信息处理技术，依托多种系统、平台和软硬件，专业性要求高，在侦查技术方法中已经自成体系，发挥着其他侦查措施无法替代的作用。另一方面，视频侦查组成结构及主体分工越来越精细化，视频信息的处理过程逐渐标准化、规范化、制度化，人员也逐渐专业化和职业化。

（三）客观性

高科技手段和信息技术的发展，促进了视频侦查的广泛应用。视频监控技术能还原犯罪行为过程，展示案件的事实和真相，具有明显的客观性。视频侦查的结果受人为干预影响因素小，不因人的意志而改变。

（四）合法性

视频侦查是为完成侦查任务而依法进行的专门调查工作，必须在法律的框架下进行。开展视频侦查的原则、目的、主体、对象、方式等内容，都必须严格遵循相关法律规定。《公安机关办理刑事案件程序规定》《公安机关刑事案件现场勘验检查规则》《公安机关执法细则》《关于办理刑事案件收集提取和审查判断电子数据若干问题的规定》等都对视频侦查的实施提供了法律层面的约束。因此，视频侦查措施的运用必须合法合规。

（五）关联性

视频侦查的过程，也是检验案件视频信息与案件真实情况的关联性的过程。监控视频本身的可视化，再现了案件发生、发展的过程，与案情关联度相对紧密。正是因为视频侦查的结果与案件事实具有逻辑上的关联性，才能作为证据来证实犯罪。

四、视频侦查的方法

（一）特征比对法

监控视频能反映案件事实的客观性，使得侦查人员可根据视频影像中反映出的嫌疑目标特征，进行深度的比对分析，从中发现并锁定嫌疑目标或发现可用于案件侦破关键线索的显性或隐性特征，这种在视频侦查过程中对嫌疑目标进行特征查找与比对的方法称为特征比对法。特征比对法在清晰度较高的视频图像中被广泛应用，在视频图像质量较差的情况下也依然可以对嫌疑目标特征进行推断。

在侦查实践中，特征比对主要针对视频资料中的嫌疑人与嫌疑交通工具两类。对嫌疑人特征比对主要把握嫌疑人体貌、穿着、随身携带物品等特征，在视频追踪过程中利用嫌疑人个体特征对其进行长距离视频接力追踪，或在海量视频资料中锁定嫌疑人。对嫌疑交通工具特征比对主要针对的是嫌疑人所使用的交通工具上所独有的个体特征，如车辆颜色、品牌型号、车身个性贴纸、交通工具自身独有特点等。

在对特征进行识别的过程中，有时需要先采用视频增强技术，改善视频图像品质后，再通过系统进行特征比对。在实际应用中，要注意尽量使用低角度、近距离的监控图像，对明显变形的图像要进行校正，排除成像设备固有原因造成的图像干扰情况，尽量选用摄取角度近似的图像进行比对。

（二）接力追踪研判法

接力追踪研判法，是指从视频监控资料中锁定犯罪嫌疑人后，分析识别犯罪嫌疑人的样貌、身高、衣着、手持物品、行走姿态以及所使用的交通工具等一切可供辨认的特征，在其预谋准备、实施犯罪和案后逃窜的路线上，在多渠道调取的视频资料中持续寻找犯罪嫌疑人，进行视频接力追踪，刻画犯罪嫌疑人完整的活动轨迹，进而确定犯罪嫌疑人的行走路线和落脚点，以缩小侦查范围并获取案件侦破线索的一种常用视频侦查方法。该方法又分为顺线追踪法与逆向追踪法两种方式。顺线追踪法是指在视频追踪过程中，将案中、案后出现犯罪嫌疑人踪迹的各点相连，通过进行视频时间校正以及对犯罪嫌疑人移动速度的分析，按照其案后活动的时间以及空间顺序，对其定时定位的一种视频追踪研判方式。在顺线追踪中，既要以现场为中心，按已知的犯罪嫌疑人来去方向沿线逐点进行视频查看，也要根据同一方向的交通、道路情况跨越查看视频资料，以及时发现犯罪嫌疑人有无通过此处或有无调转方向。有时，在顺线追踪过程中，虽然在视频监控资料中发现并确定了犯罪嫌疑人，但其来去方向不明时，可依据犯罪嫌疑人可供辨认的特征，以现场为中心，利用周边视频监控点的布局，结合调查访问，向四周扩散搜索，以进一步发现犯罪嫌疑人的踪迹和来去方向。

逆向追踪法，是指在顺线追踪时由于监控设备局限（如数量不够、清晰度不高）或嫌疑目标自身反侦查行为（伪装、换装）等问题，导致案后视频追踪无法顺利开展的情况下，逆向倒查犯罪嫌疑人案前活动轨迹，确定犯罪嫌疑人体貌特征、所使用交通工具的特点、案前活动区域等线索，使顺线追踪能够继续进行的一种视频追踪研判方式。逆向追踪获取的线索往往可以与顺线追踪获取的信息互相印证，如犯罪嫌疑人案前最初出现的区域与案后最终消失的区域通常最有可能就是其落脚点。

（三）时空轨迹分析法

时空轨迹分析法，是指利用视频监控系统所记录的时间与北京时间进行校正后获取准确时间，连贯各监控点之间的时空关系，锁定犯罪嫌疑人案前、案中、案后所有犯罪行为的确切时间与空间，以还原犯罪嫌疑人作案全过程的一种视频侦查方法。即通过对犯罪嫌疑人时空轨迹的分析，寻找和固定犯罪嫌疑人整个作案过程的时空关系，并与犯罪嫌疑人的供述相印证，以提供定案的证据。在时空轨迹分析过程中，如果犯罪嫌疑人以正常行进速度，应在可预计的时间内通过前进道路上的监控摄像头，但如果在预计时间内犯罪嫌疑人并未出现在预期的监控摄像头下，则属于违背正常时空轨迹关系的情况，可称之为时空断点。时空断点的存在显示了可能存在犯罪行为的异常情况，而这些异常情况往往涵盖与犯罪行为有关的更多潜在性信息和线索。因此，侦查人员要对时空断点进行分析，并对断点位置进行实地踏勘，寻找断点范围内有无商店、加油站、适合抛弃作案工具或藏匿尸体等的隐蔽场所，来寻求犯罪嫌疑人花费更多时间通过某一路段的合理解释，以此发现视频监控摄像头中并未记录下的隐性信息。

（四）视频模拟实验法

视频模拟实验法，是指在视频侦查过程中，为了查明案情，明确某些情节和现象发生的条件和过程，由视频侦查部门主导，在与监控视频记录条件相同或相近的情况下，对某些情节或现象通过科学的方法进行模拟再现的一种侦查实验方法。视频模拟实验法的科学依据是物质世界的客观现象在合乎规律的条件下可以重复出现。一定现象的产生总是需要一定的条件，在一定条件的作用下又必然出现相应的现象，这种内在的必然联系决定了事物存在和发展的规律具有普遍性和重复性。因此，只要在某些相应条件的作用下，合乎规律的现象就会不断地重复出现。这就使得视频侦查人员能够通过还原案发现场条件，模拟再现涉案视频资料中的画面内容，从而使发现案件侦破线索、收集犯罪证据成为可能。

视频模拟实验大致可分为三类，即重现情节、模拟现象、印证猜测。重现情节是指通过原始监控视频拍摄设备，在相同地点、相同环境下针对涉案视频资料中的内容进行的视频内容模拟重现。例如，将涉案视频与模拟实验获得的视频中犯罪嫌疑人的行走姿态进行比对，以判断两段视频中人物的体貌特征是否有相似之处。模拟现象是指通过视频模拟实验，证实涉案视频画面中所反映的某种情况是什么因素造成的。例如，在某段夜晚的涉案视频中发现亮光，通过在相同条件下进行多次模拟实验，判断涉案视频中的亮光最有可能是烟头、手电筒还是手机发出的光亮。印证猜测是指利用视频模拟实验，证实对涉案视频画面中物品、人物、某些事件发生过程等情况的猜测是否正确。例如，对涉案视频资料中通过经验判断嫌疑人的身体高度与视频侦查实验的结果进行比对，以此印证嫌疑人最有可能的真实身高。①

在视频模拟实验中，实验条件是否与原有条件一致是影响最终实验结果是否准确以及能否印证犯罪事实的关键因素。视频模拟实验条件与原有条件差别越大，实验结果就越不准确。因此，为最大限度地增强实验结果的可靠性，必须严格遵循模拟实验实施规范、程序和步骤，保证实施条件与原监控一致或者相似，多次进行实验，实验过程必须合乎法规，并对实验结果做好翔实记录。

（五）信息关联研判法

信息关联研判法主要体现在多警联动合作机制中，是指将视频中获取的关键信息与刑侦、技侦、网侦、情报等各警种获取的案件相关线索进行信息的深度融合与碰撞，以获取案件侦办的突破口。例如，根据视频信息中所反映的犯罪嫌疑人使用手机情况，分析其通话时间、地点、主叫、被叫等细节并提供给技侦部门查证，通过异常的开关机时间节点，与案发前后时间进行碰撞，以达到进一步明确嫌疑目标的目的；在获得其手机话单和机主资料后，确定嫌疑人的真实身份，深入地调查案发前后有无通过手机与同案犯联络，进而获取同案犯身份信息。或者根据犯罪嫌疑人所使用的车辆车牌号，结合车辆外观等关联

① 许锋，何芳州．视频现场勘查及应用．东北大学出版社，2018：227.

信息，提交交管部门查证车主资料，进而将常住人口人像信息与视频监控中犯罪嫌疑人的面貌特征进行比对，以此确定嫌疑人真实身份。也可以根据犯罪嫌疑人住宿、上网登记用的身份证号码，以及网侦部门所发现的犯罪嫌疑人上网地点、时间等信息，寻找破案线索。还可以根据犯罪嫌疑人使用的银行卡、会员卡等各类实名制卡片信息，查询并调取该卡的开户信息和交易记录，并对卡内的开户记录和资金流向等情况展开研判，通过结合银行等地视频信息以及犯罪现场勘查结论，掌握犯罪嫌疑人作案规律及特点，结合公安情报部门对高危人群、高危地区发案类型的信息比对与分析，锁定犯罪嫌疑人的所属地域，为下一步的侦查工作缩小排查范围。

在公安实战中，很多案件的侦破并不是使用单一的技战法就可以实现的，而是在面对不同的情况时适时选用不同的技战法，通过多种技战法的融合最终完成案件的侦办工作。因此，随着高科技和信息技术的日益发展，将会有更多的新技术和新方法被运用到视频侦查中，运用到打击、预防犯罪的侦查全过程中。侦查人员不但要熟练运用当前视频侦查工作中所涉及的常用技战法，还要努力提升灵活运用更多技战法的视频侦查能力。

第五章　查缉控制性侦查措施

第一节　追缉堵截

一、追缉堵截的概念和作用

（一）追缉堵截的概念

追缉堵截，是指在现场勘查或侦查缉捕过程中，侦查机关发现犯罪分子或重大犯罪嫌疑人逃跑，立即组织力量，沿着其逃跑的方向、路线以及可能经由的地方进行跟踪追捕和设卡拦截的一项紧急侦查措施。追缉堵截包括追缉和堵截两个方面。其中追缉，就是根据已经掌握的犯罪分子或重大犯罪嫌疑人的体貌特征、携带物品特征、现场痕迹和遗留物所反映的情况，组织力量，沿着其可能逃跑的方向和路线寻踪追捕，查缉捕获犯罪分子或重大犯罪嫌疑人。堵截，就是在犯罪分子或重大嫌疑人逃跑时可能经过的关卡路口处布岗设卡，对其进行围堵拦截。

在侦查实践中，追缉和堵截常常同时使用，即在追缉的过程中，及时组织侦查力量在有关车站、码头、路口、关卡进行堵截，所以这两种查缉措施被统称为追缉堵截。追缉和堵截在实际运用中体现出一种“紧密结合、相互配合”的关系。没有堵截，追缉就可能失去方向和目标，不可能缉拿到犯罪嫌疑人。“在追缉方向的各关口设卡堵截，一方面能卡住犯罪嫌疑人的去路，另一方面又能截断其退路，使被追缉的犯罪嫌疑人成为瓮中之鳖。同时，紧急性的堵截多是以追缉为前提的。否则，单方面地堵截很可能劳而无功，成为无效行为。”①

（二）追缉堵截的作用

1. 有助于提高办案效率。追缉堵截是防止作案人逃避侦查的有效措施。作案人在作案后，一般总是想迅速脱离作案地区，使侦查机关难以发现，以逃避法律的制裁。作案人一旦如愿逃脱，就会给侦查工作带来一定的困难。如果追缉堵截措施运用及时、恰当，就可以在案发不久、作案人未及远逃之时将其

---

① 何家弘．新编犯罪侦查学．中国法制出版社，2007：374.

捕获归案，从而缩短侦查进程，提高办案效率。

2. 有助于防止作案人毁灭罪证。作案人作案后，在逃跑途中，因时间仓促，其所携带的作案工具、赃款赃物以及身上黏附的与犯罪有关的痕迹、物证往往来不及脱手和销毁。追缉堵截及时，就可以在截获作案人的同时在他们身上搜到这些犯罪证据，阻止其毁灭罪证，并可能在罪犯逃跑的沿途发现新的线索。

3. 有助于减少财产损失。作案人通过犯罪取得赃款赃物之后，常常会销赃变现，大肆挥霍。追缉堵截及时，可以使其在未来得及销赃、挥霍时就落入法网，从而避免或减少犯罪给国家、社会以及公民造成的财物损失。

4. 有助于防止作案人继续危害社会。追缉堵截及时，还可以制止作案人继续作案和危害社会。一些惯犯、流窜犯和严重暴力犯罪以及带有黑社会性质的犯罪团伙成员，他们或者因私欲不能得到满足，或者因受到过打击处理而对社会不满，疯狂地实施犯罪活动，对国家和人民构成严重的威胁。因此，只要具备追缉堵截的条件都应不失时机地采取这一措施，防止作案人给社会造成更大的危害。

5. 有助于防止犯罪嫌疑人越境外逃。在边境地区，一些严重刑事犯罪嫌疑人为了逃避打击，总是千方百计逃往境外。一旦逃脱出境，就会给侦查和追捕工作造成很大的困难，同时也会造成不良的国际影响。通过追缉和边境设卡堵截，可以防止犯罪嫌疑人越境外逃。

二、追缉堵截的条件

追缉堵截是缉捕犯罪分子或重大犯罪嫌疑人的一项有效的侦查措施。正确地运用这一措施，能迅速、及时地将其捕获，加快案件的侦破，促进侦查工作顺利进行。但是，运用这一措施，必须要具备一定的条件，才能起到良好的效果。否则，不仅不能及时追捕到犯罪分子和犯罪嫌疑人，反而还会浪费大量的人力、物力、财力，甚至会打草惊蛇。在实际工作中，运用追缉堵截措施应该具备以下几个条件：

（一）案件发现及时，犯罪分子或犯罪嫌疑人尚未远逃

这是采取追缉堵截的前提条件。采取追缉堵截要求从发案到布置追缉堵截的间隔时间不能太长，并且从逃跑路线的交通、地理环境分析，犯罪分子或犯罪嫌疑人没有逃远。如果案件发现时间与案件发生时间间隔较久远，犯罪分子或犯罪嫌疑人的行踪轨迹就很难确定，很显然就不再适宜进行追缉堵截。

（二）经过调查分析，已基本明确犯罪分子或犯罪嫌疑人的逃跑方向、路线

追缉堵截是一种带有方向性的查缉行动，不是盲目地遍地搜捕和漫天撒

网，因此侦查人员在采用这种措施时必须了解犯罪分子或犯罪嫌疑人可能的逃跑方向和路线。侦查实践中，了解犯罪分子或犯罪嫌疑人逃跑方向和路线的途径通常有：

1. 询问被害人或证人。在被害人与犯罪嫌疑人有正面接触或有目击证人的案件中，被害人和证人往往能够提供犯罪嫌疑人逃跑的路径和方向，据此，可以布置采用追缉堵截措施。

2. 结合现场实地勘验，研究犯罪嫌疑人在犯罪现场上和现场外围留下的足迹、车轮痕迹或其他痕迹。犯罪嫌疑人在作案后逃离现场的过程中，可能会留下可供寻查的足迹；如果使用了交通工具，还可能会留下交通工具的痕迹。根据这些痕迹进行分析判断，可以判明其逃跑的方向和路线，并以此布置追缉堵截。犯罪嫌疑人逃跑后一般希望短时间远离作案地区，但受其自身智力、技能、交通条件的限制，一定时间内只能到达一定的距离。因此，结合其逃跑的时间和使用交通工具的情况，还可以确定实施堵截的大致范围。

3. 根据犯罪嫌疑人的作案动机、生活经历、谋生技能、社会关系等情况，结合案件的性质和犯罪嫌疑人逃跑的一般规律进行判断。犯罪嫌疑人逃跑是为了逃避打击，保存自己。趋利避害，选择落脚藏身地点和新的活动地区，是犯罪嫌疑人逃跑行为的一般规律。如何趋利避害，选择什么地方作为落脚藏身的地点，往往与犯罪嫌疑人的犯罪动机、罪行严重程度、社会经历、谋生技能、社会关系等相联系。因此，对犯罪嫌疑人逃跑的情况进行分析研究，可以为追缉堵截提供一定的方向。当然，对犯罪嫌疑人逃跑方向的分析不能绝对化，而应具体案件具体分析。如有的作案人作案后，并不急于远逃，而是在现场附近的隐蔽场所躲藏，过一段时间后再外逃，借以躲避发案初的追捕。有的犯罪嫌疑人在逃跑后不与任何亲友联系，使侦查人员无法从其亲友处查明其行踪。因此，在实施追缉堵截的同时，应对现场周围进行清查，以防犯罪嫌疑人就地藏身。

（三）对犯罪嫌疑人的有关情况已基本掌握，了解其体貌特征和携带物品特征

这是实施追缉堵截措施的一个重要条件，侦查人员只有了解和掌握了犯罪嫌疑人的体貌特征和携带物品特征，才能在追缉堵截中准确地辨别和发现犯罪嫌疑人。实践中，犯罪嫌疑人的体貌特征在现场可能有比较明显的暴露，甚至可能有人熟识。在这种情况下，侦查人员可以通过开展现场访问掌握其体貌特征或者通过调取视频监控获取其影像资料。有的案件中，犯罪嫌疑人携带的作案工具或赃物特征显著或数量体积较大，还会利用汽车、摩托车等交通工具逃离现场。侦查人员掌握上述与犯罪嫌疑人相关的情况，对于有效实施追缉堵截

具有重要意义。如果了解到犯罪嫌疑人在作案过程中受了外伤，其衣物被剥脱、撕碎，或者沾染了大量的血迹、污渍、泥土、颜料等易于识别、引人注目的附着物，追缉堵截时也应该加以利用。

三、追缉堵截的方法

追缉堵截是一项时间性、策略性很强的工作，需要根据敌我双方的不同情况和客观因素，灵活机动地选择适当的方法，以保证追缉堵截取得实际效果。

（一）追缉的方法

追缉的方法有单路尾追法、两侧迂回法、分路追缉法和包剿法。在具体案件中采用何种追缉方法，主要根据追缉对象逃跑的方向是否明确以及当地的地理环境和交通状况等条件来确定。

1. 单路尾追法，是指根据犯罪嫌疑人逃跑的路线和方向，跟随其后，顺线追踪的方法。如果追缉对象逃跑的方向和路线十分明确，而且当地的地理、交通条件都不复杂，就可以采用单路尾追法，以便节省人力物力和提高效率。此方法常在侦查力量较少，通信、交通不便时单独使用。

2. 两侧迂回法，是指根据犯罪嫌疑人可能采用的声东击西、南逃北窜、绕弯子、钻巷子的伎俩，采用的中间直追、两侧迂回策应的方法，使犯罪嫌疑人始终处于被追缉堵截的范围之内，从而发现和抓获犯罪嫌疑人。如果犯罪嫌疑人逃跑的大体方向虽已明确，但具体路线并不明确，而且当地的地理、交通条件比较复杂，就可以采用两侧迂回法，以保证追缉的准确性和成功率。这种方法，可根据地形地物和我方力量等条件，采用平行迂回或交叉迂回的方式进行。

3. 分路追缉法，是指在犯罪嫌疑人可能逃跑的方向和路线上分别布置侦查力量进行跟踪追缉的方法。如果犯罪嫌疑人逃跑的方向不明显或者有多种可能，则应采取分路追缉的方法，以免顾此失彼、贻误战机。当然，根据可能性的大小，多条追缉路线应当有主次之分。

4. 包剿法。在追缉中，如果犯罪嫌疑人窜入楼群、森林、庄稼地，应采取包剿法，迅速将在逃人员包围，利用有利地形地物作掩护，逐渐缩小包围圈，发现目标后，针对不同情况采用灵活的方法将其抓获。遇有使用杀伤性或破坏威力较大的枪支、弹药等武器进行顽固抵抗，可能造成群众、民警伤亡的，以及可能给国家、集体和个人财产造成重大损失的犯罪嫌疑人，应及时果断地采取有效措施，速战速决。

5. 立体追踪法，是指运用陆、海、空交通工具，采取地面、海面追捕与空中侦查指挥相结合的追缉方法，这是追捕驾车、驾船潜逃的犯罪嫌疑人以及在地势地形复杂地带进行追捕的最佳方法。通过使用小型直升机或者无人机实现对地面目标的空中观察和位置锁定，并通过无线通信为地面、水面追捕人员提供在逃犯罪嫌疑人的逃跑方向、路线、可能的藏匿地点、使用的交通工具、携带的物品以及犯罪嫌疑人的体貌特征、衣着变化等情况，使地面、水上追捕人员能够根据空中观察的情况及时准确地把握追捕方向和路径，灵活高效地调度调整追捕力量，从而及时有效地接近犯罪嫌疑人，或者在其逃跑的方向上布置堵截围捕。

实践中，上述追缉方法不是一成不变或单一使用的，要根据犯罪嫌疑人逃跑方向路线的改变以及地理环境的变化，随时调整追缉的方法。

（二）堵截的方法

堵截，既可以采用就地关门堵截的方法，也可以采用通知有关地区协助堵截的方法。在堵截对象刚刚逃跑、估计其尚未逃出本地区时，可以迅速通知其可能逃跑方向上的各个堵卡点进行拦截，也可以派人利用高速交通工具赶往前方堵卡点进行拦截，要特别注意做好车站、码头、机场等通道的控制工作，关好“大门”，力争就地查获。如果判断堵截对象可能已逃出本地区，则应向毗邻地区和堵截对象可能逃往的地区发出通报，请求协助堵截。对严重暴力犯罪嫌疑人，应在作出紧急部署的同时报告当地政府和上级公安机关，以便获得有关部门的配合与支持，在较大范围内组织堵截。如果侦查人员已知晓堵截对象将要逃往或途经的地点，可以在组织堵截的同时派人前往该地点守候，待其出现时将其捕获。如果发现持有枪支、炸弹等危险物品的犯罪嫌疑人已逃入一定场所，应善于组织力量进行围捕，避免发生不必要的伤亡。

为了有效地维护当地社会治安秩序，及时高效地组织追缉堵截工作，公安机关可以根据当地的地理位置、环境、交通情况，组建好堵卡网络。堵卡点具有长期、稳定的特点，是在县市接合部、城乡接合部和交通要道口以及车站、码头、港口等重点地区设置的人员、车辆检查点。堵卡点的布局要因地制宜，要固定与移动相结合，长期与临时相结合，公开与秘密相结合，形成多层次的、有机联系的网络体系。有了日常的堵卡网络建设，一旦遇有犯罪分子或犯罪嫌疑人逃跑时，就可以及时出击，立即堵截，提高缉捕的成功率，以免因临时调集力量而贻误战机。

四、追缉堵截的实施要点

追缉堵截是一项重要的侦查措施，为确保此项侦查措施的有效实施，实践中应当按照以下要求组织实施：

（一）查准追缉堵截对象的体貌特征和追缉方向

判明追缉堵截的目标及其逃跑的方向和路线，是实施追缉堵截的首要条件。因此，侦查人员在调查询问中，要及时、全面地了解和掌握追缉堵截对象的性别、年龄、身高、体态、衣着，逃跑时携带的物品，乘坐的交通工具，以及逃跑的时间和方向。必要时，可以邀请当地群众，熟悉追缉堵截对象的基层干部，追缉堵截对象的亲友，以及追缉堵截对象逃跑时的目击者带领，沿着追缉堵截对象逃跑的方向进行追缉。同时，应及时将追缉堵截对象的体貌特征迅速告知有关堵截单位，以便堵截人员识别。

（二）追缉堵截要与沿途查访相结合

追缉堵截对象在逃跑途中，常常留下各种痕迹，遗弃一些随身物品，销毁证据；有的途中盗窃、抢劫、劫持车辆，改换交通工具或换装；有的还不时地改变逃跑路线和方向。追缉中通过沿途查访，及时获取这些线索和材料，对于判断其可能潜藏或逃往的地区、保持正确的追缉方向是极为重要的。在追缉堵截的过程中加强沿途查访，及时掌握追缉堵截对象逃跑的有关线索，还能为调整追缉堵截力量和追缉方案提供依据。

（三）加强对追缉堵截对象社会关系的控制

追缉堵截对象在尚未逃离本地之前，往往在其亲友、同伙处落脚，通过其社会关系获取潜逃资金、食品、衣物、凶器等，所以加强对其社会关系的控制往往能够发现其隐藏栖身处所和潜逃路线。

（四）讲求策略，避免伤亡

追缉逃跑的犯罪嫌疑人，特别是持枪犯罪嫌疑人，必须讲求策略，既要擒敌，又要避免伤亡。追缉堵截的目的是将犯罪嫌疑人缉捕归案，但犯罪嫌疑人通常不会束手就擒，往往会以种种手段进行反抗，有的不择手段伤害无辜群众，有的扣押人质、杀害人质，有的进行反扑，伤害缉捕人员。在这种情况下，就必须有相应的战术谋略和自我保护机制，如引蛇出洞，奇兵突袭；化装贴靠，秘密设伏；严密控制、逐步缩小包围圈；亲友喊话，疏导规劝；占据有利地形，设计智擒；欲擒故纵，网开一面；等等。只要根据不同情况采用相应的战术谋略，就能做到既能擒敌，又能避免伤亡。

（五）建立强有力的统一指挥中枢

追缉堵截任务艰巨，对抗性强，涉及地区广、参战警种多，如果指挥权分散，号令不统一就会使追缉堵截中的各个作战单位难以步调一致，不仅不能制服犯罪分子或犯罪嫌疑人，甚至有可能造成参战人员伤亡等严重后果。要使各方统一行动，齐心协力追缉，必须加强统一参战指挥。在接到犯罪分子或犯罪嫌疑人逃跑的报告后，指挥人员必须认真分析案情，判断犯罪分子或犯罪嫌疑人逃跑的方向、路线，迅速部署追缉堵截力量，随时收集其逃跑的线索资料，调整和协调各方的追缉行动，加强通信联络，形成强有力的指挥中枢，这是追缉堵截成功的保证。

另外，追缉堵截措施是在紧急情况下采用的，时间性和战斗性很强。这就要求指挥人员力争亲临第一线，加强具体的指挥，对各追缉小组、各堵卡网点的力量配备、所处的位置、发现的线索和预备行动的方案等情况，要全面及时地了解掌握。为此，指挥人员与各方面都要保持畅通的通信联络，做到信息传递及时、准确。一旦发现情况，指挥人员要及时通报各有关方面，针对出现的紧急情况，指挥人员要当机立断，善于作出正确的判断和相应的决策，始终掌握追缉堵截的主动权，不失时机地抓住每一个有利于行动成功的机会。

（六）发扬协作精神，力争有关部门的配合

犯罪分子或犯罪嫌疑人逃跑后，可能流窜到其他地区继续作案，危害社会。对于一些追缉堵截对象，特别是那些涉及面广和追捕范围较大的追缉堵截对象，要利用区域性联防的有利条件，互通情报，通力合作。追缉堵截是各个地区的共同任务，仅靠一点一线的布置、一个部门的孤军作战是很难奏效的，各地区、各警种要密切配合，协同作战，形成严密的查缉网络，充分发挥整体的效能。

除了注意侦查部门内部的协作之外，还要注意取得车站、码头、旅店、饭馆等单位职工群众的密切配合。侦查人员应当将追缉堵截对象的体貌特征、携带物品等情况，及时通告他们，使他们能够利用工作的便利，对可疑人员进行观察。在堵截过程中，既要注意根据案情需要布建临时卡点，也不能忽略常设性卡点的作用。同时，其他部门设置在路边的站点也可以作为堵截犯罪嫌疑人的依托和隐蔽处所。例如，因时、因地、因案地依托城市卫生、税收、收缴过路费、限运物资检查站点，对过往车辆、行人进行正面或侧面的观察、检查。

第二节　通缉通报

一、通缉的概念与作用

（一）通缉的概念

通缉是公安机关通令缉捕在逃的、应当逮捕的犯罪嫌疑人或在押脱逃罪犯的一项查缉措施，是公安机关同刑事犯罪作斗争中，加强纵向之间、横向之间的联系，互通情报、协同一致，共同查缉犯罪嫌疑人的侦查措施。通缉通常以通缉令的形式发布。通缉令可以发往各地的公安机关、国家其他机关、企事业单位、人民团体和广大人民群众。《刑事诉讼法》第一百五十五条第一款规定："应当逮捕的犯罪嫌疑人如果在逃，公安机关可以发布通缉令，采取有效措施，追捕归案。"

通缉是公安机关依法适用的法律性措施，一般情况下只在公安机关内部发布，通过查控网络，向基层侦查、治安控制力量部署实施。必要时可以视情采用各种方式向社会发布。各地公安机关可以依据通缉令对通缉对象采取强制措施，抓捕归案。人民检察院需要追捕在逃的犯罪嫌疑人时，应当由公安机关发布通缉令。任何单位和个人都有权利和义务向公安机关举报被通缉者的踪迹或直接将其扭送公安机关、人民检察院或人民法院。

近年来，随着通信技术的不断发展，新闻传播媒介在刑事侦查工作中发挥的作用越来越大。在刑事案件侦查过程中，借助电视、广播、报刊、计算机网络、智能手机等大众传播工具，传递犯罪分子的信息，通缉在逃犯罪嫌疑人，是刑事侦查工作中不可缺少的一项重要的辅助性侦查措施。

（二）通缉的作用

1. 有利于推动刑事案件侦查工作，及时揭露和打击犯罪。通缉令的发布，可以协调有关地区的行动，调动起广大人民群众的力量，及早发现在逃犯罪嫌疑人的踪迹，并将其抓捕归案。而犯罪嫌疑人的落网，是进一步查清犯罪事实真相、获取犯罪证据、进行起诉、审判程序的前提条件。

2. 有利于防止发生新的犯罪。犯罪嫌疑人逃跑后，为了生存或为了顺利逃遁和藏匿，有可能会继续犯罪。及时向其可能逃往、藏身的地区发布通缉令，可以对有关地区、部门和广大群众起到预警作用，使他们有所警惕，免受犯罪的侵害，也可以压缩犯罪嫌疑人的生存空间，使其早日落入法网，还可以震慑犯罪嫌疑人，使其不敢公开对抗，收敛犯罪行为。

3. 有利于犯罪情报资料建设。对于犯罪情报资料建设工作而言，通缉令也是一种重要的犯罪情报资料来源。对通缉令所反映出来的犯罪信息的整理、存储、研究和利用，已经成为许多地区侦查机关重要的日常业务工作内容。

二、通缉的条件和种类

根据我国《刑事诉讼法》第一百五十五条，《公安机关办理刑事案件程序规定》第二百七十四、二百七十八、二百七十九条以及《公安机关执法细则》的相关规定，通缉的形式可以包括发布通缉令、发布悬赏公告、实施边控和红色通报。具体的通缉适用的条件和种类如下：

一是应当逮捕的犯罪嫌疑人在逃，或者犯罪嫌疑人、被告人、罪犯越狱逃跑的，可以发布《通缉令》。

二是为发现重大犯罪线索，追缴涉案财物、证据，查获犯罪嫌疑人，可以发布《悬赏通告》。

三是根据办案需要，可以对犯罪嫌疑人在口岸采取边控措施。

四是需要外国警方协助查找、缉捕逃往境外的犯罪嫌疑人，可以通过国际刑事警察组织发布红色通报。

三、通缉令

（一）通缉令的适用对象

1. 通缉对象必须是已经逃跑的、有证据证明的犯罪嫌疑人或在押脱逃的犯罪分子。主要包括已被判处死刑、徒刑，在羁押、押解或讯问过程中逃跑的犯罪分子；已经被拘捕，在羁押、押解或讯问过程中逃跑的犯罪嫌疑人；经过侦查，已确定其犯罪嫌疑，准备将其逮捕但已经潜逃的犯罪嫌疑人；案件发生不久，经过侦查已有证据证明其犯有可能判处有期徒刑以上刑罚，但潜逃在外的犯罪嫌疑人。

2. 通缉对象必须是依法应该逮捕的。侦查实践中，一般只是对罪行严重，或者是社会危害性较大的罪犯或犯罪嫌疑人采取通缉措施，他们人身危险性大，不将其抓捕归案，极有可能会在社会上继续犯罪。对罪行尚未达到逮捕标准的犯罪嫌疑人，不得采用通缉措施。

3. 通缉对象必须是已经查明身份的。通缉的对象，必须是身份明确的罪犯或犯罪嫌疑人。公安机关若已经掌握通缉对象的体貌特征和逃走时的衣着特征，取得了通缉对象的外貌照片，则尽可能选用近期标准照片，如果同时具有正面和侧面半身照更好。照片可以通过搜查获取，也可由其单位提供，或劝其亲朋提供。此外，还应了解被通缉对象在出逃前是否曾表示要前往某地，或者流露出其他行动计划。获取这些情况和资料的主要方法是询问其亲友、同事、邻居和搜查其住所。

（二）发布通缉令的权限

《刑事诉讼法》第一百五十五条第二款规定："各级公安机关在自己管辖的地区以内，可以直接发布通缉令；超出自己管辖的地区，应当报请有权决定的上级机关发布。"根据此条款，县级以上公安机关经主管领导批准，有权直接向自己的辖区发布通缉令；超出自己的管辖范围，需要在省、自治区、直辖市范围内发布通缉令的，应该将通缉令原稿连同详细案情材料、清晰的照片等报送省级公安机关领导批准，由公安厅（局）刑侦部门发布；需要在全国或部分其他省、自治区、直辖市发布通缉令的，应报请公安部批准，由公安部刑侦局发布；需要在国际范围发布的，由国际刑警组织中国中心局通过国际刑警组织事务总局发布。在侦查实践中，为了减少工作环节，采取商定相互授权的方式，联防协作区内可以直接互发通缉令。

（三）通缉的程序

1. 作出通缉的决定。公安机关在办理刑事案件过程中，可以按照前述通缉的条件和发布权限并结合案件的具体情况作出通缉的决定。需要通缉犯罪嫌疑人的，办案部门制作《呈请通缉（悬赏通告）报告书》，说明犯罪嫌疑人基本情况、简要案情及通缉的范围、种类、理由等内容，报县级以上公安机关负责人批准。

2. 制作通缉令。通缉令是公安机关为了抓捕应当逮捕而在逃的犯罪嫌疑人归案而制作的一种法律文书。通缉令的内容应力求简练、明确，使人一目了然，以便协助单位和个人掌握。通缉令一般分为三个部分：

（1）标题部分。包括题目（通缉令）和发文号。

（2）内容部分。

一是案件基本情况。除了必须保密的事项以外，应当写明发案的时间、地点和简要案情。即写明在何时、何地发生了什么案件，犯罪嫌疑人采用了何种手段、实施了何种犯罪行为，造成了何种后果，利用何种交通工具逃跑；逃跑方向明确的，逃跑后的犯罪趋势明显的，以上信息都应写明。

二是通缉对象的基本情况及特征。通缉令中应当尽可能写明通缉对象的姓名、别名、曾用名、绰号、性别、年龄、民族、籍贯、出生地、户籍所在地、居住地、职业、身份证号码、衣着和体貌特征、口音、行为习惯，并附通缉对象近期照片，可以附指纹及其他物证的照片。有条件的，还应写明携带的凶器和物品特征、特殊技能及犯罪嫌疑人逃跑时同伙的自然情况和特征。特别是对携带武器、凶器、爆炸物、弹药的，一定要注明武器的种类、型号和数量等有关情况，以便在抓捕时有针对性地加以防范和应对。

三是通缉要求及联系方法。即接到通缉令后，落实查缉工作的要求，缉捕犯罪嫌疑人时应该注意的问题以及与发布机关联系的途径和方法。

（3）结尾部分。包括发文单位（以加盖公章的形式）及发文日期。

3. 发布通缉令。通缉令制作完毕后，应立即发布。通缉令的发布形式有三种：一是将通缉令发给有关单位，包括相关的公安机关、保卫部门、居民委员会和治保会等；二是通过新闻媒介发布，如广播、电视、报刊、计算机网络等；三是将通缉令张贴在有关场所，向全社会公开通缉。

4. 对通缉令补发通报。通缉令发出后，如果在侦查中发现了新的重要情况，如发现犯罪嫌疑人藏匿于新的地点、犯罪嫌疑人携带某种危险物品、面貌特征有新的改变或伪装等，原发布通缉令的公安机关可以补发通报，同时注明原通缉令的编号和发布日期。通报发布的范围可以与原通缉令发布的范围一致，也可根据新的情况，变更发布范围。

5. 查缉。有关公安机关接到通缉令后，应当及时进行部署，采取有效措施查缉犯罪嫌疑人。要组织公开或秘密力量对通缉对象可能涉足或隐藏的场所，如车站、码头、机场、旅店、交通要道等处，进行有效的控制，并随时与打击现行犯罪、对特种行业的管理结合起来进行查缉。一旦抓获犯罪嫌疑人，应当迅速通知通缉令发布机关和办案单位，并报经查获地县级以上公安机关负责人批准后，凭通缉令或相关法律文书予以羁押，并通知通缉令发布机关进行核实。办案单位应当在接到通知后七日内将犯罪嫌疑人解回。

6. 撤销通缉令。通缉令发布后，被通缉的犯罪嫌疑人归案、死亡，案件被撤销的，原发布通缉令的公安机关应在原发布范围内，及时撤销通缉令。

四、悬赏通告

（一）悬赏通告的概念

《公安机关办理刑事案件程序规定》第二百七十九条规定："为发现重大犯罪线索，追缴涉案财物、证据，查获犯罪嫌疑人，必要时，经县级以上公安机关负责人批准，可以发布悬赏通告。"

由此，悬赏通告是指公安机关为了发现犯罪线索，追缴涉案财物、证据，查获犯罪嫌疑人，用给予物质奖励等奖赏的办法公开征求广大群众帮助的一种措施。悬赏通告是通缉的一种形式，又不同于一般意义上的通缉，其目的在于调动广大人民群众同犯罪作斗争和协助公安机关侦查工作的积极性。

（二）悬赏通告的内容

悬赏通告应写明悬赏对象的基本情况。如果悬赏对象是人，则应写明犯罪嫌疑人的姓名、别名、曾用名、绰号、性别、年龄、民族、籍贯、出生地、户籍所在地、居住地、职业、身份证号码、衣着和体貌特征、口音、行为习惯，并附悬赏对象近期照片，可以附指纹及其他物证的照片。除了保密事项以外，应当写明发案的时间、地点和简要案情。如果悬赏对象是物，则应写明物品的名称、型号、规格、数量、质量、重量、特征等。为了避免悬赏中出现不必要的麻烦，公安机关应当根据承受能力写明赏金的具体数额。

（三）悬赏通告的批准与实施

悬赏通告的批准与实施与通缉令相同。

五、边控

（一）边控的概念

边控是指侦查机关通过一定法律手续提请出入境边防检查机关在我国出入境口岸采取控制措施，阻止被控制对象离开国（边）境的一种侦查行为，是通缉的一种特殊形式。

边控是出入境检查机关为维护国家主权和安全，根据国家有关法律、法规的规定，在我国对外开放的口岸通过公开检查的形式，查缉、控制危害国家安全的犯罪嫌疑人、一般刑事犯罪嫌疑人和经济犯罪嫌疑人以及各种危害国家利益的人员的重要手段，也是出入境边防检查机关的一项十分重要的政治任务。

从性质上来说，边控不同于口岸查控。口岸查控是出入境检查机关为了维护国家主权、安全与稳定，在国家对外开放口岸，通过公开检查的形式，查缉、控制不准出入境人员和其他危害国家安全人员的一项措施，是带有国家行为性质的一种行政行为，口岸查控的表现形式既可以是阻止出境，也可以是阻止入境；边控则是一种侦查措施，其表现形式为阻止出境。

（二）边控的程序

根据《中华人民共和国出境入境管理法》第十二条、第二十八条的规定，中国公民、外国人属于刑事案件被告人、犯罪嫌疑人的，不准出境；该法第六十五条同时规定，对依法决定不准出境或者不准入境的人员，决定机关应当按照规定及时通知出入境边防检查机关；不准出境、入境情形消失的，决定机关应当及时撤销不准出境、入境决定，并通知出入境边防检查机关。

根据《公安机关办理刑事案件程序规定》第二百七十八条的规定，需要对犯罪嫌疑人在口岸采取边控措施的，应当按照有关规定制作边控对象通知书，并附有关法律文书，经县级以上公安机关负责人审核后，层报省级公安机关批准，办理全国范围内的边控措施。需要限制犯罪嫌疑人人身自由的，应当附有关限制人身自由的法律文书。

紧急情况下，需要采取边控措施的，县级以上公安机关可以出具公函，先向有关口岸所在地出入境边防检查机关交控，但应当在七日以内按照规定程序办理全国范围内的边控措施。

《边控对象通知书》应写明边控对象的姓名、性别、籍贯或国籍、出生日期、体貌特征等基本情况，涉嫌的主要问题以及边控要求及发现后的处理方法，并附近期照片。

出入境边防检查机关是边控工作的具体实施单位。实施边控时，应主要按以下程序和方式进行：

1. 接控。出入境边防检查机关在接到上级公安机关或其他部门的交控通知后，应严格按照规定进行登记，并立即送主管领导审批。对条件符合、手续完备的对象，应立即交本单位主管查控的部门或人员进行布控；对不符合查控要求的，原则上应退回交控单位补充手续后再布控（但已经上级机关审核下发的除外）。

2. 布控。出入境边防检查机关主管查控的部门或人员接受查控任务后，应立即将查控对象的资料录入计算机。录入完毕，应将《边控对象通知书》按布控记录号存入档案柜严格保管，防止泄密。

3. 查控。出入境边防检查机关应当通过对出入境人员的证件检查，发现并控制在控对象的活动。

4. 发现在控对象后的处理。根据交控单位的边控要求，出入境边防检查机关发现在控对象后应阻留边控对象并扣留其所持证件阻止边控对象出境。

当犯罪嫌疑人自首、被击毙或被抓获后，发出边控通知的公安机关应当在原通知范围内及时撤销边控通知。原来通过正式的发文程序在公安机关内部发布边控通知的，仍应通过正式的发文程序通知原接到边控通知的出入境边防检查机关。

六、通报

（一）通报的概念和发布权限

通报是公安机关之间通告、交流犯罪信息，请求协助调查、提供和控制侦查破案线索、证据和犯罪嫌疑人的工作措施。简单地说，通报就是刑事侦查过程中，公安机关内部互通情报、协同侦查的一种措施。

通报与通缉不同，通报只在公安机关内部使用，不对外公布，而通缉令则可以在公开场合张贴；通报要查明的犯罪嫌疑人多不知其真实姓名，只知其体貌特征和携带物品特征，通缉对象的姓名、身份则均已明确；通报除了用于查明犯罪嫌疑人身份外，还可以用来查明无名尸体、赃物和线索，而通缉只适用于查缉在逃犯罪嫌疑人。

通报的使用权限仅限于县级以上公安机关，其他任何机关无权使用通报。通报的发布权限与通缉令的发布权限基本相同。

（二）通报的作用

1. 有利于广开侦查线索，节约侦查成本。许多案件在发生后，难以通过常规的侦查方法获得侦查线索，或在一定地区范围内很难发现有价值的线索，而派出大量人员外出调查，又受制于主客观条件的限制，难以实现。通过发布通报，使通报发布范围内的有关部门或专门力量，结合自己的日常业务工作，有针对性地进行调查，就可能有效地发现案件线索和相关重要情况。这既有利于充分发挥各地警方各自的工作优势，及时收集案件信息，又有利于减少不必要的工作量和人力、物力、财力消耗，节约侦查成本。

2. 有利于加强各地侦查机关之间的横向联系。利用通报传递犯罪信息的功能，能够使各地侦查部门了解外地的治安情况、犯罪动态，从而掌握打击和控制犯罪的主动权。通报工作能够沟通各地刑事案件的有关情况、能够从中发现可以串联在一起的相同类型的案件，据此，有关地区的侦查机关可以实施并案侦查。同时，通过对通报内容的查证工作，也可以加强各地侦查机关在工作上的交流、协作和配合。

3. 有利于收集犯罪情报资料。通报中包含刑事案件线索、犯罪嫌疑人、犯罪规律特点、犯罪手段特征及犯罪侵害目标等许多有价值的情况。这些情况既是犯罪动态情报，是侦查行动的重要依据，又是颇具研究价值的犯罪情报资料。把已经查实的通报存储归档，对日后审查惯犯、累犯具有重要的作用。对这些资料加以研究，还可以总结出许多对侦查防范工作具有指导意义的规律。对暂时没有查实的通报，通过整理、归类、存档，则可成为继续发现有关犯罪线索的对照依据。

（三）通报的分类

1. 协查失踪人通报。在实际工作中，当有人失踪后，可根据有关情况，判断其下落并印发协查通报，请有关地区公安机关协助查明失踪人员的下落。通报的内容应包括失踪人的姓名、性别、年龄、籍贯、失踪时间和失踪前出现的最后地点，并着重写明其衣着、体貌特征及随身携带的物品特征，尤其是那些便于查找、辨认的特有特征，并附上失踪人的近期照片。

2. 协查未知名尸体通报。对于发现未知名尸体的，如果经当地群众辨认仍然无法确认死者身份的，公安机关应当及时发出通报，请有关地区公安机关协助查明未知名尸体的身份。通报的内容应当包括死者的性别、尸长、大致年龄、体貌特征、随身携带的物品特征等，并附死者照片和随身物品照片。

3. 协查重大犯罪嫌疑人或流窜犯通报。正在侦查中的案件的重大犯罪嫌疑人潜逃或本地的流窜犯外流时，都可以向其可能逃往的地区发出通报，请当地公安机关协助查找。对已被拘留的身份不明的流窜犯罪嫌疑人，可根据其口音、衣着和携带的物品判断其身份和罪行。这种通报的内容除写明重大犯罪嫌疑人所涉及的是什么案件、流窜犯的流出时间、主要犯罪活动和作案手段外，应着重将其体貌特征、在当地的社会关系写清楚，并附上照片和流窜犯的指纹。

4. 协查赃物通报。有赃物的案件，为了以赃查人，应向犯罪嫌疑人可能前往活动和销赃的地区发出查控赃物的通报，请有关地区公安机关协助发现赃物线索，以便抓获案犯，亦可利用其进行并案侦查。这种通报除介绍简要案情外，应着重说明赃物的种类、数量、特征、牌号以及可供识别的暗记等。

5. 协查痕迹、物品通报。对重、特大案件中遗留有犯罪嫌疑人的指纹、足迹和其他物品的，应将发案情况，作案手段，现场遗留的痕迹、物品情况向有关地区通报，请求协查。这种通报除简要说明案情外，应着重说明现场遗留的痕迹、物品的种类、数量、特征等情况并附照片。

6. 协查案件线索通报。对判断为流窜作案的案件、久侦不破的重大疑难案件，境内外勾结走私、贩毒、倒卖文物、伪造货币等案件和线索，境外黑社会组织和刑事犯罪嫌疑人渗入活动的案件和线索可以向有关地区发出通报。此类通报的目的是请有关地区协助发现侦查线索，以便协同作战。这种通报应着重介绍案件发生的时间、犯罪嫌疑人的个人特点、作案的手段和方法、赃物的种类、数量和特征，犯罪组织的成员和活动，并附上犯罪痕迹、物证和人像照片。

7. 预警通报。实际工作中，在发生持枪或抢枪杀人、抢劫、强奸案件，重大爆炸案件，劫持飞机、轮船案件和驾车行凶等恶性案件时，在积极侦查缉捕犯罪嫌疑人的同时，还可以向其可能逃窜的地区发出预警通报，请有关地区公安机关提前做好防范，并协助堵控、缉捕犯罪嫌疑人。这种通报除介绍简要案情外，应着重说明犯罪嫌疑人的特点和特长，所用枪支、车辆的数量、种类、性能、牌号、特征及子弹的数量。

8. 协查犯罪动态信息通报。犯罪动态信息通报一般是上级侦查机关将犯罪活动的特点、规律、可能发展蔓延的趋势等重要情况及时通报给下属各级侦查机关，供部署工作、研究侦查和防控对策时参考。

（四）发布通报的要求

1. 发布、补充、撤销通报要及时。通报是时间性很强的紧急侦查措施，如果发布不及时，就会错过时机，失去发布作用。通报发出后，如果发现新的重要情况，或者原来通报的情况有误，应及时发出补充或更正的通报。补充和更正的通报中应注明原通报的编号和日期，以便接收单位查对。通报的问题被查清或解决之后，应及时向原发往地区发出撤销通报的通知。对外地发来的通报，较长时间没有接到撤销通知的，要主动向对方发函或通电查询，一经获悉犯罪嫌疑人已落网或案件已破获，应及时撤销控制工作，以免浪费警力。

2. 发布通报的范围要适当。通报的有效性取决于发布范围的准确性，没有目标地到处滥发，不仅会给接收单位增加负担，而且收不到应有的效果。因此，在发通报前要尽量把涉及的地区和范围了解清楚，判断准确，以减少盲目性。

3. 通报的内容要准确简明，语言要规范。通报要事实清楚，文字简明扼要，各种特征描述具体、准确。发出通报的单位要写明单位名称、加盖公章，并注明发文号、电话号码和联系人，以便接收单位联系和回复。

4. 对通报要认真协查，及时回复。刑侦部门之间的协作、支援是经常的、相互的，接收到通报的单位应从整体出发，认真对待，及时布置行动，积极地协助查缉和调查，不能出现失控、漏控现象。一旦有了结果，应及时通知原发文单位。

通报资料要由专人管理，经常检查清理和检索，并结合本地发生的案件进行研究，这样有利于发现并案线索，获取犯罪信息。

5. 注意保守侦查秘密。发布通报应注意保密，接收单位也不得随意扩散通报中的案情内容。如果发出单位认为有必要向群众公布通报中的某些案情，应将公布的范围和要求写清楚。

第三节 搜 查

搜查是侦查机关同犯罪行为作斗争的重要手段，是及时收集犯罪证据、查缉犯罪嫌疑人，防止其逃跑、毁灭、转移证据最常用的措施之一。我国《刑事诉讼法》第一百三十六条规定：“为了收集犯罪证据、查获犯罪人，侦查人员可以对犯罪嫌疑人以及可能隐藏罪犯或者犯罪证据的人的身体、物品、住处和其他有关的地方进行搜查。”

一、搜查的概念

搜查，是指侦查人员在侦查过程中，为了收集犯罪证据，查获犯罪嫌疑人，依法对犯罪嫌疑人以及可能隐藏罪犯或者犯罪证据的人的身体、物品、住处和其他有关的地方进行强制性搜寻、检查的侦查活动。可以从以下方面理解搜查的概念：

（一）搜查的目的

搜查的目的十分明确，就是获取犯罪证据、查获犯罪嫌疑人。搜查对于防止犯罪嫌疑人逃跑、毁证、转移证据，及时查获犯罪嫌疑人具有重要意义。

（二）搜查的主体

搜查是侦查机关一项非常重要的侦查活动，同时也涉及公民的人身权利、财产权利等，因此，搜查必须由侦查人员进行，并且要经过严格的审批程序，履行必要的法律手续。其他任何机关、团体、企事业单位或公民都不能以任何借口对公民的人身、物品和住宅进行搜查。

（三）搜查的对象

搜查的对象既包括犯罪嫌疑人的身体、物品和住所，也包括犯罪嫌疑人及其住处以外的其他人的身体、物品和住处，如犯罪嫌疑人的亲友、邻居及其物品、住处等。对于可能隐藏罪犯或者犯罪证据的“其他有关的地方”也应及时进行搜查。

二、搜查的分类

（一）按搜查的方式

搜查可分为公开搜查和秘密搜查两种。公开搜查，是指侦查人员在被搜查人或与其相关的人员及见证人在场的情况下进行的搜查，多在拘留、逮捕的同时进行；秘密搜查，是指侦查人员在被搜查人或与其相关的人员及见证人不在场的情况下进行的搜查，多在侦查的过程中进行。

（二）按搜查的对象

搜查可分为人身搜查、物品搜查和场所搜查三种。其中人身搜查又可分为身体搜查、衣物搜查和随身携带物品搜查；物品搜查可分为犯罪实物搜查和检验鉴定样本材料搜查；场所搜查可分为室内场所搜查和室外场所搜查。

（三）按搜查的次数

搜查可分为初次搜查和重复搜查两种。一般来说，搜查最好一次完成。只有经过认真研究，在条件允许的情况下，才可以进行重复搜查。

三、搜查的时机

搜查是一种非常重要的侦查措施，正确地选择搜查的时机，能够获取更多的犯罪线索和犯罪证据，提高搜查的效果和质量，推动侦查工作的顺利进行。搜查的时机主要有以下几种：

（一）在抓获现行重大犯罪嫌疑人时，应进行搜查

在抓获现行重大犯罪嫌疑人时，应立即对其人身进行搜查，防止其利用武器进行反抗或毁灭相关证据。

（二）在拘留、逮捕嫌疑人时，应进行搜查

在拘留、逮捕犯罪嫌疑人时，应立即对其人身及拘留、逮捕时的场所进行

搜查，防止其利用武器进行反抗或逃跑，并及时发现被其隐藏或毁灭的证据。

（三）在传讯重大犯罪嫌疑人的同时，应进行搜查

在传讯重大犯罪嫌疑人时，应立即对其住所、工作场所等相关场所进行搜查。

（四）当犯罪嫌疑人交代隐藏赃物罪证的情况时，应进行搜查

在犯罪嫌疑人交代藏匿赃物罪证时，应及时对藏匿赃物罪证的场所进行公开搜查，以发现相关的赃物罪证。

（五）通过秘密侦查手段发现重要犯罪证据时，应进行公开搜查

对通过秘密侦查手段发现的重要证据，应通过公开搜查的方式进行搜取。

四、公开搜查

（一）公开搜查的概念

公开搜查，是指侦查人员依据《刑事诉讼法》的规定，为收集犯罪证据，查获犯罪人，在被搜查人或与其有关的人员及见证人在场的情况下，对犯罪嫌疑人及可能隐藏犯罪证据的人的身体、物品、住处和其他有关地方进行的搜寻检查。

（二）公开搜查的法律要求与程序

搜查具有法律的强制性，它直接关系到公民个人的自由和权利，侦查人员在执行搜查任务时，必须严格遵守法律规定，遵循法定程序，履行各项法律手续。

根据《刑事诉讼法》及《公安机关办理刑事案件程序规定》的相关规定，侦查人员在进行公开搜查时，应遵循以下法律要求：

1. 搜查的主体应合法。主体合法，包括两方面的含义：一是主体的身份合法；二是主体的数量合法。即进行搜查的主体只能是侦查机关的侦查人员，其他任何机关、团体、企事业单位或个人都不能以任何借口对公民的人身、物品和住宅进行搜查；同时，执行搜查的侦查人员不得少于两人；搜查妇女的身体，应当由女侦查人员进行。

2. 搜查时应有见证人在场。进行搜查时，应当有被搜查人或者他的家属、邻居或者其他见证人在场。所谓其他见证人，一般是指被搜查人所在单位的负责人、所在地居（村）民委员会成员或者其他能够作为见证人的人。对国家机关、团体或企事业单位的工作处所进行搜查，也应当请该机关、团体或企事业单位的代表参加。搜查妇女身体的时候，应当由女工作人员进行，见证人也必

须是女性。

3. 搜查时应出示《搜查证》。搜查时应向被搜查人或其家属出示《搜查证》，并要求被搜查人或者其家属在《搜查证》的附注部分注明向其宣布的时间并签名。被搜查人或者其家属拒绝签名的，侦查人员应当在《搜查证》上注明。

侦查人员在执行拘留或逮捕的时候，遇有下列紧急情况之一的，不用《搜查证》也可以进行搜查：一是可能随身携带凶器的；二是可能隐藏爆炸、剧毒等危险物品的；三是可能隐匿、毁弃、转移犯罪证据的；四是可能隐匿其他犯罪嫌疑人的；五是其他突然发生的紧急情况。

4. 搜查前应向被搜查人讲明其义务、责任。侦查人员进行搜查时，可以要求有关单位和个人交出可以证明犯罪嫌疑人有罪或者无罪的物证、书证、视听资料等证据，并对被搜查人或者其家属说明阻碍搜查、妨碍公务应负的法律责任。如果遇到阻碍，侦查人员可以强制搜查。强制搜查无须经过审批，可由侦查人员根据搜查现场的实际情况自行判断采取，一般应当在说明法律责任、进行说服教育无果后行使。

5. 搜查应按照法律规定使用通用笔录制作《搜查笔录》。

（三）公开搜查的准备

公开搜查是直接针对犯罪嫌疑人以及可能隐藏罪犯和犯罪证据的场所进行的，必须迅速及时进行。为了保证搜查工作的顺利进行，在实施公开搜查前应做好以下准备工作：

1. 明确搜查目的。参加搜查的侦查人员应在了解相关案情的基础上明确通过搜查所要达到的目的。例如，是查获犯罪嫌疑人还是寻找犯罪证据，是搜查犯罪的赃证还是发现作案工具。侦查人员只有在搜查前明确搜查的目的和重点目标，才能在搜查中做到有的放矢。

2. 了解搜查对象。不同的搜查对象有不同的搜查重点及应注意的问题。对人身进行搜查，应主要了解被搜查对象的性别、年龄、职业、体貌特征、职业、个人爱好、作息方式、社会关系、有无携带凶器、有无特殊技能等。对场所进行搜查，应主要了解搜查场所的具体位置、内部结构、出入口情况、与邻近建筑物的关系以及居住者的生活习惯等情况。

3. 确定搜查人员。公开搜查应配备足够的侦查人员并做好分工。侦查人员的数量，应视案件的具体情况而定。如果被搜查对象是有特殊技能的犯罪嫌疑人，应选择有相应特长的侦查人员进行搜查，如有需要可以请特警增援。除了确定直接进行搜查的人员外，还应确定一定数量的警戒人员。

4. 制订搜查方案。搜查计划应包括搜查的时间、地点、对象、处所、目的、顺序、路线和重点等，参加搜查的人员及其分工，警戒力量的布置，搜查中可能出现的情况及相应的对策。

5. 做好物质准备。为了防止搜查过程中被搜查对象逃跑、行凶、毁赃灭证，保证搜查的顺利进行，应当根据案件的性质和搜查目的，准备必要的器材和工具，如枪支弹药、摄影摄像器材、照明工具、勘验工具、探测工具、交通工具、通信工具等，必要时还应请警犬训练员带警犬参加。

6. 办好法律手续。搜查实施前，办案部门应制作《呈请搜查报告书》，报县级以上公安机关负责人批准。经批准后，办案部门应制作《搜查证》，并准备好《搜查笔录》《扣押清单》等法律文书。由于情况紧急，一时无法办理《搜查证》时，侦查人员在搜查时也应出示本人身份证或人民警察证。

（四）公开搜查的方法

公开搜查一般可分为人身搜查、室内场所搜查、室外场所搜查三种。应根据案件的性质、当时的具体情况，选择合适的方法，以保证搜查活动的顺利进行。

1. 人身搜查。人身搜查，是指对犯罪嫌疑人或可能带有犯罪痕迹物证的人的身体、衣物和随身携带物品进行的搜查。人身搜查的重点是搜查犯罪嫌疑人随身携带的武器、凶器、炸药、毒药、毒品、其他赃款赃物以及身上遗留的伤痕、血迹等，进而发现犯罪证据或者侦查线索。在进行人身搜查时，应提高警惕，防止被搜查对象逃跑、自杀、行凶，同时侦查人员应注意自身安全。

人身搜查应由两名以上的侦查人员执行，一人在被搜查对象背后进行检查，其他人员负责警戒监视。搜查时，首先应该在接近被搜查对象时，对其进行喊话，然后命令被搜查对象举起双手，使其处于不能拿到任何物品行凶和不能发生意外的位置，然后检查其身上是否携带有枪支、炸药、毒药或其他凶器。如果发现，应立即收缴。在紧急情况下，一人进行搜身时，应令被搜查对象举手背对侦查人员或趴在地上，侦查人员从其背后一只手搜查，另一只手持武器进行警戒。在整个搜查过程中，侦查人员应牢牢控制住被搜查对象，防止其自杀、行凶等意外发生。

搜查时，一般按照由粗到细、由上到下、由表及里的顺序逐一进行搜查。应根据搜查的目标分析隐藏罪证的重点部位，并详细搜查。搜查时，被搜查对象身上贴膏药、扎绷带处等都属于搜查的重点部位，应进行认真、仔细的搜查。除对人体搜查外，还要对被搜查对象携带的各种物品，如手提箱、香烟、书籍等进行严格的搜索和检查，必要时可利用仪器检查，以确保不发生遗漏，发现与案件有关的物品应依法扣押。

搜查妇女的身体除了按照法律的基本要求，应当由女侦查人员进行，由女性作为见证人以外，搜查的场所也要适当地选择，并且注意对其随身携带的物品进行仔细检查。

2. 室内场所搜查。室内场所搜查包括搜查犯罪嫌疑人和犯罪痕迹物品两种情况。搜查前，应做好搜查人员的分工和各种工具的准备。同时，要对被搜查场所的准确地点、房屋结构、门窗分布、有无暗道、与邻近建筑物的关系等情况有充分的了解。在实施搜查时应做好警戒，禁止无关人员出入搜查现场。如果需要对室内建筑设施等进行破坏性搜查时，应当经办案部门负责人批准。

（1）搜查犯罪嫌疑人。在搜查前，首先要将被搜查的房间包围，把所有无关人员撤出封锁区，以防止犯罪嫌疑人劫持人质或发生误伤。同时，断绝搜查场所与外界的一切联系，禁止任何人员进出，必要时应及时切断室内电话线，屏蔽室内网络信号。在进入房间后，搜查人员应先把室内所有人员进行集中，向其出示《搜查证》，宣布搜查纪律，然后进行搜查。搜查人员之间应密切配合，充分利用室内物体作掩护，除了注意眼前的物体外，还应格外注意高处和身后的异常状况，防止犯罪嫌疑人躲在门后或暗处进行袭击。必要时可先向室内投掷催泪弹等化学弹，使犯罪嫌疑人暂时失去反抗能力，再进行搜查。对于抓获的犯罪嫌疑人，应及时进行搜身。

（2）搜查犯罪痕迹物品。搜查犯罪痕迹物品的基本要求是全面彻底，但应根据案件的具体情况，确定搜查重点和方法。在搜查前，搜查人员应根据搜查目标的大小、数量，犯罪嫌疑人或其家属的心理，确定搜查的重点部位，进行有目的的搜查。如寻找的物证是细小的物品，应该重点搜查地板、天花板、通风气孔、门窗、桌椅、床铺等部位。在搜查过程中，搜查人员要注意发现反常现象并留意隐藏罪证的秘密处所，如家具、物品的摆放有无反常状况，墙壁是否有夹层，地板是否新换过，室内有无近期形成的挖填、修补痕迹。检查墙壁是否有夹层，可用小锤敲击，如有空洞，会发出空哑的声音；检查地板下是否有暗室，可仔细观察地板缝隙中是否有泥土、地板的新旧程度是否一致、有无新起动的痕迹等。有些时候也可以借助专门的方法和仪器进行检查。在搜查过程中，搜查人员还应注意观察在场被搜查对象或其家属的神态和表情，以发现搜查线索。一般情况下，若藏有犯罪痕迹物品，被搜查对象或其家属情绪很难保持稳定。尤其是当搜查人员接近藏有犯罪痕迹物品的部位时，被搜查对象或其家属的神情一般会突然紧张起来。通过观察被搜查对象或其家属的神态，可以帮助搜查人员调整搜查方向，确定重点部位。犯罪物品的藏匿地点不明确的，应在确定搜查顺序的基础上进行全面搜查。

3. 室外场所搜查。室外场所的搜查是指对露天的可能隐藏犯罪嫌疑人和赃物罪证的场所进行的搜索和检查，也称为露天场所搜查。

室外搜查涉及的范围广，环境情况复杂，目标分散，搜查的难度大。因此，在搜查时，要根据案情的需要和具体的环境条件，划定适当的搜查范围。可以根据犯罪嫌疑人或其他知情人的供述，结合搜查现场的地理位置、周围环境的特点，划定搜查范围。在搜查中，要特别注意涵洞、桥梁、草丛、树林、水井、翻新的泥土以及其他可能隐藏赃物的部位。

对室外场所的搜查一般应采用以下方法：

（1）分区定位搜查法，即在搜查时将搜查范围划定为若干片，指定专人负责某一特定区域的搜查。这种方法适用于范围较大的空旷场所。

（2）包抄收缩法，即搜查人员先将搜查区域包围起来，再由外围逐渐向中心进行搜查。这种方法适用于高山、森林、庄稼地、草丛等视野受限、犯罪嫌疑人易于藏身的场所。

（3）逐渐扩张法，即由现场中心逐渐向外扩大搜查范围。这种方法可以无限地向外扩展，直到达到搜查目的为止。这种方法适用于森林、草丛、庄稼地等视野受限的野外场所。

（4）螺旋式搜查法，即先从现场中心为起点、螺旋式向外扩展或从外进行反方向搜查。这种方法适用于范围较小，犯罪痕迹物证比较集中的现场。

（5）打捞搜查法。对可能将作案凶器、血衣、尸体、尸块投入江湖、水库、河堤、池塘、水井等场所的，可以采用打捞的方法进行搜查。

根据案件的实际情况，有条件的还可以使用步法追踪或警犬进行辅助搜查。对搜查过程中发现的犯罪证据应及时进行扣押、提取和保全。

（五）制作《搜查笔录》

公开搜查结束后，应根据搜查的情况制作《搜查笔录》。《搜查笔录》应将搜查的起止时间记录清楚，并根据搜查的顺序写明搜查的范围。《搜查笔录》由首部、正文、尾部三部分组成。

1. 首部，主要包括文书的名称、搜查的起止时间、执行搜查的侦查人员的姓名、当事人、被搜查对象、见证人、其他在场人员、搜查的事由和目的以及搜查的地点等。

2. 正文，主要记录搜查的过程和结果。根据搜查的顺序写明搜查范围，扣押财物、文件的名称、规格、数量以及位置等，搜查中有无损坏物品现象，被搜查人及其家属是否配合等。如在搜查中对查获的有关证据进行了拍照或者录像，应当在笔录中注明。最后写明《扣押清单》的交收情况。

3. 尾部，由侦查人员、记录人和被搜查人或者其家属、邻居或者其他见证人签名或者捺指印。如果被搜查人拒绝签名或者在逃，或其家属拒绝签名、不在现场的，侦查人员应在笔录上注明。

五、秘密搜查

（略）

第四节 查封、扣押

根据《刑事诉讼法》第一百四十一条的规定，为了收集、保全刑事诉讼证据，防止证据被隐匿、毁损等情况发生，保证刑事诉讼活动能够顺利进行，侦查机关有权查封、扣押侦查活动中发现的可用以证明犯罪嫌疑人有罪或者无罪的各种财物、文件，并加以妥善保管。查封、扣押涉及公民的财产权等相关权利，必须依法进行，不得随意查封、扣押与案件无关的财物、文件。

一、查封、扣押的概念及适用对象

（一）查封、扣押的概念

查封、扣押，是指侦查人员在侦查活动中，发现能够证明犯罪嫌疑人有罪或者无罪的财物和文件，依法予以提取、封存的一种侦查措施。

查封、扣押的目的是提取和保全证据，以准确地认定犯罪。因此，在侦查活动中对能够证明犯罪嫌疑人有罪或者无罪的财物、文件等证据进行查封、扣押是刑事侦查活动顺利进行的必要保证。

（二）查封、扣押的适用对象

侦查实践中，查封、扣押通常在搜查或者现场勘查的过程中进行，也可以单独进行。“可用以证明犯罪嫌疑人有罪或者无罪的各种财物和文件”是指能够证明犯罪嫌疑人有罪或无罪、罪重或罪轻的物证、书证及视听资料等。其中，财物是指可作为证据使用的财产和物品，包括动产和不动产。

查封主要针对侦查过程中发现的能够证明犯罪嫌疑人有罪或者无罪的土地、房屋等不动产，或者船舶、航空器以及其他不宜移动的大型机器、设备等特定动产。

扣押的对象则包括一切可以证明犯罪嫌疑人有罪或无罪的物品和文件。

对于勘验、检查中提取的财物、文件，现场难以确定可否用以证明犯罪嫌疑人有罪或者无罪，需要进一步甄别和采取控制保全措施的，应当予以查封、扣押。现场勘查中对于有可能成为痕迹物证载体的物品、文件，也应当扣押。

为了保障犯罪嫌疑人的合法权益，与案件无关的财物、文件，不得查封、扣押。但是如果发现有违禁物品，如淫秽物品、毒品等；危险物品，如非法收藏的枪支、弹药、爆炸物品、剧毒物品等，不管是否与本案有关，都应当予以扣押，并交有关部门处理。

二、查封、扣押的法律程序

（一）查封、扣押的批准与决定

在侦查过程中需要扣押财物、文件的，侦查人员应当制作《呈请扣押报告书》，经办案部门负责人批准后，制作《扣押决定书》；在现场勘查或者搜查中需要扣押财物、文件的，由现场指挥人员决定；但扣押财物、文件价值较高或者可能严重影响正常生产经营的，办案部门应当制作《呈请扣押报告书》，经县级以上公安机关负责人批准后，制作《扣押决定书》。扣押犯罪嫌疑人的邮件、电子邮件、电报的，办案部门应当制作《呈请扣押邮件/电报报告书》，报县级以上公安机关负责人批准后，制作《扣押邮件/电报通知书》。

在侦查过程中需要查封土地、房屋等不动产，或者船舶、航空器以及其他不宜移动的大型机器、设备等特定动产的，办案部门应当制作《呈请查封报告书》，经县级以上公安机关负责人批准后，制作《查封决定书》。查封涉案土地和房屋的面积、金额较大的，应当经设区的市一级以上公安机关负责人批准，并制作《查封决定书》。对以公益为目的的教育、医疗、卫生以及社会福利机构等场所、设施，保障性住房，原则上不得查封。确有必要查封的，应当经设区的市一级以上公安机关负责人批准。

（二）查封、扣押的执行

1. 执行主体。执行查封、扣押的侦查人员不得少于二人，并持有依据法律规定所制作的《扣押决定书》或者《查封决定书》以及人民警察证。

2. 查封、扣押前的告知。执行查封、扣押时，应通知有关当事人、见证人到场，向被查封、扣押人出示有关法律文书、人民警察证，并告知其查封、扣押的理由、依据以及如实提供证据、配合查封、扣押的义务。

3. 查封、扣押财物、文件的清点和清单的开列。对查封、扣押的财物和文件，应当会同在场见证人和被查封、扣押财物、文件的持有人查点清楚，当场开列《查封清单》《扣押清单》一式三份，写明财物或者文件的名称、编号、数量、特征及其来源等，由侦查人员、持有人和见证人签名，一份交给持有人，一份交给公安机关保管人员，一份连同照片、录像资料或者查封、扣押的产权证照附卷备查。

对于财物、文件的持有人无法确定，以及持有人不在现场或者持有人拒绝签名的，侦查人员应当在清单中注明。

依法扣押文物、贵金属、珠宝、字画等贵重财物的，应当拍照或者录像，并及时鉴定、估价。

对作为犯罪证据但不便提取或者没有必要提取的财物、文件，经登记、拍照或者录音录像、估价后，可以交财物、文件持有人保管或者封存，并且开具《登记保存清单》一式两份，由侦查人员、持有人和见证人签名，一份交给财物、文件持有人，另一份连同照片或者录像资料附卷备查。财物、文件持有人应当妥善保管，不得转移、变卖、毁损。

4. 制作笔录。查封、扣押的情况应当制作相应的《查封笔录》《扣押笔录》，由侦查人员、持有人和见证人签名。对于无法确定持有人或者持有人拒绝签名的，侦查人员应当在笔录中注明。在勘验、检查、搜查过程中查封、扣押的，已制作有关笔录记明查封、扣押情况的，无须再制作《查封笔录》《扣押笔录》。

三、对查封、扣押的财物、文件的保管

对查封、扣押的财物及其孳息、文件，公安机关应当妥善保管，以供核查。任何单位和个人不得违规使用、调换、损毁或者自行处理。

对容易腐烂变质及其他不易保管的财物，可以根据具体情况，经县级以上公安机关负责人批准，在拍照或者录像后委托有关部门变卖、拍卖，变卖、拍卖的价款暂予保存，待诉讼终结后一并处理。

对违禁品，应当依照国家有关规定处理；对于需要作为证据使用的，应当在诉讼终结后处理。

四、查封、扣押的解除与相关财物、文件的处理

对于查封、扣押的财物、文件、邮件、电子邮件、电报，经查明确实与案件无关或者不需要继续查封、扣押的，应当在三日内解除查封、扣押，退还原主或者原邮政、电信部门、网络服务单位。原主不明确的，应当采取公告方式告知原主认领。在通知原主或者公告后六个月内，无人认领的，按照无主财物处理，登记后上缴国库。

对于不需要继续扣押的犯罪嫌疑人的邮件、电子邮件、电报，经县级以上公安机关负责人批准，制作《解除扣押邮件/电报通知书》，立即通知邮电部门或者网络服务单位。

对被害人的合法财产及其孳息权属明确无争议，并且涉嫌犯罪事实已经查证属实的，应当在登记、拍照或者录音录像、估价后及时返还，并在案卷中注

明返还的理由，将原物照片、清单和被害人的领取手续存卷备查。

查找不到被害人，或者通知被害人后，无人领取的，应当将有关财产及其孳息随案移送。

对查封、扣押的犯罪嫌疑人的财物及孳息、文件，作为证据使用的，应随案移送，并制作《随案移送清单》一式两份，一份留存，另一份交人民检察院。对于实物不宜移送的，应当将其清单、照片或其他证明文件随案移送。待人民法院作出生效判决后，按照人民法院的通知，上缴国库或者依法予以返还，并向人民法院送交回执。人民法院未作出处理的，应当征求人民法院意见，并根据人民法院的决定依法作出处理。

第五节　查询、冻结

《刑事诉讼法》第一百四十四条规定，人民检察院、公安机关根据侦查犯罪的需要，可以依照规定查询、冻结犯罪嫌疑人的存款、汇款、债券、股票、基金份额等财产。查询、冻结通常是针对经济犯罪案件或者侵财性犯罪案件使用的侦查措施。该措施的运用可以及时查明并冻结犯罪嫌疑人的涉案财产，有利于最大限度地减少、挽回国家和公民的财产损失，保护国家、集体、个人的经济利益，及时发现犯罪线索，防止赃款转移，为揭露、证实犯罪提供证据。

一、查询、冻结的概念

查询、冻结是指侦查机关根据侦查犯罪的需要，依据有关规定，向银行或者其他金融机构查询犯罪嫌疑人的存款、汇款、债券、股票、基金份额等财产，以及通知上述机构、部门停止支付或兑换犯罪嫌疑人的存款、汇款、债券、股票、基金份额等财产的侦查措施。

其中，所谓的查询存款、汇款、债券、股票、基金股份等财产，主要是针对犯罪嫌疑人的开户银行账号，债券、股票、基金交易账号，存款、取款、汇款时间、次数、金额、经手人、汇款人、取款人姓名、地址，债券、股票、基金交易时间、次数、金额，交易人姓名、地址等情况进行的调查询问；所谓的冻结存款、汇款、债券、股票、基金份额等财产，是指通知有关银行、其他金融机构或邮局对犯罪嫌疑人的存款汇款、债券、股票、基金份额等财产暂时不准予提取、停止交易的措施。

二、查询、冻结的条件

根据《刑事诉讼法》及有关规定，公安机关根据侦查犯罪的需要，可以查询、冻结犯罪嫌疑人的存款、汇款、债券、股票、基金份额等财产。对此条件应从以下三方面进行理解：

（一）查询、冻结应当在“侦查工作的需要”时适用

从侦查实践出发，“侦查工作的需要”主要体现在如下情形：所要查询、冻结的犯罪嫌疑人财产必须与犯罪嫌疑人及犯罪行为有关，通过查询、冻结相关财产有助于查明案情，查清犯罪嫌疑人有罪、无罪、罪轻或者罪重的事实；通过查询、冻结相关财产，可以防止赃款转移，挽回减少财产损失；通过查询、冻结相关财产，可以发现新的犯罪线索，扩大侦查战果。

（二）查询、冻结应当针对“犯罪嫌疑人的财产”

所谓“犯罪嫌疑人的财产”，既包括犯罪嫌疑人原本已经持有的存款、汇款、证券、证券交易结算资金、投资权益、股权等财产，也包括其通过违法所得变现、购买的上述财产；既包括犯罪嫌疑人以本人的名义所持有的存款、汇款、债券、股票、基金份额等财产，也包括犯罪嫌疑人以其他人的名义所持有的上述财产。

（三）查询、冻结应当“依照规定”进行

“依照规定”是指依照有关法律、司法解释及司法机关与有关部门的联合通知进行查询、冻结。

三、查询、冻结的法律程序

根据《刑事诉讼法》第一百四十四条的规定，公安机关根据侦查犯罪的需要，可以依照规定查询、冻结犯罪嫌疑人的存款、汇款、债券、股票、基金份额等财产。具体的，应按照以下法定程序执行。

（一）查询的批准与执行

1. 呈批。向有关单位查询犯罪嫌疑人财产的，办案部门应当制作《呈请查询财产报告书》，报县级以上公安机关负责人批准。《呈请查询财产报告书》内容包括：简要案情，被查询个人或单位的名称，涉及的具体金融机构或者其他单位，查询的具体理由、法律依据等。

2. 批准。县级以上公安机关负责人批准后，办案部门制作《协助查询财产通知书》。

3. 执行。由两名以上侦查人员持人民警察证和加盖县级以上公安机关公章的《协助查询财产通知书》，到协助查询的单位现场办理。无法现场办理完毕的，提出协助要求的公安机关可以指派至少一名侦查人员持人民警察证和单位介绍信到协助查询的单位取回反馈结果。

解除冻结的，应将《协助查询财产通知书》正本和回执联交有关单位协助查询。正本由协助查询单位留存，作为协助查询犯罪嫌疑人财产的依据。回执联和有关查询材料由协助查询单位填写并加盖公章或者查询专用章后退回公安机关，侦查终结时存入诉讼卷。

4. 异地查询。需要跨地区办理查询的，可以持《协助查询财产通知书》、人民警察证、办案协作函，与协作地县级以上公安机关联系，协作地公安机关应当协助执行。办案地公安机关可以通过信息化应用系统传输加盖电子签章的办案协作函和相关法律文书，或者将办案协作函和相关法律文书及凭证传真至协作地公安机关。协作地公安机关接收后，经审查确认，在传来的法律文书上加盖本地公安机关印章，由两名以上侦查人员持人民警察证到有关单位现场办理。

5. 集中查询。涉案账户较多，办案地公安机关需要对其集中查询的，可以按照法定程序办理集中查询。如果需要查询的账户属于同一省、自治区、直辖市的，则由办案地公安机关出具《协助查询财产通知书》，逐级上报经省级公安机关的相关业务部门批准后，由办案地公安机关指派两名以上侦查人员持人民警察证和《协助查询财产通知书》原件，到有关银行业金融机构的省、自治区、直辖市、计划单列市分行或其授权的分支机构要求办理。如果需要查询的账户分属不同省、自治区、直辖市的，由办案地公安机关出具《协助查询财产通知书》，逐级上报并经省级公安机关负责人批准后，由办案地公安机关指派两名以上侦查人员持人民警察证和《协助查询财产通知书》原件，到有关银行业金融机构总部或其授权的分支机构要求办理。

（二）冻结的批准与执行

1. 呈批。需要冻结财产的，办案部门应当制作《呈请冻结财产报告书》，报县级以上公安机关负责人批准。《呈请冻结财产报告书》内容包括：简要案情，拟冻结个人或单位的名称、账户、数额，涉及的具体的金融机构等单位，冻结的具体理由、期限、法律依据等。

2. 批准。县级以上公安机关负责人批准后，办案部门制作《协助冻结财产通知书》，写明冻结财产的账户名称及其号码，冻结的数额、期限、范围以及是否及于孳息等事项。冻结股权、保单权益的，应当经设区的市一级公安机关负责人批准；冻结上市公司股权的，应当经省级以上公安机关负责人批准。

3. 实施冻结。由两名以上侦查人员持人民警察证和加盖县级以上公安机关公章的《协助冻结财产通知书》，到协助冻结的单位现场办理。无法现场办理完毕的，提出协助要求的公安机关可以指派至少一名侦查人员持人民警察证和单位介绍信到协助冻结的单位取回反馈结果。

将《协助冻结财产通知书》正本和回执联交银行等单位协助冻结。正本由协助冻结单位留存，作为协助冻结犯罪嫌疑人财产的依据。回执联由协助冻结单位填写并加盖公章后退回公安机关，侦查终结时存入诉讼卷。

4. 轮候冻结。已被有关国家机关依法冻结的涉案财物，不得重复冻结。需要轮候冻结的，应当按照有关部门共同发布的规定执行。

5. 冻结期限。根据《公安机关办理刑事案件程序规定》第二百四十三条的规定，冻结存款、汇款、证券交易金、期货保证金等财产的期限为六个月。第二百四十四条规定，冻结债券、股票、基金份额等证券的期限为二年。第二百四十五条规定，冻结股权，保单权益或投资权益的期限为六个月，有特殊原因需要延长期限的，公安机关应当在冻结期限届满前办理继续冻结手续。每次续冻存款、汇款等财产的期限最长不得超过六个月；每次续冻债券、股票、基金份额等证券的期限最长不得超过二年。继续冻结的，应当按照本规定关于冻结程序的相关规定重新办理冻结手续。逾期不办理继续冻结手续的，视为自动解除冻结。

这里的“特殊原因”通常包括以下情形：一是重大、复杂的案件，期限届满不能侦查终结的；二是犯罪嫌疑人可能判处十年以上有期徒刑，期限届满不能侦查终结；三是在侦查期间，发现犯罪嫌疑人另有重大罪行等情况的。

四、对被冻结财产的处理

（一）对被冻结财产的出售和变现

根据《公安机关办理刑事案件程序规定》第二百四十六条的规定，对冻结的债券、股票、基金份额等财产，应当告知当事人或者其法定代理人、委托代理人有权申请出售。

权利人书面申请出售被冻结的债券、股票、基金份额等财产，不损害国家利益、被害人、其他权利人利益，不影响诉讼正常进行的，以及冻结的汇票、本票、支票的有效期即将届满的，经县级以上公安机关负责人批准，可以依法出售或者变现，所得价款应当继续冻结在其对应的银行账户中；没有对应的银行账户的，所得价款由公安机关在银行指定专门账户保管，并及时告知当事人或者其近亲属。

（二）解除冻结

根据《公安机关办理刑事案件程序规定》第二百四十七条的规定，对冻结的财产经查明确实与案件无关的，应当在三日内通知金融机构等单位解除冻结，并通知被冻结财产的所有人。

1. 解除条件。经查明冻结的财物确实与案件无关的，应当在三日内解除冻结；对于随案移交的财物，人民检察院继续冻结，书面通知公安机关解除原冻结措施的，公安机关应当解除冻结；人民检察院决定不起诉并对涉案财物解除冻结的案件，公安机关应当在接到通知后的三日内，对不宜移送而未随案移送的财物解除冻结；公安机关决定撤销案件或者对犯罪嫌疑人终止侦查的，应当在作出决定的三日内对侦查中冻结的涉案财物解除冻结。

2. 解除程序。

（1）呈批。办案部门制作《呈请解除冻结财产报告书》，报原决定冻结的公安机关负责人批准。《呈请解除冻结财产报告书》内容包括：简要案情，拟解除冻结个人或单位的名称、账户、数额，涉及的具体的金融机构等单位，解除冻结的具体理由、法律依据等。

（2）批准。县级以上公安机关负责人批准后，办案部门制作《协助解除冻结财产通知书》。

（3）解除。由两名以上侦查人员持人民警察证和加盖县级以上公安机关公章的《协助解除冻结财产通知书》，到协助冻结的单位现场办理。无法现场办理完毕的，提出协助要求的公安机关可以指派至少一名侦查人员持人民警察证和单位介绍信到协助查询的单位取回反馈结果。

解除冻结的，应将《协助解除冻结财产通知书》正本及回执联送达协助解除冻结的单位。正本由协助解除冻结的单位留存，作为解除冻结的依据。回执联由协助解除冻结的单位填写并加盖公章后退回公安机关，侦查终结时存入诉讼卷。

（4）通知。解除冻结时，应当通知被冻结存款、汇款、债券、股票、基金份额等财产所有人，并在《协助解除冻结财产通知书》回执联中注明通知情况。

第六节 阵地控制

一、阵地控制的概念

（一）阵地控制的概念

侦查工作中的阵地，是指侦查机关与犯罪嫌疑人经常进行斗争的场所，也就是侦查机关进行侦查活动所占据的地区、场所和行业。犯罪嫌疑人的活动，离不开一定的地方或场所，而有些地点、行业和场所是犯罪嫌疑人经常涉足的处所。他们作案时，总是选择一些易于得逞、便于逃跑、不易发现的地段、部位和场所；逃跑和搬运赃物，常常会使用一些交通工具；销售赃物，会千方百计地选择一些隐蔽的地段、行业和处所；落脚藏身，大多离不开旅馆、饭店、招待所之类的吃、住行业；挥霍赃款，常常会热衷于灯红酒绿的场所。因此，侦查机关如能把犯罪嫌疑人经常涉足的这些场所控制起来，就取得了与犯罪活动作斗争的主动权。

阵地控制，是指侦查机关对犯罪嫌疑人吃、住、行、销、玩等复杂地区、场所和行业，进行公开管理和秘密控制，以便及时发现、揭露、证实犯罪，查缉犯罪嫌疑人的一项侦查措施。阵地控制既是一项重要的基础业务工作，也是一项具有重要实践意义的侦查措施。

（二）阵地控制的形式

阵地控制主要采取公开管理和秘密控制两种形式。

1. 公开管理，是指公安机关依照法律法规对特定的部门和行业进行日常管理，并在此过程中收集有关犯罪情报的活动。如公安机关在对酒吧、歌舞厅等特种行业进行日常管理和查处违法行为时，要特别注意这些场所是否有犯罪的迹象。侦查工作中的阵地大部分属于公安机关管理的特种行业范畴，加强对特种行业的监督和检查，及时搜集刑事犯罪活动的情报，搞好公开管理模式下的阵地控制，是预防和打击犯罪的重要途径。

2. 秘密控制，是指侦查部门或者治安管理部门，在犯罪活动频繁、治安问题多发的行业和部位，布建秘密力量对侦查阵地进行控制的活动。也就是在特定行业中选建秘密力量，以职业为掩护，采取上与下、点与面相结合的方法对犯罪嫌疑人易于出没、落脚的场所或行业进行控制，确保打击和预防犯罪工作的成效。

二、阵地控制的作用

阵地控制是控制社会面的一项重要工作，是预防和打击犯罪活动的重要措施。通过阵地控制，不仅可以获取犯罪情报资料，提高破案率，而且可以发现和掌握预谋犯罪的情况，发现和打击现行犯罪活动，查缉、捕获犯罪嫌疑人，因此，阵地控制在刑事办案中具有极其重要的作用。

（一）有利于发现侦查线索

侦查工作的重要任务之一，就是对已经造成危害结果的各种案件进行侦破。而侦破工作的关键性环节，就是发现有价值的线索。阵地控制是发现侦查线索的一种有效途径，可以根据犯罪嫌疑人的体貌特征，来发现其作案后逃跑、落脚藏身的迹象；可以根据损失财物的特征，来发现赃物的下落和赃款的支取、兑换和挥霍使用情况等。

（二）有利于及时发现现行犯罪活动

阵地控制是一种张网以待、防控结合的工作措施，能够严密防范和控制犯罪嫌疑人的作案、销赃、落脚、藏身等活动。从防范和控制犯罪嫌疑人作案来说，只要公安机关广泛发动群众，实行群防群治，真正落实控制措施，就可以及时地发现现行犯罪活动，把犯罪制止在预谋或实施阶段，防止和减少危害的发生。

（三）有利于收集动态犯罪信息

犯罪嫌疑人作案目标的选择、落脚藏身的变化、销赃方式的翻新、流窜方向和区域的改变等，都是一种动态性的犯罪信息，这些犯罪信息，有很大一部分可以通过阵地控制来收集。因为阵地控制的处所是犯罪嫌疑人经常涉足的地方，必然会反映出犯罪活动的动态信息。收集、研究动态犯罪信息，对于预测某一地区或某一时期的犯罪发展趋势、制定侦防对策具有重要意义。

（四）有利于强化侦查协作

在人、财、物大量流动的今天，流窜作案、异地销赃的现象越来越突出，要加强打击力度，就必须强化侦查协作。通过阵地控制，可以加强国家之间、地区之间、系统之间在堵截、查获赃款赃物和犯罪嫌疑人方面的侦查协作，从而更有力地打击国际、国内的犯罪活动。

三、阵地控制的范围

阵地控制的范围是根据犯罪嫌疑人的活动场所确定的，主要包括犯罪嫌疑人经常涉足作案、交往联络以及吃、住、行、销、玩等地方。具体包括以下四个方面：

（一）重点地区

重点地区主要包括国家对外开放的口岸、边境贸易场所、重要车站、码头、机场、繁华商业区、旅游区、居住人员复杂的地段（如出租房屋、暂住人口较多的城郊接合部、建筑行业的工棚）以及经常发生案件的地段（如案件多发的居民住宅区、施工地段、“两抢”案件的常发地段等）。主要控制境外的犯罪嫌疑人和违禁物品进入我国境内，协助堵截、缉捕犯罪嫌疑人；控制犯罪嫌疑人的落脚藏身、作案、逃跑、销赃等环节。

（二）交通工具

交通工具包括火车、飞机、轮船、公共汽车、出租车、三轮车等。主要控制犯罪嫌疑人作案后逃离本地区，转移、运输赃物和在交通工具上进行抢劫、扒窃、诈骗、寻衅滋事等犯罪活动，发现侦破线索，维护公共交通秩序和安全。

（三）复杂场所

1. 娱乐场所。包括夜总会、歌舞厅、影剧院、俱乐部、体育馆等健身娱乐场所。

2. 商业场所。包括大型商场、小商品市场、集贸市场、证券交易市场、机动车交易市场等各种交易场所。

3. 游览场所。包括展览馆、陈列馆、博物馆等文化场所。

这些复杂场所既是犯罪嫌疑人挥霍、享受的地方，也常常是他们接头联络、物色买主、洽谈交易的地点，要注意通过公开管理和秘密控制，及时发现犯罪线索。

（四）特种行业

特种行业包括宾馆、旅店、招待所、饭店、酒店、饮食店等吃住行业；旧货回收店、废品收购店、古玩店、委托行、典当行等旧货行业；印刷、铸字、刻章、复印、制证等印刷行业；修理汽车、摩托车、自行车、钟表、数码产品、家电等的修理行业；金银饰品加工行业；银行、储蓄所、信用社等金融行业；发廊、美容美发厅、洗脚屋等。主要控制犯罪嫌疑人的落脚藏身，修理、改装、销售赃物，印制犯罪工具和进行违法犯罪活动等可能行为或发现的可疑线索。

阵地控制的范围，涉及侦查机关防范打击犯罪与有关行业合法经营的关系问题。如果阵地范围过小，该控制的行业或场所没有得到有效的控制，则不利于侦查机关及时发现与查缉犯罪嫌疑人；反之，如果侦查机关对本来不应该控制的行业、场所进行了控制，不但分散了精力、降低了有限资源的利用效率，而且对相关行业的经营也会造成不应有的负面影响。因此，阵地控制的范围是根据当时当地犯罪活动的情况确定的，随着社会经济、文化生活的发展和犯罪活动的变化，要不断调整。另外，不同的地区除了一些应该控制的共同性场所外，还可能有一些不同的控制重点，侦查实践中要结合各地的具体情况来有针对性地确定。

四、阵地控制的方法

阵地控制要坚持专门工作与群众工作相结合、秘密工作与公开工作相结合的原则，针对不同地区和不同场所有重点、有针对性地采取措施。阵地控制常用的方法主要有以下几种：

（一）组织专门力量控制

专门力量控制是指侦查机关组织专门力量对刑事阵地进行的控制。具体表现为：一是公安机关组建公路和街道巡逻民警，车站、码头派出所，反扒窃侦查队等专门力量进行控制。二是在繁华商业区、大型商场、公共娱乐场所、旅游景点、居民住宅区、高档宾馆、大型厂矿企业、重点工程建设基地等部位组建保安队、护厂队、护路队等专门力量进行控制。这些专门力量由于人员相对稳定，任务比较单一，对所控制的阵地比较熟悉，并有一定的控制经验，因此，工作起来效果比较好。例如，在公共汽车和大型商业区建立的反扒窃侦查队伍，由于经常研究车上和大型商业活动中的扒窃等违法犯罪活动的规律特点，并积累了控制工作中的成功经验，通常能有效地控制这些场所。

（二）布建秘密力量控制

秘密力量控制，是侦查机关按照公安机关的有关规定，在犯罪嫌疑人经常涉足的吃、住、行、销、玩等场所，物建一定数量的秘密力量，协助做好阵地控制工作。秘密力量的建立和指挥使用要专人负责，经营干部要经常对秘密力量进行政策、法律教育和业务指导，一旦发现情况，要沉着冷静，稳住局面并及时报告。布建阵地控制的秘密力量，要统筹考虑，统一规划，合理布局，形成网络。秘密力量的多少要与当时当地的地理环境和社会治安状况相匹配，秘密力量的作用要与当时当地的阵地控制任务相适应。

（三）采用公开管理控制

采用公开管理控制，就是通过公安、工商、税务、海关、出入境等部门的公开行政管理活动，实现阵地控制的目的。这种方法多适用于交易场所、特种行业和边境口岸等。在交易场所、集贸市场的控制中，可由工商、税务部门，市场管理委员会，市场治安办公室等部门出面，利用日常管理和查处有关违章行为的有利条件，通过工商、税务、物价、卫生、计量等行政管理工作，注意发现犯罪活动的可疑迹象和管理工作中的薄弱环节，共同做好控制工作。

（四）发动行业职工控制

发动行业职工控制，就是利用有关行业职工工作岗位上的便利条件，调动他们在工作中发现违法犯罪迹象的积极性，协助公安机关做好阵地控制工作。在目前条件下，车站、码头、机场的售票员、检票员、行李托运员，公共汽车上的司售人员，特种行业的服务人员等，都是进行阵地控制的依靠力量。他们直接为群众服务，接触面广，经验丰富，只要提高警惕，就能发现各种犯罪迹象。侦查机关要与这些单位的党、政组织密切配合，做好教育发动职工的工作，要求他们遵纪守法，提高警惕，增强法制观念和治安责任感，调动他们与违法犯罪活动作斗争的积极性，并定期对行业职工进行治安保卫知识的培训，提高他们应付、控制、扭送违法犯罪嫌疑人的能力，以形成严密的控制网。

（五）运用现代技术控制

使用技术手段控制，就是在要害部位和有关公共场所通过安装自动报警装置和电子监控系统等技术装置，采取技术手段进行控制，从而达到控制违法犯罪活动的目的。现代技术装置的控制，不仅不受时间和空间的限制，还可以弥补人力观察和感知范围的局限性，扩大控制工作的覆盖面，提高控制工作的效率，从而在整体上提高发现和控制犯罪的能力。需要指出的是，一些报警、监控装置还存在一定的局限性，误报、失灵现象时有发生。因此，在使用技术手段控制时，仍要提高警惕，切勿麻痹大意。

（六）组织治安联防控制

治安联防控制，就是公安基层保卫组织在有关部门的配合下，组织治安积极分子、离退休人员，建立不同形式的治安联防队，并围绕重点部位，采取分片、分段、按点包干和游动巡视相结合的方法，维护公共秩序，制止违章、违法行为，发现现行犯罪活动和其他可疑情况，及时报告公安机关。这种方法主要适用于车站、码头的广场，案件多发地段的居民住宅区，以及居住人员复杂的城郊接合部等。侦查机关应根据不同地区、场所的具体情况，灵活运用不同的控制方法。上述控制方法，既可以独立使用，也可以综合使用。实践表明，对某一地区、某一场所、某一部位的控制，往往需要把几种方法结合起来，一并使用，以起到互相弥补的作用。

五、阵地控制的网络化建设与信息化建设

（一）阵地控制的网络化建设

为了充分发挥阵地控制的作用，需要根据刑事犯罪的实际情况，将阵地控制建设成网络系统，从而使阵地控制的范围和力量构成系统的有机控制的整体，使犯罪嫌疑人的任何活动都能纳入侦查视线之内。

1. 科学布建阵地控制网络。要根据阵地控制的重点领域、重点行业和相关参与主体，建立层次清晰、覆盖完整的阵地控制网络。具体包括：建立旅馆业—旧货业—修理业—运输业等行业控制网络；建立城区—城郊接合部—郊县等地区控制网络；建立行业业主—治保组织—秘密力量—专业侦查控制力量的人员控制网络；实施路控、夜控、电子通信控制、金融交易控制、外来人员控制等多种控制方法。

2. 突出重点，有的放矢。针对侦查阵地涉及行业多、面积大、流动性大，而侦查机关警力、物力、财力有限的实际，阵地控制网络布建时要突出重点，分层管理，并按阵地规模大小、复杂程度划分成核心阵地、重点阵地和一般阵地三类，明确责任，分类管理，注意阵地控制工作的调整和延伸，要拓宽阵地控制的覆盖面，建立完善的阵地控制网络，确保不漏管失控。

同时，要把阵地控制网络分为三个层次：一是公开管理工作网，即通过治安管理等常态性日常管理工作，收集情报，发现和打击犯罪；二是秘密工作网，即由侦查机关根据阵地控制的需要，合理布建和指挥秘密力量，收集涉及社会各个角落各个层面的情报，发现和打击犯罪；三是群众工作网，即通过建立群众性治保联防组织，并吸纳各行业场所业主，掌握各种最新的社会消息，拓展信息来源渠道，及时收集汇总各类案件线索。

（二）阵地控制的信息化建设

随着现代信息技术的飞速发展和犯罪形势的不断变化，传统的阵地控制已经凸显工作量大、效率低、发现情报线索滞后、无法及时进行信息共享等局限性，很难真正实现有效发现和控制犯罪的作用。为了适应新的时代发展，赋予传统侦查措施新的生命力，使阵地控制从人力密集型向技术支持型转变，提高情报信息的利用效率，适时推动阵地控制的信息化建设势在必行。

实践中，可以通过建立行业管理系统，将人员、物品等信息纳入系统的方式实现侦查阵地的信息化管理，并且通过常态化与相关情报信息系统进行碰撞比对，及时有效地为侦查工作服务。信息化的阵地控制具有监控时效性强、识别主动性高、安全隐蔽等优势，应切实发挥其优势，并注意与传统阵地控制相结合，使其相辅相成，共同服务于刑事侦查工作。

第六章　特殊侦查措施

一、技术侦查

（一）技术侦查概述

技术侦查，又称“行动技术”，简称“技侦”，是指国家安全机关和公安机关为了侦查犯罪，根据法律规定，借助现代技术和设备发现、收集重大犯罪线索和证据的一种特殊侦查措施。

1993年颁布施行的《中华人民共和国国家安全法》首次使用“技术侦察”的概念，该法规定国家安全机关在侦察危害国家安全行为时，可以采用技术侦察手段。1995年颁布实施的《中华人民共和国人民警察法》规定公安机关因侦查犯罪的需要可以采取技术侦察措施。1998年公安部颁布的《公安机关办理刑事案件程序规定》首次明确提出了“技术侦查”一词。该规定第五十二条第二款规定：“对于涉及国家秘密的证据以及获取犯罪证据的技术侦查措施，应当保密。”2012年修订的《刑事诉讼法》将技术侦查措施作为单独一节进行了规定，但没有明确规定技术侦查的种类和范围。2012年12月修订的《公安机关办理刑事案件程序规定》第二百五十五条第一款规定：“技术侦查措施是指由设区的市一级以上公安机关负责技术侦查的部门实施的记录监控、行踪监控、通信监控、场所监控等措施。”该条初步明确了技术侦查的种类。

由于技术侦查采用了现代化的监听、探测、检查等科学技术和设备，其在发现、收集犯罪证据方面具有独特的功能，是侦破一些隐蔽性较强的犯罪案件所必不可少的手段。随着犯罪手段的日益智能化，犯罪嫌疑人的反侦查手段越来越狡猾，侦查取证的难度不断加大，技侦手段必将显示其更大的威力。

技术侦查手段一般具有以下特点：

1. 专有性。主要是指业务的专门性和案件的特定性。一方面，技术侦查只能由特定机关的专门人员经过严格的审批后才可以使用，除此之外，其他任何机关和个人都无权进行技术侦查。另一方面，由于技术侦查很容易侵犯公民的基本人权，因此只能针对特定的案件和特定的人员实施。

2. 隐蔽性。技术侦查是在侦查对象毫不知情的情况下进行的，这些都为取证的可靠性创造了有利条件。

3. 技术性。技术侦查措施是由专业人员借助一定的技术设备来实施的，没有相应的技术侦查手段为保障，技术侦查措施就无法开展。当前，一些新的技术理论和成果不断运用于侦查工作，可以极大地丰富技术侦查措施。技术侦查措施需要特殊的技术设备做保障，在刑事侦查过程中使用技术侦查措施，必须有专业技术人员来协助实施。

4. 直接性。通过技术侦查，侦查人员可以直接了解、掌握犯罪嫌疑人的活动情况，并及时取证。这是其他任何一种侦查措施所不能比拟的。

5. 可靠性。技术侦查所获得的犯罪证据材料原本地记录了犯罪嫌疑人及有关人员当时的语言、影像、活动过程及表情、神态等，而且犯罪嫌疑人及有关人员的陈述和行为是在没有受到威胁、利诱或其他强迫的自然状态下进行的，能够比较真实地反映其意志，因此，谈话内容或活动过程的真实性极大，无须反复查证核实或检验鉴定，就可以直接起到认定或否定嫌疑的依据作用。

（二）技术侦查的作用

刑事侦查的核心是寻找、发现和固定犯罪证据，没有证据就无法顺利侦破案件。在刑事侦查实践中，公安机关、国家安全机关运用技术侦查措施侦破了大量的犯罪案件，收到了积极的效果，技术侦查措施越来越广泛地得到运用。

1. 配合其他侦查措施使用，提高侦查工作效率。每种侦查措施都有自身的优势和局限性，各种侦查措施相互配合，充分发挥各自优势，是提高侦查工作效率的重要方法。技术侦查措施具有隐蔽性、直接性，可以更好地配合其他侦查措施的使用。

2. 配合传统手段，有力打击有组织犯罪。有组织犯罪案件具有很强的隐蔽性，犯罪手段智能化特点突出。对于直接实施犯罪活动的犯罪嫌疑人，侦查机关可以通过常规和传统的调查取证方法获取证据，证实其犯罪，而对于组织、策划、指挥犯罪活动却不直接实施犯罪的首要分子的犯罪行为，通过一些传统的侦查活动很难查证其犯罪事实，而使用技术侦查通常可以取得效果。技术侦查措施的运用，不仅有利于侦查机关在正面接触犯罪嫌疑人之前就掌握其重要犯罪证据，也有利于对犯罪嫌疑人的控制，更能提高侦查活动的技术含量，增强控制和打击有组织犯罪的能力。

3. 及时发现线索，不断推进侦查。技术侦查措施是在不惊动侦查对象的情况下开展的，侦查对象难以开展反侦查活动进行对抗，获取的情报信息有较强的客观性和真实性，在发现侦查线索方面有其他侦查措施无法比拟的优势。

4. 发现侦查对象行踪，及时缉捕犯罪嫌疑人。随着科技的发展，人们的出行越来越便捷，人员的流动性也越来越强，犯罪嫌疑人作案后外逃现象也越来越普遍。在外逃过程中，犯罪嫌疑人很难避免使用通信工具或网络与其他人员进行联系，这就为侦查机关利用技术侦查措施提供了条件。通过技术侦查措施，发现、确定侦查对象的藏匿地点、逃跑路线及关系人，为侦查部门缉捕犯罪嫌疑人提供了重要的保障。

技术侦查也是预防和减少刑事犯罪的重要举措。侦查机关实施技术侦查直接介入犯罪过程，不仅能够发现、掌握一些非常重要的证据，也能有效地抵御其反侦查活动，增加了犯罪的危险系数。一些犯罪嫌疑人考虑可能会被技术侦查，在潜在的威慑中就可能遏制了犯意，从而减少了犯罪案件的发生。

（三）技术侦查的使用

1. 技术侦查的使用范围。技术侦查措施在使用上有严格的审批程序，在使用范围和对象上也有一些特殊的规定，绝不能不分案件、不分对象、不分时间、不分场合、不分条件而随意扩大使用范围。根据《刑事诉讼法》和《公安机关办理刑事案件程序规定》等有关规定，技术侦查措施只能在以下范围内实施：

（1）危害国家安全犯罪、恐怖活动犯罪、黑社会性质的组织犯罪、重大毒品犯罪案件。

（2）故意杀人、故意伤害致人重伤或者死亡、强奸、抢劫、绑架、放火、爆炸、投放危险物质等严重暴力犯罪案件。

（3）集团性、系列性、跨区域性重大犯罪案件。

（4）利用电信、计算机网络、寄递渠道等实施的重大犯罪案件，以及针对计算机网络实施的重大犯罪案件。

（5）其他严重危害社会、依法可能判处七年以上有期徒刑的犯罪案件。

公安机关追捕被通缉或者批准、决定逮捕的在逃犯罪嫌疑人、被告人，可以采取追捕所必需的技术侦查措施。

可见，技术侦查措施的适用对象是犯罪嫌疑人、被告人以及与犯罪活动直接关联的人员。

2. 使用技术侦查措施应遵循的原则。

（1）重罪原则。所谓重罪原则，是指只有在侦查重大犯罪行为时才可以采取。技术侦查措施只能针对特定的犯罪类型而采用，其案件性质应当属于严重犯罪。将采取技术侦查措施的范围限定在重罪范围内，是基于这样一种认识，即打击犯罪的手段必须与犯罪的严重程度以及涉及的宪法权益相适应。

（2）必要性原则。所谓必要性原则，是指在重罪侦查过程中，只有出于必要才能采取技术侦查措施。这里的“必要”，是指侦查部门只有在采用一般侦查措施收效甚微或无收效时，才可使用技术侦查措施。也就是说，在考虑采用侦查措施时，技术侦查措施具有补充性，应在最后做考虑。从某种意义上来说，必要性原则也可以称为“最后手段原则”，也就是说，侦查机关不能将技术侦查措施作为常规手段，而应将其作为迫不得已使用的非常规手段。

（3）相关性原则。所谓相关性原则，包括人的相关性原则和物的相关性原则两方面。人的相关性原则，是指一般情况下，技术侦查措施只能针对犯罪嫌疑人及其相关人员使用，在实施过程中不能也无权干涉与犯罪无关的人的任何权利。物的相关性原则，是指技术侦查的范围应尽量限制在与侦查目的有关的内容上，不得随意扩大使用范围。

（4）严格审批原则。只有经过严格的审批手续，才可以采取技术侦查措施。需要采取技术侦查措施的，应当由办案单位制作《呈请采取技术侦查措施报告书》，报设区的市一级以上公安机关负责人批准，制作《采取技术侦查措施决定书》，写明申请使用的具体措施的依据、措施的种类、适用对象和实施的期限等。

3. 技术侦查措施的使用期限。

根据《刑事诉讼法》和《公安机关办理刑事案件程序规定》的规定，批准采取技术侦查措施的决定自签发之日起三个月内有效。

在有效期限内，对于不需要继续采取技术侦查措施的，办案部门应当立即书面通知负责技术侦查的部门解除技术侦查措施；负责技术侦查的部门认为需要解除技术侦查措施的，报批准机关负责人批准，制作《解除技术侦查措施决定书》，并及时通知办案部门。

对复杂、疑难案件，采取技术侦查措施的有效期限届满仍需要继续采取技术侦查措施的，经负责技术侦查的部门审核后，报批准机关负责人批准，制作延长技术侦查措施期限决定书。批准延长期限，每次不得超过三个月。

有效期限届满，负责技术侦查的部门应当立即解除技术侦查措施。在有效期限内，需要变更技术侦查措施种类或者适用对象的，应当重新办理批准手续。

（四）使用技术侦查措施应注意的问题

1. 技术侦查措施只能用于特定的案件、特定的对象。

对于危害国家安全犯罪、恐怖活动犯罪、黑社会性质的组织犯罪、重大毒品犯罪或者其他严重危害社会的犯罪案件，经过严格的审批，才能使用技术侦查措施，且其实施对象只能是犯罪嫌疑人或与犯罪有关的人员。

2. 技术侦查措施获取的材料一般不作为证据直接使用。

根据法律的规定，采取技术侦查措施收集的材料在刑事诉讼中可以作为证据使用。但是考虑到使用技术侦查措施收集的材料作为证据时，可能危及有关人员的人身安全，或者可能产生其他严重后果的，应当采取不暴露有关人员身份和使用的技术设备、侦查方法等保护措施。技术侦查所获取的材料，在诉讼过程中必须使用的，应经过技术处理或转化为公开的证据材料后再使用。

3. 技术侦查措施使用时要注意保护公民的个人隐私。

技术侦查措施是以侵害公民隐私权为必要成本或者代价的，因此其使用受到了严格的限制，即只能用于对犯罪的侦查，不得用于其他用途。采取技术侦查措施收集的与案件无关的材料，必须及时销毁，并制作销毁记录。侦查人员对采取技术侦查措施过程中知悉的国家秘密、商业秘密和个人隐私，应当保密。

二、卧底侦查

卧底侦查又称“潜入侦查”，是指侦查人员以伪装的特定身份打入犯罪集团（团伙）内部，潜伏下来收集犯罪信息，获取犯罪证据，开展侦查工作的一种秘密侦查手段。

卧底侦查是内线侦查的重要形式之一，是侦破重、特大有组织犯罪案件的一种重要的侦查手段。卧底侦查的主体是侦查人员，侦查意图十分明确，再加上专业的侦查技能，获取的情报、证据比较可靠，通常可以为集团犯罪、有组织犯罪等案件的顺利侦破提供有利条件。

当然，卧底侦查中侦查人员以一种全新的身份在犯罪集团（团伙）内部开展侦查工作，有极大的危险性，因此必须遵循“长期打算、安全保密、行为适度、适时破案”的原则。

三、诱惑侦查

诱惑侦查是侦查重大复杂的隐蔽性犯罪案件时，在有证据证明犯罪嫌疑人有犯罪意图或犯罪倾向的条件下，为犯罪嫌疑人提供犯罪机会或条件，待其进行犯罪或自我暴露时将其抓捕的一种特殊侦查手段。

随着社会的发展，犯罪也向隐蔽化、智能化、组织化的方向发展，对传统的侦查提出了严峻的挑战，于是各种特殊的侦查方法不断产生。诱惑侦查，是通过采用诱导性策略收集、固定证据，最终抓获犯罪嫌疑人。在我国侦查实践中，诱惑侦查主要应用于侦破毒品犯罪、走私犯罪、有组织犯罪中。我国《刑事诉讼法》第一百五十三条第一款规定“为了查明案情，在必要的时候，经公安机关负责人决定，可以由有关人员隐匿其身份实施侦查。但是，不得诱使他人犯罪，不得采用可能危害公共安全或者发生重大人身危险的方法”，其中的隐匿身份侦查就包括了诱惑侦查。

四、外线侦查

（一）外线侦查的概念

外线侦查是相对于内线侦查而言的，具体是指在侦查活动中，侦查人员通过隐蔽方式从外部监控重大犯罪嫌疑人和其他侦查对象的一种专门手段。外线侦查是一种常用的秘密侦查措施，在重、特大刑事案件的侦办过程中，一般都离不开外线侦查。外线侦查手段主要包括跟踪、守候等。

（二）外线侦查的特点

1. 突出的行动性。外线侦查并不排除监视、控制和打击犯罪嫌疑人在室内的活动，但这种侦查活动主要还是依靠侦查人员在户外的行动来完成的。发现犯罪嫌疑人现行作案时，侦查人员可根据侦查工作的需要就地将其捕获；发现犯罪嫌疑人销赃、接头等犯罪活动时，侦查人员也应作出相应的行动反应。因此，外线侦查除跟踪、守候等较被动的行动以外，还要根据情况，适当地采取秘密逮捕等进攻性行动。这个特点要求侦查人员必须反应灵敏、机智勇敢、当机立断、善于应变。

2. 相对的被动性。外线侦查活动常会受侦查对象活动的制约。虽然从形式上看外线侦查似乎是“被动”的，但通过这种紧追不舍的活动，能够主动地发现敌情、扩大线索、获取证据、打击犯罪，从而可以有效地发挥外线侦查措施的积极作用。

3. 相当的艰苦性。外线侦查有时持续时间较长，工作环境的条件常常十分艰苦，常常使侦查人员处于紧张、疲劳的状态。如果外线侦查的装备、交通和通信工具不足，就会进一步增加外线侦查人员的工作难度。外线侦查的艰苦性要求侦查人员要勇于克服困难，坚持完成任务。

4. 严格的保密性。外线侦查是在隐蔽状态下进行的，只能用于严重的刑事犯罪或重大犯罪嫌疑分子，不能随意扩大使用范围。同时，还必须严格履行审批手续。

（三）外线侦查的任务

外线侦查的主要任务是收集各种案件线索，具体包括：

1. 根据侦查工作的需要，严密监视、控制侦查对象的行踪，查清其犯罪规律，发现同案犯，获取案件线索。

2. 根据侦查工作的需要，严密监视特定对象，适时进行密捕；严密监控特定对象，抓获现行犯罪嫌疑人。

3. 对开展贴靠侦查、逆用侦查的内线人员进行考核。

4. 查证内线侦查、技术侦查、审讯等工作中发现的情报和线索。

5. 对侦查对象或其住所进行密搜密取、密拍密录，固定犯罪证据。

（四）外线侦查应遵循的原则

外线侦查应遵循“严密控制、积极侦查、内紧外松、不露形迹”的原则。

这些原则要求外线侦查工作不仅要组织严密，方法稳妥，还要求侦查人员积极主动开展工作，尽快扩大线索，收集证据。侦查人员外在形象应普通，表现应自然，使自己能很好地融入周围的环境。同时，侦查人员还必须保持高度警惕，既不能暴露侦查手段，也不能惊动侦查对象，要隐蔽而巧妙地发现犯罪证据和犯罪线索，控制和查缉犯罪嫌疑人。这既依赖于侦查人员对犯罪嫌疑人心理特点和行为规律的掌握，也依赖于其自身过硬的业务素质。

五、控制下交付

（一）控制下交付概述

1. 控制下交付的概念。

控制下交付，是指侦查机关发现非法贩运的毒品、其他非法或可疑货物后，在实行严密监控的情况下，允许其继续流转，以期查明犯罪事实、发现同案其他的犯罪嫌疑人，在最后目的地破获全案的一种侦查方法。

控制下交付是国际社会在打击国际毒品犯罪斗争中创设和发展的一种特殊的侦查手段，最初是出于侦缉跨国贩毒活动的需要而提出的。1988 年联合国维也纳大会上通过的《联合国禁止非法贩运麻醉药品和精神药物公约》首次以国际公约的形式对此做法进行了规定，以期通过加强国际合作查清毒品的来源国、过境国以及目的地国，查清毒品犯罪活动的全过程和全部犯罪嫌疑人。此后，1990 年的联合国《全球行动纲领》、1998 年的联合国《加强国际合作以处理世界性毒品问题的措施》、2000 年《联合国打击跨国有组织犯罪公约》、2003 年《联合国反腐公约》等文件又对控制下交付手段做了进一步完善，并将这一手段从打击毒品犯罪扩展到打击有组织犯罪和腐败犯罪。我国《刑事诉讼法》第一百五十三条第二款规定“对涉及给付毒品等违禁品或者财物的犯罪活动，公安机关根据侦查犯罪的需要，可以依照规定实施控制下交付”；第一百五十四条规定通过控制下交付措施收集的材料在刑事诉讼中可以作为证据使用。这是我国国内法律第一次对控制下交付手段加以明确规定，对于实践中使用此手段打击相关犯罪活动具有里程碑意义。

2. 控制下交付的种类。

（1）按照控制下交付实施的范围，可将其分为国际控制下交付、区际控制下交付和内地控制下交付。

①国际控制下交付，是指当某一国的执法机关在获悉违禁品运输的线索后或是在查获违禁品后，经过与该违禁品目的地国、途经地国主管当局的联系，请求他们予以协作、配合和支持而共同实施的控制下交付。

②区际控制下交付。我国存在一种特殊形式的控制下交付形态，即区际控

制下交付。这种控制下交付不同于国际控制下交付的在主权国家间展开，也因为其在涉及的地区各自具有独立的司法权而在性质及程序上不同于内地控制下交付。随着内地与港澳台地区在刑事司法合作方面交流与互信的不断增强，区际控制下交付的应用前景也越来越广阔。

③内地控制下交付。呼应前述区际控制下交付，我国内地各省、自治区、直辖市的侦查机关在主管业务指导机关的协调、指挥下，在违禁品起运地、途经地、目的地侦查机关相互协作、配合、支持下所共同实施的控制下交付就是内地控制下交付。

（2）按照是否使用已查获的违禁品进行控制下交付，可分为违禁品的控制下交付和替代物的控制下交付。

①违禁品的控制下交付，又称实态性控制下交付，通常是指违禁品与人随行，侦查机关没有机会对其进行替换，或者违禁品包装及伪装精密，无法开包取出和替换而使用原物所进行的控制下交付。

②替代物的控制下交付，又称非实态性控制下交付或干净的控制下交付，是指为了保证违禁品的安全，防止其在运输过程中发生失控现象，侦查机关将查获的违禁品完全或部分取出替换后所进行的控制下交付。

尽管从《联合国禁止非法贩运麻醉药品和精神药物公约》《联合国打击跨国有组织犯罪公约》等国际公约的规定来看，各国主管部门可以视情况决定实施实态性控制下交付或非实态性控制下交付，但将违禁品放行存在流入社会的风险，因此应尽可能进行替代物的控制下交付。联合国毒品与犯罪问题办公室（UNODC）也鼓励最好是进行替代物的控制下交付。若不具备实施替代物控制下交付的条件，就应该考虑采取公开扣押的策略，即使实行公开扣押的时机还不成熟，也不能轻率地实施实态性的控制下交付，以防止毒品等违禁品失控现象的发生。

（3）按违禁品发现的方式不同，可分为对在常规检查中发现的违禁品实行的控制下交付和依据情报线索对违禁品实行的控制下交付。

①对在常规检查中发现的违禁品实行的控制下交付。在常规检查中发现违禁品后，可根据有无控制下交付的必要和条件决定是否实施控制下交付。

②依据情报线索对违禁品实行的控制下交付。主要是指根据情报线索查获违禁品或获取违禁品犯罪的信息后，开展的控制下交付。情报线索的来源主要有秘密力量的报告、情报机关的合作等。

（4）按照运输中的违禁品是否有人随行，可分为随行货物的控制下交付和非随行货物的控制下交付。

①随行货物的控制下交付。传统的违禁品运输方式往往是人货同行，对这

种人货同行的案件展开控制下交付不仅需要控制好违禁品，还需要对随行人员加以控制。这种控制下交付一旦成功实施，通常能够实现“人赃并获”。

②非随行货物的控制下交付，是指涉案人员与违禁品不同行时的控制下交付。随着各国执法机关打击各类有组织犯罪能力的提高，利用托运、邮寄、快递、货物进口等方法以非随行方式进行违禁品运输逐渐成为主流。这种情况下一般不能确定托运人或者收货人就是犯罪嫌疑人，需要通过暗中观察、监视来查明违禁品背后的涉案人员。相关物流寄递企业的配合是成功实施此种控制下交付的关键。

3. 控制下交付的作用。

根据《刑事诉讼法》的规定，对涉及给付毒品等违禁品或者财物的犯罪活动，公安机关根据侦查犯罪的需要，可以依照规定实施控制下交付。涉及给付毒品等违禁品或者财物的犯罪案件，常常涉及多个国家和地区，跨区域、跨国特点突出，这为侦查机关实施控制下交付提出了现实要求。在侦查毒品犯罪、有组织犯罪和腐败犯罪案件时适时采用控制下交付具有重要的意义。

（1）有利于加强国家与地区间的侦查协作。给付毒品等违禁品或者财物的犯罪活动大多具有跨国性，这就决定了仅靠一国（地区）很难取得打击成效。为此，不同国家（地区）的相关职能部门就必须破除各种壁垒，联手侦查，使侦查活动从一国（地区）完整地延伸至另一国（地区）境内，由间接协作向直接协作发展，使国际侦查协作范围不断扩大，侦查协作的程度不断加深。

（2）有利于深挖犯罪，查清全部犯罪事实。毒品犯罪、有组织犯罪和腐败犯罪具有涉案人员众多、人员情况复杂、组织严密、分工明确、犯罪手段隐蔽等特点。一般负责运送、转运任务的大多是犯罪集团中的“马仔”，有的甚至是被蒙骗的无辜群众。如果在发现违禁品后即实施破案，逮捕“货主”，就很难发现、抓获隐藏在幕后、负责遥控指挥的主犯，对交易的买方、卖方、中间人也无法查清，从而导致对犯罪打击不力。控制下交付以让违禁品顺利运达目的地为诱饵，促使涉案的所有犯罪嫌疑人都暴露出来，最终将其一网打尽。

（3）有助于查清犯罪集团或团伙的犯罪规律及特点。在实施控制下交付时，侦查机关通过选派秘密力量或侦查人员与“货”同行或安装侦查设备对违禁品进行监控，可以查清犯罪路线、手法及犯罪活动的规律、特点，为更深入、更全面地打击犯罪服务。也可以借此预先做好防范工作、堵塞漏洞，为预防此类犯罪服务。

（4）有利于获取诉讼证据，保护秘密情报的来源。调查取证困难是违禁品犯罪案件侦破和诉讼的难点，由于交易双方的共同违法性，一般不会有人出来指证犯罪。所以，要获得违禁品犯罪的证据，最好是在交易前或交易时人赃俱获。但在贩运伊始或中途截获违禁品时往往难以发现隐藏在幕后的主犯。采用控制下交付既可以获取诉讼证据，及时把犯罪嫌疑人绳之以法，又可以扩大战果，深挖犯罪。此外，违禁品案件的侦破在很大意义上取决于情报，直接使用侦查机关的秘密力量提供的情报可能导致秘密情报来源的暴露，而使用控制下交付可以起到保护秘密情报来源的作用。

（二）控制下交付的实施

1. 实施控制下交付应当遵循的原则。

作为一种涉及人员和地域范围都很广泛的秘密侦查措施，控制下交付具有较强的综合性、复杂性、机动性，在实施过程中必须遵循一定的原则，以保障违禁品和相关人员的安全，保证控制下交付能够最终实现预期目标。

（1）安全第一原则。作为一项复杂的侦查手段，控制下交付尽管在侦查违禁品犯罪案件中具有较高的效率，然而其在运用过程中所面临的风险也较其他侦查手段为甚，一旦出现失误，可能给侦查工作带来无法弥补的损失。基于此，在实施该措施时，侦查机关应事先拟定周密的行动方案，并做好预案，以应对可能出现的紧急情况。此外，在侦查失控的情况下，应贯彻安全第一的原则，切实保护侦查人员、卧底人员、秘密力量以及犯罪嫌疑人的生命安全和违禁品的安全，并及时终止行动，避免不必要的损失。

（2）统一指挥、通力协作原则。控制下交付不仅包括侦查机关内部各警种、各部门之间的协同，也包括侦查机关与社会相关部门之间的协同，涉及人员和部门较多，如果没有一个强有力的指挥中枢，参与各方不能步调一致、通力协作，将在很大程度上阻碍控制下交付整体作战效能的发挥。因此，针对跨境、跨地区的犯罪，在大陆范围内，必须进一步加强侦查协作，通过制定有关工作制度，在情报信息的搜集、传递与共享，业务部门的联络与支援，案件管辖权的协调等方面作出明确的规定。此外，应进一步建立与完善粤港澳侦查协作机制。针对跨国犯罪，应积极与相关国家进行磋商，完善有关违反国际义务的缔约国应负法律责任的规定，以及与之相关的有权认定违反义务的国际性机构的设置方面的规定，推动国际间控制下交付向着更务实、更广泛的层面发展。

（3）灵活机动、有效控制原则。在实施控制下交付时，既要充分考虑到违禁品运送过程中可能出现的各种变化，预先制订方案，又要能根据控制过程中出现的突发状况，选择合适的处置方法，做到灵活机动。除此之外，还要充分利用各种监控措施、技术侦查手段，加强对违禁品和犯罪嫌疑人的控制，充分利用情报机关，收集各种信息资料，尽可能做到随时掌握事态发展，并加强各方联络，将有价值的信息尽快与参战各方共享。

（4）逐案判断运用原则。《联合国禁止非法贩运麻醉药品和精神药物公约》规定："使用控制下交付的决定应在逐案基础上作出，并可在必要时考虑财务安排和关于有关缔约国行使管辖权的谅解。"即有关当局之间开展控制下交付时，只能在逐案判断基础上作出决定，实行"一案一议"原则。这是因为，控制下交付是一种特殊的侦查手段，它不同于国家（地区）之间的专项联合行动，并不适合于所有违禁品犯罪案件的侦查，再加上违禁品犯罪案件复杂多变，当侦查机关发现了违禁品犯罪活动时，应根据该案是否具有采用控制下交付的价值、条件来具体判断是否需要采用控制下交付的方式。

2. 实施控制下交付的条件。

（1）有无实施控制下交付的必要。有无实施控制下交付的必要，主要应从犯罪的危害程度进行考虑。缴获的违禁品或财物的种类与数量的大小是判断犯罪严重性的基本依据，也是判断是否有必要实施控制下交付的主要依据。一般来说，如果毒品等违禁品或财物价值昂贵，毒品纯度较高，数量较大，就应实施控制下交付。此外，如果有情报表明案件涉及境外犯罪集团，为了捕获境外犯罪嫌疑人，一般也应当考虑实施控制下交付。

（2）有无实施控制下交付的可能。

①是否具备相应的法理条件。在实施跨境控制下交付之前，必须研究违禁品或财物输出国（地区）、途经地国（地区）、最终目的地国（地区）的法律是否有允许控制下交付的有关规定。在有些国家（地区），法律明文规定可以使用控制下交付的手段；有些国家（地区）虽然没有明文规定可以实施控制下交付，但也无禁止性的规定，因而实施这一手段一般认为与其国内法没有抵触。而在一些国家（地区），法律明文规定一旦发现违禁品或财物（如毒品）就应立即没收，如此则不允许实施控制下交付。

②是否具有合作的共同意愿。即要考察有关国家（地区）对实施控制下交付有无一致的意向和合作态度。控制下交付是在违禁品或财物输出国（地区）、途经地国（地区）、最终目的地国（地区）意见一致的情况下实施的，如果有关国家（地区）不赞成实施控制下交付，违禁品或财物在这些国家（地区）中转过境时就难以获得这些国家（地区）有关当局的支持和配合，就难以实施控制下交付。

③是否有足够的时间与违禁品或财物途经地、最终目的地国家（地区）的相关职能部门及时联系，取得配合，制订出切实可行的行动方案。国际控制下交付的请求程序，一般可通过外交、司法协助、侦查机关直接联系等途径进行，而区际和内地控制下交付则应本着便捷高效的原则，尽可能简化程序，可利用现代化通信手段直接进行信息沟通和处理，把复杂的审查批准过程简化为

对一方请求的认可程序。

④交易双方是否察觉违禁品或财物已被侦查机关查获过。侦查机关在查获违禁品或财物后没有严格保密或因其他因素导致交易双方察觉违禁品或财物已被查获的，显然不能实施控制下交付，应当立即没收违禁品或财物。

⑤是否能够掌控犯罪动态。一是能否控制违禁品或财物运输的动向，防止因各种不可控制的因素而导致违禁品流失或不知去向；二是能否控制违禁品或财物的运输人员，使其不致“反水”。此外，在实施控制下交付时还要考虑国家与国家之间的外交关系，相关部门之间有无经常性的联系，以往的合作情况如何等因素。

3. 实施控制下交付的主要环节。

（1）发现和查获毒品等违禁品或财物。这一环节是实施控制下交付的前置环节，是实施控制下交付的前提条件。毒品犯罪、有组织犯罪和腐败犯罪，具有较强的隐蔽性，犯罪嫌疑人反侦查、反情报能力强，能否发现犯罪线索，是决定是否实施控制下交付的关键。从控制下交付的实践来看，毒品等违禁品或者财物通常是通过以下渠道被发现和查获的：一是通过秘密力量、技术侦查手段、审讯获取；二是通过海关、出入境、民航、铁路、交通、邮政等职能部门在例行检查工作中发现；三是公安机关通过公开查缉或在治安管理中获取；四是通过公安机关内部和相关国家的情报传递获取等。

（2）作出实施控制下交付的决定并制订实施方案。这个环节是控制下交付的启动阶段。侦查机关在发现毒品等违禁品或者财物后应迅速判断该案件是否具备采取控制下交付的基本条件，衡量相关风险，进而决定控制下交付的实施方式。如果案件条件允许，包括具备可以替换、时间允许等条件时，应尽量考虑采用替代物的控制下交付；如果时间紧迫或者实施替代物的控制下交付极易被犯罪嫌疑人所察觉，应果断决定是否采用违禁品的控制下交付。作出实施控制下交付的决定一定要迅速，决策时间过长极易引起犯罪嫌疑人的警觉从而导致整个工作的失败。在作出实施控制下交付的决定后，侦查机关还应深入分析案情，制订控制下交付的具体实施方案。实施方案一般包括以下内容：

①明确任务和责任。涉及多个国家和地区，应事先明确各个国家和地区警方承担的主要任务、基本要求、合作方式等。涉及一个地区内多警种的，应明确各警种的具体任务和责任。

②采取控制下交付的具体方式。条件允许的应尽可能实施替代物的控制下交付，减少风险。条件不允许的，实行违禁品的控制下交付。

③涉案物品流通及交付过程中的控制。侦查机关应根据案件情况，以及毒品等违禁品或者财物的性状、包装、藏匿、可能的流通渠道、可能的交付地点

及周边环境，来确定具体的监控措施，并确定是否抓捕犯罪嫌疑人及具体抓捕方案等。

④制订应对突发事件的预案，主要是制订毒品等违禁品或者财物失控，其运输路线、运送方式、交付地点的改变，内线人员可能出现的危险状况，幕后犯罪嫌疑人不现身等突发状况的处置预案及补救措施等。

（3）使其继续流转并实施监控。这个环节进入控制下交付的正式实施阶段，相关部门首先要不动声色地将毒品等违禁品或者财物放行，然后使用各种监控手段密切关注其流向。监控以毒品等违禁品或者财物为主要目标，同时应扩及所有可能接触上述物品的人员。可以使用内线侦查人员或秘密力量乃至逆用犯罪嫌疑人作为运送者，采取“人货同行”的监控方式；也可以采用“人货分离”的方式暗中监控原有运送人或者物品的流向。由于此阶段持续时间较长，各种突发情况层出不穷，为保证控制下交付的成功实施，监控过程中应当特别注意以下问题：

①严密控制毒品等违禁品或者财物，确保其安全。在整个运输过程中，侦查机关必需严密控制毒品等违禁品或者财物，以确保其没有失控的危险。

②警惕犯罪嫌疑人反侦查。在整个控制下交付过程中，侦查机关都要警惕犯罪嫌疑人的反侦查伎俩。观察、反跟踪、询问等，都已成为犯罪嫌疑人反侦查的惯用伎俩，侦查机关在实施控制下交付的过程中必须充分考虑并有效应对这些情况。

③树立高度的证据意识。在实施控制下交付的过程中，侦查人员应当时刻注意按照法律规定，恰当地运用科技手段，正确地获取并保存证据。除毒品等违禁品或者财物外，还应注意收集其他能够证实犯罪的证据，如在对货物拆包时，要注意提取犯罪嫌疑人遗留在违禁品包装物上的指纹、毛发等物证。

④实施统一指挥。控制下交付，大多是跨国、跨地区协同作战，多警种联合侦查，因此必须加强统一指挥工作。尤其是在抓捕环节，犯罪嫌疑人多在不同的国家或地区，如果抓捕时不实施统一指挥，极易打草惊蛇，导致其他国家或地区的犯罪嫌疑人闻风而逃。因此，必须提前部署好相关国家（地区）相关部门的任务分工、协同配合及情报信息交流方式。

⑤加强国际协助。为了顺利实施控制下交付，有关国家和地区必须以真诚合作的态度，相互提供最广泛的协助，在可能的范围内，尽可能详尽而及时地提供有关情报。在对毒品等违禁品和财物的秘密跟踪监视过程中，凡涉及需要有关国家（地区）协助配合的事项，有关国家（地区）都应尽可能提供有效的协助。

（4）目的地交易时或交付后的收网行动。这个环节为控制下交付的终结环节，也就是收网阶段，是控制下交付能否最终成功的关键阶段。在密切控制毒品等违禁品或者财物流向的基础上，指挥人员要适时作出收网决定，即抓获有关犯罪嫌疑人并保全相关证据。毒品等违禁品或者财物的流转经常表现出层层转手的方式，呈现出链条式的扩展趋势，如果案件侦查情况表明持续进行多次控制下交付的把握性较强，可以考虑逐步将监控网扩大。但随着监控网的扩大和控制下交付手段持续时间的延长，对毒品等违禁品或者财物控制的难度也会相应增大，控制下交付失败的风险也随之增大，因此，适时终止控制下交付是十分必要的，终止的时机应当在权衡风险与案情的基础上作出科学的决策。收网行动能否成功至关重要，为了取得收网行动的成功，应做好以下两方面的工作：一是全面做好收网行动的准备工作，包括成立抓捕小组、熟悉相关情况、做好物质准备等；二是制订缜密科学的抓捕计划，包括选择抓捕的时机、地点，制订多套方案，处置各种意外情况等。

（三）几种特殊情况的控制下交付

1. 对货运中发现的毒品等违禁品或者财物实施的控制下交付。

（1）对货运中发现的毒品等违禁品或者财物实施控制下交付应考虑的要点。

①情报的获取及保密。对犯罪活动情报的掌握，是进行控制下交付的首要前提。没有及时、准确、可靠的情报，控制下交付的组织、实施难以进行。在获取了毒品等违禁品或者财物犯罪活动的情报线索之后，应当注意对其保密。与毒品等违禁品或者财物同行的人员如果是犯罪团伙的成员或者对货物中藏有毒品等违禁品或者财物知情，侦查人员必须特别关注其言行，防止其给“上线”“下线”通风报信。

②毒品等违禁品或者财物的安全。第一，尽可能进行替代物的控制下交付。这样做可以避免其失控；可以更加灵活地安排对人、货的控制；有利于对反监视措施的控制，而不引起犯罪嫌疑人的注意。第二，货物的拆包、毒品等违禁品或者财物的取出、替代品的标记和货物的重新包装应在安全的环境中进行。第三，有时因藏匿的隐蔽性和货物自身的状况，无法取出和替代时，可进行违禁品的控制下交付。但是，一旦惊动组织者，必须及时进行公开扣押。

③证据的提取和固定。在拆包货物时，必须注意保留指纹、毛发等任何诉讼证据。采用技术侦查手段取得的证据虽然已可以直接作为诉讼证据使用，但实践中有时为了避免暴露侦查手段或秘密力量，也需要对其加以处理。此外，如果采取替代物的控制下交付，在固定证据方面应注意以下几点：一是可以选择部分替代的方式，即替代物配上部分违禁品，以降低毒品等违禁品或者财物的数量，同时又可以保证诉讼的顺利进行；二是可以设法在将拆封后的货物复

原时在货物的内包装物件上撒一些能留下痕迹的粉末，以便留存犯罪嫌疑人的指纹等证据；三是要将替换出来的毒品等违禁品或者财物原物妥善保存，并对替换过程全程录像、记录，必要时也可让检察官介入，以利于后续的诉讼活动。

④行动前的准备工作。由于犯罪活动环节多、犯罪嫌疑人反侦查能力强，整个控制下交付的过程随时面临各种突发情况。这就需要侦查机关在行动前充分考虑到现实的复杂性，做好周密的准备工作。例如，在实践中，有时货物抵达交付地点时，交货人被告知将货物转送到另外某个目的地，或者在交货人离开后，货物被原封不动地转移至其他场所。为此，侦查机关必须针对这些可能做好准备，并制订出相应的预案。

（2）对货运中发现的毒品等违禁品或者财物实施控制下交付应采取的行动。

①对在货运中发现的毒品等违禁品或者财物实施控制下交付时，须对进出口单证进行检查，以确定与交易有关的人员及他们的背景资料。应尽可能地对发货人、收货人及其过境地进行有效的监视，以便发现更多的交货地点和同伙。

②与有关部门联系，要求他们按正常程序办理。一般情况下，犯罪嫌疑人对正常的办理程序都十分清楚，他们会将正常程序中的任何偏差视为警告信号。

③条件允许的情况下，侦查人员应扮作司机或者司机的助手跟随运货，运输车辆前后还应有一辆或数量支援车辆。在交货前，应先行安排人员对交货地点进行监控，以便掌握主动权。交货时应通过录像或其他证据确定收货人的身份。

④交付进行完后，应选择适当的时机对控制下交付地进行公开搜查，扩大战果。有时还需要对该地点继续观察一段时间。

2. 对通过邮件、快递、物流等贩运的毒品等违禁品或者财物实施的控制下交付。

犯罪嫌疑人有时也会采用在邮件、快递、物流货物中夹带的方式来运输毒品等违禁品或者财物，犯罪嫌疑人认为只要瞒过邮件等承运人员，便能既避免有关部门的监控，又真正做到了“人货分离”。

（1）对通过邮件、快递、物流等贩运的毒品等违禁品或者财物实施控制下交付应考虑的重点。

①情报的保密和毒品等违禁品或者财物的安全。由于邮政、快递、物流等系统的封闭性，情报的保密和毒品等违禁品或者财物的取出及替换，相对于对

在货物运输中发现后进行控制下交付来说容易一些。一般情况下，侦查机关会选择替代物的控制下交付。

②证据的提取。为了给刑事诉讼奠定良好基础，侦查机关应尽量收集能够证实犯罪的有关证据，如及时调取寄件人投递包裹、信件时留下的视频资料以及有关书证等。另外，一般情况下，寄件人的地址、姓名均属虚构，但也应注意保留线索和物证，还应加强对收件人背景的调查，争取收集到更加充分的间接证据。

（2）对通过邮件、快递、物流等贩运的毒品等违禁品或者财物实施控制下交付应采取的主要行动。

①必须丝毫不差地恢复邮件包裹原来的外部包装，以防引起犯罪嫌疑人警觉，拒绝接收邮件。

②与邮政物流公司等协作，按有关地区的正常交付时间和方法进行交货。实践中，狡猾的犯罪嫌疑人往往已经通过邮寄正常物品了解了寄递的工作流程和时间，也可以通过快递物流信息了解寄递进程，如果出现不正常的延误，很可能惊动犯罪嫌疑人，导致控制下交付失败。

③查清必要的背景情况并进行监控。以邮寄等方式运输毒品等违禁品或者财物，包裹上的收件人姓名与地址往往和收件人真实姓名不同，收件人完全有理由接受或拒绝包裹。为逃避打击，收件人往往在收到寄递物后至少等待几小时才去拆开包裹，其目的是在等待接踵而至的查询。因此，对收件人进行严密监控非常重要。因此，在实施控制下交付的过程中，应当对收件人、寄件人的背景及相关情况进行调查，并对收件人的活动进行严密监控。

④选择适当的交货时机进入收件人的住所，进行公开搜查。

3. 对有人随行的毒品等违禁品或者财物实施的控制下交付。

这种控制下交付主要是针对在过境飞机旅客的随机托运行李中发现毒品等违禁品或者财物后所采用的。

（1）发现毒品等违禁品或者财物走私的途径。侦查人员可在国际机场乘客转机时，对过境行李进行有效的检查从而发现毒品等违禁品或财物。

①在转运处对过境航班的随机托运行李进行检查。随机行李在离境机场通常不通过海关检查，但在过境机场进行分拣送往衔接航班时，常常要对这些行李进行检查。经验丰富的侦查人员，只需要通过感觉和掂量行李即可发现问题。在转运处检查时，使用警犬也可以收到较好的效果。

②对重点过境航班的随机托运行李进行检查。现实状况不允许对所有过境的随机托运行李进行全面的检查，而且事实上这样做的结果可能起反作用。因此，实践中可针对重点地区的过境航班进行重点检查。在来自毒品等违禁品或

者财物生产区的航班抵达之前，可对航空公司电脑订座记录进行正常检查，以发现重点可疑的过境旅客的姓名以及应受注意的航班。当然，犯罪嫌疑人为了提高成功率，也会采用一些反侦查伎俩，如只预定飞往第一站国际机场的航班，这样，行李将按正常方式被拉到海关行李厅办理出关手续。此时，在申报出关前，犯罪嫌疑人会向航空公司代理人出示一张单独的续乘机票，并要求将行李直接送到即将起飞的航班。从贩毒分子的角度来看，这种做法的好处是在抵达最终目的地时，行李上的标签标明的是从中转机场直接抵达的，不会有迹象表明曾从毒品等违禁品或者财物生产国过境。这种情况需由航空公司提请侦查人员注意。

（2）对有人随行的毒品等违禁品或者财物实施控制下交付应采取的主要行动。

①在过境行李中发现毒品等违禁品或者财物后，可与航空公司合作查明有关旅客的身份。通常行李提取票的另一半都贴在旅客的机票上，当旅客在继续旅行前向航空公司过境服务台出示这些机票时，可对他们进行暗中查控。

②立即与目的地国有关当局联系。在这种情况下，一般不可能安排替代物的控制下交付。

③综合考虑是否采取控制下交付。在此阶段是扣押毒品等违禁品或者财物并迅速逮捕运送人，还是争取实施国际级控制下交付，取决于以下几种情况：发现国和目的地国施行的法律规定；是否有足够时间在发现国和目的地国的有关当局之间制订一项充分商定并可以接受的行动计划；在行李运输期间可以保证的保密程度和毒品等违禁品或者财物的安全问题；目的地国当局是否能够发起行动，以确保可以确定和发现主犯。

在商定将进行控制下交付后，一旦飞机离境，即应尽可能详细地转告相关国家的警方有关旅客的身份和相貌、行李规格、行李在飞机中装载的位置、航班号以及预计抵达的时间等具体情况，此便及时采取行动，实施控制下交付。

第七章　典型刑事案件侦查

第一节　杀人案件侦查

一、杀人案件的概念与分类

（一）杀人案件的概念

杀人案件，是指故意非法剥夺他人生命的犯罪案件。

杀人案件在刑事案件中所占的比例不大，但由于它直接危害公民的生命安全，性质恶劣，后果严重，影响极坏。因此，杀人案件是《刑法》规定的应予严惩的犯罪之一，历来是公安机关刑侦部门侦破的重点。

（二）杀人案件的分类

1. 根据杀人动机目的不同，可分为财杀案件、情杀案件、仇杀案件、遗弃杀人案件、迷信杀人案件和其他类型的杀人案件等。

2. 根据受理案件时死者身份是否明了，可分为死者身份明确的杀人案件和无名尸体案件。

3. 根据立案侦查时尸体的形态不同，可分为整尸案件、碎尸案件、白骨案件及灭尸案件。

4. 根据杀人的方法和手段不同，可分为凶杀案件、投毒杀人案件、爆炸杀人案件、纵火杀人案件等。

了解杀人案件的分类，有助于侦查人员从案件的不同类型出发，采取相应的侦查对策。

二、杀人案件的特点

研究杀人案件的特点，是为了更好地认识研究侦破杀人案件的一般规律，更好地利用各种条件收集犯罪证据、分析案情、发现线索和采取有效的侦查措施和方法。杀人案件通常有以下特点：

（一）案前多有预谋过程

故意杀人罪，是刑法规定的应予严惩的罪行之一，犯罪后果严重，刑罚惩罚相应较重。因此，除突发性的激情杀人之外，作案人在杀人意向形成之后至实施犯罪之前，都要经过周密的策划、预谋，如选择杀人的时间和地点，策划杀人的手段和方法，准备杀人的凶器等。有的还要策划抛尸毁证、伪装现场的方法，选择好作案后的逃跑路线。

（二）多有尸、伤可验

有尸体或伤者可供勘验、检验，是杀人案件区别于其他刑事案件的显著特点。侦查实践中，杀人案件的立案侦查大多是在检验过被害人尸体或伤残者之后展开的。通过对尸体、伤残者及其所在现场的勘验检查，不仅可以判明事件性质，为正确立案提供根据，而且可以据此推断杀人的时间、地点、方法、手段、动机目的及其过程等，为进一步推断案件性质、刻画犯罪嫌疑人、确定侦查方向和范围、采取侦查措施和手段提供依据。

（三）现场遗留的痕迹物证较多

杀人案件较其他刑事案件，一般经历的过程较长，现场情况相对复杂。在杀人之前，一般都有一定的预谋过程；在具体实施阶段，有时被害人与作案人还会发生搏斗；杀人之后，作案人常常会对现场进行伪装或破坏。有些杀人案件还伴随其他的犯罪行为，如强奸、抢劫、放火等，因而现场上往往遗留有较多的痕迹物证，包括喷溅流淌的血迹，遗留的作案工具、血衣、手套、纽扣等。杀人后碎尸、移尸、抛尸、埋尸的过程，会留下更多的痕迹物证。侦查人员应细心地寻找、收集这些痕迹物证，以便为分析案情、破获案件提供重要的线索和证据。

（四）作案人与被害人之间一般有较为明显的因果关系

在杀人案件中，除少数案件具有一定的偶发性之外，作案人与被害人之间一般都存在较为明显的因果关系。这种因果关系是指凶手与被害人之间原已存在的矛盾冲突或某种利害关系，杀人案件的发生正是这种矛盾激化或利害关系发展的结果。因果关系的内容多种多样，常见的有：由于私人之间的积怨、仇恨或矛盾冲突而引起的杀人；由于奸情关系产生纠葛而引起的杀人；由于恋爱、婚姻纠纷或家庭矛盾而引起的杀人等。在侦查中，抓住杀人案件的因果关系，对于正确地认定案件性质、确定侦查方向和范围、及时发现嫌疑线索、查获犯罪嫌疑人具有重要意义。

在无明显因果联系的情况下，虽然侦查的难度较大，但犯罪行为的客观存在，必然将作案人和被害人及相关环境联系起来。根据杀人现场和尸体所反映的种种迹象，仍然可以大致确定侦查的方向和范围。

三、杀人案件现场勘查的重点

由于杀人案件多有现场可供勘查，所以，多数杀人案件的侦查是从勘查现场开始的。杀人案件的现场勘查是收集犯罪证据的重要途径，是判断案件性质、确定侦查方向和范围、选择侦查途径的客观依据。

（一）实地勘验的重点

杀人案件的实地勘验应以尸体为中心，围绕发现尸体的地点、血迹的分布、遗留的痕迹物证及周围的环境进行。其重点主要包括以下几个方面：

1. 尸体。检验尸体的主要目的是判断是自杀、他杀还是意外伤亡事故，判断死亡原因、死亡时间、损伤种类、致死的方法和手段，判断凶器或凶器的种类、致命伤、生前伤、死后伤，确定死者的身高、性别、年龄、特定特征等，为准确地判断现场情况及案件性质提供可靠的依据。对尸体的检验一般分两步进行，一是尸表检验，二是解剖检验。

2. 尸体所在场所。尸体所在场所，即发现尸体的场所，不管其是否是杀人的第一现场，都是现场勘查的重点之一。对尸体所在场所的勘验，一般应在对尸体检验之前进行，以免破坏现场的原始状态。勘验时，主要应查明和寻找现场上遗留的血迹、毛发、足迹、手印、斑渍和其他可能与犯罪有关的痕迹和遗留物，并结合周围环境研究这些痕迹、遗留物的分布状态及形成原因和条件。

3. 痕迹和现场遗留物。杀人案件现场一般都留有较多的痕迹，如血迹、指纹、足迹、拖拽痕迹等。此外，作案人还可能在现场上遗留有绳索、报纸、信件、烟头等物品。这些痕迹物品，可以为分析案情、刻画作案人具备的条件、确定侦查方向和范围提供重要依据。

血迹是杀人现场特有的痕迹，同时也是作案人实施杀人犯罪的重要证据。在杀人现场只要作案人或被害人身体上有开放性损伤，现场就可能留有血迹。现场血迹可以帮助侦查人员判断现场有无伪装和破坏、是否第一现场、作案人特征、作案过程等。

对于碎尸案件现场的勘验，要注意将尸块收集全，弄清尸块在人体上的正确部位，并注意检查尸块上的附着物。在寻找、收集尸块的过程中，要特别留意可能是尸块包裹物、捆扎物、盛装物等的物品。

杀人案件中的作案人为了转移侦查视线，逃避罪责，往往在杀人现场制造种种假象，如将他杀伪装成自杀或意外事故，将奸情杀人伪装成强奸杀人等，这些伪装行为往往形成某些反常现象。因此，在对杀人现场进行勘验时，还应注意发现现场上有无反常现象，以便揭露作案人的伪装伎俩，为侦查破案指明方向。

（二）现场访问的重点

在勘验杀人现场的同时，应组织部分侦查人员进行现场访问。杀人案件现场访问的对象主要包括案件发现人、报案人、被害人亲属及其他有关知情人等。现场访问应着重查明以下问题：

1. 案件发现经过和现场保护情况。应向案件的发现人、报案人了解尸体或尸体残肢是在什么时间、地点发现的，怎样发现的，发现时现场的初始状态，如尸体的躺卧状态、周围物品的分布状态、痕迹的遗留状态等，从而判明现场从发现到进行勘查前是否发生了变化，为确定作案痕迹、犯罪遗留物和作案过程及被害人与作案人之间的搏斗情况提供依据。

2. 作案时间及经过。如果杀人案件发生时，现场周围有人居住或经过，那么他们就可能看到作案情况或听到作案的有关声音。侦查人员应重点访问现场附近的人或曾到过现场及其附近的人，向他们了解是在什么时间看到可疑人员进入现场或出现在现场附近的，或在什么时间听到特殊的声音，如呼救声、惊叫声、争吵声、打闹声等，从而结合现场情况，间接判断作案时间。

3. 作案人或可疑人员的体貌特征。详细了解作案人的体貌特征，是现场访问的重要内容之一。对于被害人尚未死亡的杀人案件，应在不影响抢救的前提下，尽快问清作案人的体貌特征。对于被害人已死亡的案件，则应将访问的重点放到现场附近的人和在案发时段到过现场的人身上，向他们详细了解作案人或可疑人员的姓名、性别、年龄、人数、口音、身高、体态、外貌、衣着特征以及逃跑时是否携带凶器、凶器的种类、是否受伤等情况，为及时采取追缉堵截等紧急侦查措施、确定侦查范围并为今后的辨认提供可靠的条件和依据。

4. 被害人的有关情况。通常情况下，杀人案件中的被害人与作案人之间会有一定的因果联系，了解被害人的个人情况，是突破案件的重要途径。被害人的个人情况包括被害人的职业情况、家庭情况、社会交往情况、经济情况、恋爱婚姻情况以及生活习惯、起居规律等。对被害人的情况，主要应通过对被害人的亲属、朋友、邻居、工作单位，以及与其经常接触来往人员的访问加以了解。

5. 与案件有关的可疑情况。杀人案件发生后，周围群众总会对案件有各种议论，特别是对可能是什么人作案有各种各样的猜测。现场访问应抓紧时间，及时了解收集群众的猜测和议论，并对猜测和议论的根据进行调查核实。对于有比较明确怀疑对象的群众，要启发他们详细回忆和提供被怀疑对象与被害人之间的关系、交往情况，找出二者之间的因果联系；对于没有明确怀疑对象的，也要详细了解哪些人与被害人之间可能存在利害冲突，被害人平常与哪些人有不正常的交往关系，从而为划定侦查范围提供一定的依据。

（三）现场分析的重点

客观全面地分析案情，是正确确定侦查方向和范围，有针对性地采取侦查措施，及时侦破杀人案件的重要环节。侦查人员在分析案情时，必须以实地勘验和现场访问所获得的各种材料为依据，尽力做到深入细致、客观全面。

1. 分析判断事件性质。分析判断事件的性质，即分析判断死者是病死、自杀、意外事故还是他杀，解决罪与非罪的问题。如果属于病死、自杀、意外事故，无须立案侦查，属于他杀的则应立案侦查。一般情况下，意外事故和病死的，通过调查访问即可很快查明真相，而自杀和他杀则要从以下几方面加以分析：

（1）从现场的事实状态进行区分。他杀现场痕迹分布零乱，多出现抵抗、搏斗痕迹，有非死者的手印、足迹及遗留物品；现场上有死者无法完成的行为事实，如移尸等。而自杀现场痕迹遗留较整齐，没有抵抗搏斗痕迹，现场上所有痕迹物品均系死者所留，致死工具或遗书留在现场，有时遗留在死者手中或血泊里，死者衣着比较完整。

（2）从损伤特征进行区分。他杀损伤部位不定，可出现在人体的任何部位，有的是死者本人无法达到的部位，损伤方向不一，排列零乱，可有两处以上的致命伤，且重伤多，轻伤少，无试探性伤，常在四肢出现抵抗伤。而自杀损伤多在死者两手能达到的部位，损伤方向较一致，排列比较整齐集中，一般只有一处致命伤，轻伤多，重伤少，多有拭探伤痕，无抵抗伤。

（3）从使用的致死器具进行区分。他杀往往选择锋利的锐器或便于携带的可以挥动的钝器，如匕首、刀斧、榔头、扳手等，主观恶性大的作案人还会使用枪支和爆炸物等。而自杀多使用轻便的或易于取得的器具、物品，如剪刀、剃须刀片、有毒物品、自用枪支等。

（4）从死者生前的表现进行区分。他杀，死者生前无反常表现，没有厌世自尽的动因。而自杀者往往有悲观厌世情绪，有自杀的动因。

2. 分析判断案件性质。分析杀人案件性质是在判明事件性质的基础上，认为有杀人犯罪事实存在，需要立案侦查的前提下进行的。分析杀人案件性质就是要分析作案人杀人的原因，即推断杀人的动机。实践中，分析判断杀人动机应结合尸体和现场上反映出来的种种征象、现场的环境条件，以及在访问中获得的有关被害人的生前表现等情况进行综合分析。在分析判断杀人动机时，应注意杀人现场是否有伪装，及时识破作案人企图改变或转移侦查视线的阴谋。

3. 分析判断杀人时间。作案时间是实施杀人行为的一个必备条件。正确地判明杀人时间，是确定侦查范围，进行摸底排队，肯定或否定犯罪嫌疑人的重要依据。多数杀人案件的杀人时间就是被害人死亡的时间，少数杀人案件的杀人时间与被害人死亡时间则有一定的距离。判断杀人时间的主要依据有：

（1）被害人、死者家属、目击人和有关群众提供的情况。

（2）现场上能表明时间的痕迹物品及陈设状况。例如，钟表损坏指针所指的时间、车船票、电影票等，以及能够说明起居规律的穿衣叠被、脱衣睡觉、泡茶待客等事实状态。

（3）尸体现象的发展变化规律，死者胃内容物的消化程度，血迹、分泌物、排泄物的干湿程度与新旧程度。根据尸温、尸僵、尸斑和尸体的腐败程度，死者胃内容物的消化程度可以判定死亡的时间。遗留在尸体上及其周围的血迹、精斑、粪便、尿液等有助于压缩死亡的时间范围。对于尸体现象，应当在法医的协助下进行分析和利用。

4. 分析判断杀人地点。杀人地点是指作案人实施杀人犯罪的主体现场，是杀人案件的第一现场。在侦查实践中，发现尸体的地方并不一定是杀人地点。有的是作案人移尸至此，有的则是顺水漂流至此，特别是发现尸块的地点，多不是杀人碎尸的地点。准确地推断杀人地点，就是为了判明或寻找杀人的第一现场，只有确定了杀人地点，才能全面地收集痕迹物证，缩小侦查范围，确定侦查方向。

要判明发现尸体的地点是否是杀人的第一现场，应根据尸体的体位、姿势与尸体现象有无矛盾，尸体损伤与现场上的血迹形状及分布状况是否吻合，现场上的搏斗、拖拽痕迹与尸体状态是否相一致，以及尸体上有无他处带来的附着物等。

5. 分析判断杀人手段。杀人手段是指作案人凭借某种工具致人死亡的具体方法，包括杀人方法和杀人工具两方面。正确地分析判断杀人手段，不仅有助于据以判断作案人的年龄、职业、身份以及具备的特殊技能条件，还可以分析判断作案人与被害人的关系、杀人动机以及在现场上的活动情况等。

杀人方法主要从现场访问、尸体检验、现场状态及所处环境等方面进行分析判断。

杀人工具的分析判断，主要通过被害人尸体的姿势，损伤的部位、形状、数量、大小、深浅程度，结合现场血迹、足迹、交通工具痕迹以及其他痕迹物品的分布情况来推断。要注意寻找和发现遗留在现场上的可疑器具，并与尸体上的伤痕进行比较，以便确定其是否为杀人工具。

此外，还应注意对几类特殊杀人案件杀人工具的判断依据，如枪杀案件可根据弹道和弹头、弹壳确定枪支的种类；投毒杀人案件可通过对死者的胃内容物、呕吐物或吃剩的食物及盛毒物器皿的检验，结合被害人中毒症状，判断毒物的种类，等等。

6. 分析判断作案人的情况。对作案人情况的分析判断，主要围绕以下几方面进行：

（1）作案人数。分析判断作案人数主要是根据杀人的手段和被害人的多少，被害人身上的伤痕、移尸距离的远近、移尸工具和现场上的脚印等进行。也可根据现场遗留的烟头等物证的种类和数量、被劫财物的体积和重量等判断。

（2）作案人实施犯罪应具备的条件。包括作案人与被害人的关系，作案人的思想基础、道德品质、行为能力、时空条件、特殊技能条件、拥有物品及获取凶器的条件等。

（3）作案人的人身形象及其他个人特征。人身形象是指作案人的性别、年龄、身高、体态、外貌特征、衣着、发型等综合而形成的作案人形象。作案人的其他个人特点是指作案人的职业、身份、爱好、文化程度、生活嗜好、定型的犯罪手法等。

7. 分析研究现场上的遗留物品。分析现场遗留物品，对于判明作案人在现场上的活动情况，刻画作案人的人身形象和个人特征，查找嫌疑线索，认定作案人都有着重要的作用。杀人案件现场遗留的物品多种多样，要对诸如烟头、纽扣、书信、纸张、毛发等物品认真进行分析，确定这些遗留物是否为作案人所遗留及在什么情况下遗留。还要进一步分析研究这些物品的产销地、使用范围和用途，以便通过这些物品来判断作案人的身份、个人爱好、文化程度、经济状况等。

8. 分析判断杀人过程。杀人过程是指作案人在现场上的全部活动及其先后顺序。包括作案人进入现场的部位和方式，接近被害人的方式和行凶杀人的活动顺序，处置尸体、劫取财物、逃离现场的手段和方法。判断作案人在现场上的活动过程，有助于全面、准确地寻找与犯罪有关的痕迹物证，判断杀人的动机和目的，分析作案人与被害人之间的关系，缩小侦查范围。作案人在杀人现场上的活动过程，应以现场上反映出来的各种现象为依据进行综合分析判断。

四、杀人案件的侦查方法

刑侦部门经过多年的侦查实践，结合杀人案件的规律和特点，总结出了一整套杀人案件侦破的基本方法，它不仅适用于一般杀人案件的侦破，也适用于各类特殊杀人案件的侦破。

（一）及时勘查现场，正确立案侦查

侦破杀人案件通常是从发现的尸体或尸体残肢开始的，刑侦部门接到发现尸体的报告后，应当迅速赶赴尸体所在地点，进行认真细致的现场勘查工作。

杀人案件的现场实地勘验应以尸体为中心，重点开展三方面工作：一是检验尸体伤痕，判明死亡的原因、时间和事件性质，为分析判断案情、确定侦查方向提供依据。二是收集犯罪痕迹物证，为侦查破案提供线索。三是发现杀人血迹，为确定杀人第一现场和判断杀人的方法、手段提供依据。

杀人案件的现场访问，应广泛听取周围群众的议论、猜测和反应，了解被害人的生前表现、家庭关系、经济状况、夫妻感情、利害冲突、积怨矛盾以及个人健康状况等，从中发现犯罪线索，为侦查破案创造条件。

在实地勘验和现场访问的基础上，根据初步掌握的材料，从现场的客观实际出发，对事件的性质和案件性质作出科学的分析判断，从而正确地定性立案、开展侦查。

（二）抓住因果关系，排查嫌疑线索

针对杀人案件中作案人与被害人之间一般多有因果关系的特点，在侦查工作中要善于抓住杀人案件的因果联系，深入摸底排队，通过犯罪结果追溯犯罪原因，由此发现嫌疑线索。

在杀人案件中，引起杀人的矛盾往往是双方面或者多方面的，这种矛盾带有一定的复杂性、多样性和尖锐性，有一个发展变化和暴露的过程，易被群众所察觉，这是通过排查发现犯罪嫌疑线索最有利的因素。因此，侦查人员应抓紧时间对被害人的经济状况、社会关系、政治表现、生活作风、人际交往情况、与他人的矛盾或利害冲突等情况，进行深入细致地调查了解，以便从因果关系中发现犯罪嫌疑人。

在排查嫌疑线索时，应针对不同类型杀人案件的因果关系特点，采取不同的方法进行。对于政治性的谋杀，应从那些与被害人存在某种政治矛盾的人中深入调查；对于因私仇而杀人的案件，则应通过深入访问被害者家属、亲朋故友以及有关知情者，从那些与被害人具有某种积怨、矛盾和利害冲突的人员中，排查嫌疑线索；对于因奸情杀人的案件，一般应从被害人的夫妻关系、婚恋关系、奸情关系中排查嫌疑线索；对于强奸杀人案件，如系熟人作案，主要应从被害人熟识的男性中去排查。如系生人作案，则应从有前科劣迹的人中排查嫌疑线索；对于图财害命的杀人案件，应首先控制赃款赃物，以物找人，同时了解被害人的经济状况及行踪去向，财物的知情范围等情况，排查嫌疑线索；对于遗弃杀人、迷信杀人和其他原因导致的杀人案件，应针对杀人犯罪的具体原因，从被害人的家属、同伴及往来关系等不同范围的人员中发现嫌疑线索。

（三）根据犯罪条件，摸排嫌疑对象

杀人案件的侦查，除从因果关系入手排查嫌疑线索外，还应着重从杀人时间、杀人工具、体貌特征和反常条件等方面深入排查具备杀人条件的嫌疑对象。

1. 杀人的时空条件。时间与空间是事物存在的基本形式，刑事案件也不例外。作案人要实施杀人行为必然要有特定的杀人时间和空间，并与这一时间和空间形成一种特定联系。因此，有无杀人的时空条件，是确定其是否杀人的关键问题。仅仅具有杀人的因果关系还不能证实嫌疑对象就是犯罪嫌疑人，还必须同时具备杀人的时间和空间条件，才能进一步使其杀人的嫌疑增加。在侦查实践中，排查作案人是否具备作案时空条件时要注意以下几种情况：

（1）作案人是否故意制造假象以证明其不在现场。

（2）其同伙或亲属是否有包庇、提供伪证的行为。

（3）群众或邻居是否有胆小怕报复、不敢作证的情况。

（4）是否有误证的可能等。

2. 杀人工具条件。作案人杀人一般都有作案工具。作案人杀人后，往往将杀人工具丢弃在杀人现场或丢弃在野外或带回家中隐藏。在实地勘验和现场访问时，应注意发现作案人遗留的作案工具，或根据伤痕、工具痕迹判明杀人工具的种类。从调查杀人工具入手，查明其是作案人随身带来的还是就地取材的，是何人所有、何人丢失的，往往可以由物到人发现作案人。

3. 体貌特征和反常表现条件。虽然故意杀人行为比较复杂，但是作案人在现场上的活动情况可以从遗留的痕迹物证上反映出来。通过对这些痕迹物证的研究，可以判断作案人的人数、性别、身高、年龄、职业、外貌、体态、衣着，以及与被害人的关系等。作案人杀人后，由于受心理因素的影响，大都表现反常，有的突然离家出走，有的到处摸底试探，有的制造谣言企图转移侦查视线，有的则过分表白自己，有的洗刷衣帽鞋袜、粉刷墙壁、冲洗地面，等等。这些反常表现，均可作为排查嫌疑对象的参考条件。

（四）围绕痕迹物证，确定重点嫌疑

杀人现场遗留的犯罪痕迹物证，是作案人行凶杀人最客观真实的反映。侦查人员应抓住作案人在现场上遗留的痕迹物证，深入地开展调查工作，并且要善于根据案件中人、事、物之间的相互关系和内在联系去发现、甄别、确定重点嫌疑人。

根据杀人案件现场遗留痕迹物证的不同情况，一般可以从以下几个方面开展调查，发现线索，确定重点嫌疑对象：

1. 从调查杀人凶器入手，弄清凶器的来源及去向，从中发现重要线索。

2. 从调查现场上作案人遗留的纽扣、鞋帽、手套、衣服、衣服碎片、车票、书信、证件等物品入手，弄清这些物品是何人所有或何人穿戴使用过，从中发现重要线索。

3. 对尸体上的附着物，如稻谷、泥土、煤屑、草木、油漆、金属碎屑等，聘请有关专家进行鉴定，为判断和调查上述物品的产销地区和原属何地区、何场所，提供科学依据。

4. 对犯罪现场提取的毛发、精斑、血迹等物证，应及时送有关刑事技术部门，与嫌疑人的样本进行对比检验，鉴定是否同一，以认定作案人。

5. 根据现场上的手印、脚印等痕迹，判断作案人的年龄、身高、体态和步法特征，并将其作为排查条件之一，去发现和确定作案人。

6. 根据现场上遗留的破坏工具痕迹、交通工具痕迹反映出的工具种类、规格、式样，以及轮胎花纹、磨损程度等特征，通过辨认、鉴定等方法发现、确定重点嫌疑人。

7. 有赃款、赃物的杀人案件，可从调查控制赃款、赃物入手去发现、确定重点嫌疑人。

（五）运用多种侦查措施和手段，及时取证破案

在确定重大嫌疑对象之后，指挥人员要善于抓住有利战机，大胆地运用多种侦查措施和手段，以尽快查明犯罪事实，获取证据，及时破案。

在实际工作中经常采用的侦查措施和手段主要有追缉堵截、通缉通报、控制销赃、公开搜查、视频侦查、并案侦查、公开辨认、外线侦查等。

（六）加强审讯工作，补充犯罪证据

经过综合运用各种侦查措施和手段，获取了犯罪嫌疑人确凿的犯罪证据后，侦查人员即可对其依法采取刑事强制措施，并及时进行侦查讯问。侦查讯问是整个侦查活动的重要环节之一，也是侦查人员与犯罪嫌疑人面对面的攻心斗智阶段。这一阶段的主要任务是通过讯问迫使其坦白认罪，弄清杀人犯罪的全部事实和经过，甄别其口供的真伪，补充犯罪证据，深挖余罪，扩大战果。

1. 讯问前要做好充分的准备工作。讯问犯罪嫌疑人时，侦查人员应依法利用自己的主动地位施计用策，消除其侥幸心理，迫使其作出真实供述。因此，在讯问前必须做好充分的准备工作：

（1）全面熟悉案情，掌握案件的来龙去脉和细节；

（2）制订出周密、灵活、有针对性的讯问计划；

（3）掌握犯罪嫌疑人的心理状态，做到心中有数，有的放矢。

2. 讯问中要查清楚的有关问题：

（1）实施杀人的具体时间、地点和手段；

（2）杀人凶器、毒物等的种类、名称、来源及下落；

（3）被害人被致伤、致死的情况和原因；

（4）犯罪嫌疑人与被害人之间的利害关系；

（5）犯罪嫌疑人杀人的预谋过程、杀人的动机；

（6）犯罪嫌疑人杀人的具体过程；

（7）是单独犯罪还是共同犯罪，如果是共同犯罪，还要弄清每名犯罪嫌疑人在犯罪过程中的地位、作用，分清主次、轻重；

（8）深挖余罪，审查犯罪嫌疑人是否有其他罪行。

3. 对证据材料的审查。通过讯问，要对整个案件的材料进行一次全面的审核，使案件证据体系达到证据确实、充分的标准，符合定案的证据规格。

第二节　盗窃案件侦查

一、盗窃案件的概念、分类

（一）盗窃案件的概念

盗窃案件是指以非法占有为目的，秘密窃取公私财物，数额较大的，或者多次盗窃、入户盗窃、携带凶器盗窃、扒窃的案件。

按照我国现行法律的规定，盗窃案件的立案标准一般以被盗公私财物的数额来衡量，一般达到数额较大时，就应受到刑事追究。根据最高人民法院、最高人民检察院 2013 年发布的《关于办理盗窃刑事案件适用法律若干问题的解释》，盗窃公私财物“数额较大”“数额巨大”“数额特别巨大”的标准如下：个人盗窃公私财物价值人民币一千元至三千元以上的，为“数额较大”；个人盗窃公私财物价值人民币三万元至十万元以上的，为“数额巨大”；个人盗窃公私财物价值人民币三十万元至五十万元以上的，为“数额特别巨大”。另外，依据《刑法》第二百六十四条规定，盗窃犯罪包括五种情况，即盗窃公私财物，数额较大的，或者多次盗窃、入户盗窃、携带凶器盗窃、扒窃。

（二）盗窃案件的分类

盗窃案件的情况比较复杂，可以从不同的角度进行分类，主要包括：

1. 根据作案方式不同，可以将盗窃案件划分为入室盗窃案件、扒窃案件等。

入室盗窃案件是指作案人通过使用工具撬门、破窗、挖洞、翻天窗、爬阳台等方式，侵入单位的室内或居民住宅，秘密窃取公私财物的案件。

扒窃案件是指作案人采取不同的掩护方法，在公共场所趁事主和周围群众不留意之际，秘密地攫取被害人随身携带的财物，或者盗窃车内财物的犯罪案件。

2. 根据盗窃案件作案人与侵犯对象的关系不同，可以将盗窃案件划分为内盗案件、外盗案件和内外勾结盗窃案件。

内盗案件是指被盗单位内部人员秘密窃取本单位内部财物的案件。

外盗案件是指被盗单位外部人员（包括流窜作案人）所实施的盗窃犯罪案件。

内外勾结盗窃案件是指被盗单位内部人员和外部人员相互勾结盗窃本单位、本部门公私财物的案件。

3. 根据盗窃案件作案人针对的盗窃目标的不同，可以将盗窃案件划分为盗窃居民住宅案件、盗窃银行案件、盗窃文物案件、盗窃机动车案件等。

二、盗窃案件的特点

（一）犯罪全过程具有隐蔽性，作案人与事主不发生正面接触

这是盗窃案件最基本的特点，是其区别于其他侵财犯罪案件的根本标志。盗窃案件是在事主完全不知情的情况下，秘密地把财物窃走。这个特点使盗窃案件的侦破工作具有一定的难度。

（二）作案人在实施盗窃犯罪行为之前，一般都要进行踩点等预谋活动

踩点是作案人在实施盗窃犯罪行为之前，对盗窃犯罪目标所进行的一系列寻找、选择、观察和研究活动，包括以购买商品、游逛、玩耍、交往、上门服务等正常活动为掩护，暗中寻找和选择盗窃目标；窥测、潜入盗窃犯罪现场、贴近盗窃犯罪目标、实施盗窃犯罪行为、逃离盗窃犯罪现场或者脱离盗窃犯罪目标的路线和方法；了解掌握事主和现场周围群众的活动规律，以选择、确定作案时机等。盗窃案件作案人在实施盗窃犯罪行为之前所要进行的其他预谋活动，主要包括购买、外借、盗窃、制造作案工具或者交通运输工具等。

针对这一特点，侦查中需要注意的是，踩点往往会使作案人的人身形象特征暴露在事主和现场周围群众的视野之中。因此，在盗窃案件发生之后，侦查人员要积极发动群众，调动他们把案前所感知的各种异常现象与盗窃犯罪案件联系起来，形成嫌疑线索。

（三）犯罪现场上一般遗留有犯罪痕迹及其他物证

作案人进入现场之前，往往要以撬门、破窗、挖洞等方式，打开进入现场的通道。进入现场之后，往往又要以撬压、打击等方式，破坏箱、柜等家具的锁具，以获取赃款、赃物。于是，在犯罪现场上便会留下各种破坏痕迹。同时，作案人在犯罪现场上行走和触摸某些物品时，可能留下自己的足迹、手印和自身的气味等。有时作案人还会将作案工具（包括破坏工具、照明工具等）和其他一些随身携带的物品遗落在现场上。上述痕迹物证，对于揭示作案人的个人特点，确定侦查方向、侦查范围和寻找、发现侦查线索具有重要意义。

（四）系列盗窃案件作案人的作案手法一般都具有习惯性

盗窃案件作案人尤其是盗窃惯犯，在长期、频繁的犯罪活动中，往往会形成最为得心应手的犯罪手法。例如，在入室盗窃时，有的作案人习惯于挖洞，有的则习惯于撬锁、揭瓦或者破窗等；在扒窃时，有的作案人习惯于掏包，有的则习惯于使用刀剪切割事主的提包、挎包或者调换提包、挎包等。作案人在使用某种定型手法作案时，往往容易得逞，加之存在侥幸或者急切心理，因而不愿意改变业已固定成型的作案手法，这种手法会在作案人所实施的系列案件中反映出来。

侦查人员研究盗窃案件作案人的作案手法是否具有习惯性，有利于发现并案线索，实施并案侦查，也有助于在讯问已被抓获的犯罪嫌疑人时，深挖余罪，扩大战果。同时，通过对盗窃案件作案人定型作案手法的研究还可以直接从犯罪资料档案中，发现犯罪嫌疑线索。

（五）有赃款赃物可查

有赃款赃物可查是盗窃案件最突出的特点之一。在盗窃案件发生之前，作案人常常会表现出对于某种财物的非分需求和强烈贪欲。在盗窃案件发生之后，作案人会持有、使用、销售或者以其他方式处理赃款赃物。在此期间，赃物对于作案人来讲，则由案前的追求转变为心理负担，这种心理负担必然外化为程度各异的行为、情绪表现，通常会暴露出一些能够让群众察觉的可疑迹象。侦查人员可以充分利用这一特点，使作案人从赃物方面不由自主地自我暴露出来，并且通过控制销赃、调查摸底、秘密搜查、跟踪守候等侦查措施，发现、查获赃物，进而通过事主对赃物的辨认、识别，揭露、证实犯罪。即使有时赃物不在作案人手中，也可以通过赃物持有人，有效、及时地摸排到嫌疑对象。

三、盗窃案件现场勘查的重点

（一）盗窃案件现场勘查应查明的主要问题

不同种类的盗窃案件现场有着不同的规律和特点，因而勘查的方法、重点等也有所不同，但各类盗窃案件现场勘查应查明的主要问题却基本一致，主要包括以下几个方面：

1. 作案人采用什么方法，在什么时间、从什么部位进入和逃离现场。对盗窃案件进行现场勘查的首要任务就是要确定作案人进入财物存放地以及将财物带离存放地的具体位置，即现场出入口。

2. 作案人进入现场之后，进行了哪些活动，其过程和特点如何，包括活动过程是否简捷，作案目标是否准确、集中等。

3. 作案人破坏了哪些部位，使用了什么工具，采用什么破坏方法，手法是否熟练，是否能够反映出某种职业特点或者习惯性手法。

4. 作案人采用什么方法和运输工具运输赃物。

5. 在作案人出入现场的道路和容易接触的物品上以及被破坏的客体及其所在处所，是否遗留下手印、足迹等痕迹或其随身携带的物品。

6. 是否应当采取追缉堵截、通缉通报等侦查措施等。

（二）盗窃案件现场实地勘验的重点

盗窃案件的侦查工作，一般从实地勘验开始。盗窃案件实地勘验的重点主要包括以下几个方面：

1. 现场的出入口。盗窃案件现场的情况比较复杂，不同案件现场出入口的具体位置、结构、形态、特征各不相同。对大多数盗窃案件现场，主要应勘查出入口的位置、结构、大小、破坏结果形成的原因、破坏的程度，以及在这一部位遗留的痕迹物品等。如果作案人是攀登、翻越围墙等屏障或者是撬锁、破窗、挖洞进入现场的，应当注意寻找作案人遗留的手印、足迹和破坏工具痕迹；如果作案人是利用某种机会事先潜入现场的，应当注意寻找其在隐藏地点遗留的坐、卧痕迹及烟头等痕迹、物品。

2. 现场的中心部位。现场的中心部位是作案人实施盗窃犯罪行为的主要部位，是与犯罪行为关系最为直接和密切的部位。因此，也是现场实地勘验的重点部位。对现场中心部位的勘验，应以被盗财物的存放点和存放物为中心，重点勘查作案人在实施盗窃行为时撬压、破坏箱柜、抽屉，寻找、翻动、窃取财物时所留下的痕迹和遗留的物品。在勘查中，应特别注意作案人可能接触到的物体和部位、盛装财物的物体，作案人站立、行走、碰撞、翻动和破坏的相应地面、桌椅、床面和其他被踩踏过的物体以及中心现场的隐蔽部位，从而发现作案人的指纹、脚印、破坏工具痕迹及其他痕迹物品等。

3. 现场外围。现场外围也叫外围现场，是指作案人进入中心现场实施盗窃行为前后进行与盗窃行为有关的其他各种活动的场所，如进行踩点、窥视、转移赃物、暂时停歇的地点和场所。作案人在外围现场活动过，必然会遗留下或多或少的痕迹和物品。对现场外围的勘查和搜索，主要是对作案人进入现场的路线、逃离现场的路线和中心现场的外围部位的勘查和搜索。在勘查中，侦查人员应注意分析现场周围环境条件与作案人出入现场路线的关系，判断作案人对现场的熟悉程度，注意从出入路线附近寻找隐藏的赃物，同时也要加强对出入路线附近群众的走访。

（三）盗窃案件现场访问的重点

盗窃案件发生后，事主和有关群众提供的失窃情况对侦查破案有着重要的作用。现场访问能为侦查人员采取紧急措施提供重要材料，弥补实地勘验的不足，有助于正确判断盗窃现场中所发现的痕迹和物证，并结合现场实地勘验的情况，为分析案情和确定侦查方向提供重要依据。现场访问的重点主要包括以下几个方面：

1. 事主是在何时、何情下发现被盗的；

2. 被盗财物的种类、数量、特征如何，是何人在何时、何情下最后一次看到被盗物品的；

3. 被盗物品在被盗之前存放在什么部位，是谁在何时存放的，当时在场的以及了解这一情况的还有哪些人；

4. 放置被盗物品的房间是否上锁，钥匙由谁保管，还有谁知道钥匙存放、保管的情况或熟悉金柜锁具开启的方法；

5. 发案前现场情况如何，现在发生了哪些变化，是否存在可疑物；

6. 实地勘验前有谁进入过现场，触摸或者移动过哪些物品；

7. 事主认为谁具有作案嫌疑，根据何在；

8. 发案之前，被盗单位或者家庭成员是否发现过形迹可疑者来此探问或窥测某些情况，其人身形象特征如何；

9. 财物保管、值班、巡逻制度的建立和执行情况如何，有无漏洞；

10. 财物保管人员、护卫人员的思想品质和工作情况如何，过去有无侵吞、贪污公款的行为，生活作风是否正派，家庭经济状况如何，经常和哪些人交往，执行规章制度是否严格，财务手续是否完备、清楚，等等。

（四）盗窃案件案情分析的重点

现场实地勘验和现场访问结束后，应及时召开现场讨论会，在全面占有材料的基础上，对案情进行初步的分析判断。

1. 对事件性质的分析判断。通过现场勘查，首先要确定所勘查现场是否为被盗现场，有无报假案的情况。如果是被盗现场，要查明被盗财物的数量、价值、使用情况，判断是否符合盗窃案件的立案标准。如果确已被盗，且符合立案标准，则应根据现场的出入口、财物被盗情况、作案人对现场的知情情况，分析为内盗、外盗或内外勾结盗窃等，从而确定侦查方向。盗窃案件性质的判断比较复杂，仅凭现场勘查的情况来判断是比较困难的，应结合现场周围的环境、被盗财物的存放情况和知晓范围等综合分析，才能作出比较准确的判断。

2. 对作案时间的分析判断。对作案时间的准确判断，是划定侦查范围，发现和认定犯罪嫌疑对象的重要依据。分析判断作案时间可从以下几个方面入手：

（1）被盗财物存放、发现被盗以及最后一次看见被盗财物的时间；

（2）事主在发案之前最后一次进出现场的时间及其与发现被盗时相隔的时间；

（3）现场痕迹的新鲜程度；

（4）现场周围群众生产、生活的规律，过往人员较多或者较少的时间，作案人最适宜的作案时间；

（5）事主和周围群众听到被盗现场发出某种异常声响、看到某种可疑迹象的时间等。

3. 对作案工具和手段的分析判断。作案人实施盗窃犯罪行为时所使用的工具和所采取的手段，可以反映出其是偶犯还是惯犯，有时还可以反映出其职业特点。分析判断的主要依据有：

（1）通过现场入出口的种种现象，研究作案人潜入、逃离现场的部位，选择的途径，采用的方法以及破坏障碍物时所使用的作案工具；

（2）现场上存放财物的器具被破坏的状况；

（3）事主关于案件发现经过的陈述；

（4）现场上遗留的作案人故意伪装或者毁灭犯罪痕迹、物证的种种迹象。

4. 对作案人数的分析判断。对作案人数的判断，主要应根据作案人遗留在现场上的指纹、脚印、工具痕迹和被盗物品的数量、质量、体积并结合运赃的方法综合加以考虑。如果现场发现的指纹、脚印属不同的人所留，可以判断是两人以上的共同作案。如果现场只有一个人的指纹、脚印，则多是一个人所为。如果被盗财物体积较大、数量较多、重量较重，一人根本无法搬动或不能在特定的时间内转移，又无使用车船等交通运输工具运赃的可能，那么可判断为两人或两人以上作案，等等。

5. 对作案人个人特点的分析判断。分析判断作案人的个人特点，即给作案人画像。作案人的个人特点主要包括身高、性别、年龄、体态、偶犯、惯犯、爱好和职业特点等。分析、判断的依据有：

（1）作案人遗留于盗窃犯罪现场上的手印、足迹、破坏工具痕迹以及其遗留于现场上的随身携带物品等；

（2）作案手法的熟练程度和智能化程度；

（3）被盗物品的种类、用途、数量和价值；

（4）调查访问时证人提供的情况等。

6. 对作案人处理赃物方式的分析判断。作案人窃得公私财物之后，通常会采取使用、变卖、隐藏以及转移等方式进行处理。正确分析、判断作案后处理赃物的方式有助于及时准确地控制、寻找和发现赃物，为侦查破案提供线索和证据。分析判断的依据有：

（1）赃物的种类和用途；

（2）赃物的自身价值及其市场行情；

（3）有关部门对市场的控制管理状况。

四、内盗案件的特点和侦查方法

（一）内盗案件的特点

1. 盗窃目标比较准确，盗窃对象具有选择性。这是内盗案件中一个十分突出的特点。内盗案件作案人往往能够对犯罪现场内存放盗窃目标的情况掌握得比较准确。因此，进入现场后，一般都能直接针对作案目标实施犯罪，现场很少留有盲目翻找的痕迹，也极少因寻找财物而在其他部位留下多余的指纹、脚印等。另外，内盗案件的作案人往往对盗窃对象进行选择，一般只盗取现金。这是因为，内盗人员作案时最担心的是被熟人认出，对有特征、有物主的物品，一般不去偷，而是选择无明显特征的现金，既携带方便，又便于隐藏。

2. 作案时间、路线选择恰当，现场翻动不大。由于作案人有机会和条件了解、熟悉现场环境，因此在选择作案时间、作案路线时，往往不自觉地暴露出作案时间恰当、能够避人耳目、作案路线捷径、出入口方便易行等特征，现场出入口很少被破坏，即使有较大破坏，往往也是为了伪装现场、转移侦查视线。

3. 作案方法简单，作案工具轻便。内盗案件的作案人因具有熟悉现场、在作案前有条件进入现场等便利条件，在实施盗窃的过程中，往往使用比较简单的方法和手段。他们一般不采用钻、撬、凿等声响大、复杂的盗窃手段，而是利用出入现场方便的条件，或事先进入现场悄悄打开窗户、拧松螺丝、拔去插销，或事先偷配所需钥匙、自制特殊工具等，所使用的作案工具轻巧、方便，既便于携带，也便于使用。

4. 现场多有伪装，情理不合。作案人为了避人耳目，转移侦查视线，在实施犯罪的过程中，往往会制造外盗的假象，如故意砸毁进入现场时不需要毁坏的门窗、故意撬破门锁、故意将属于他人的物品遗弃在现场上、穿他人的鞋作案等。虽然对现场进行了伪装，但常常出现只伪装入口，忘记出口，或是伪装的出入口经过侦查实验后发现根本不能出入等不合情理的现象。因此，遇到不合情理的“外盗”现象，要谨慎判断，认真分析其中的矛盾。

5. 发现案件较迟，不易收集证据。由于作案人作案目标比较准确，现场破坏较小，遗留的痕迹物证较少，往往不易被发现，常常要等到清点财物或要使用某一物品时才发现被盗。由于时间过去较久，原始现场往往已经遭到破坏，很难发现和提取到有价值的痕迹物证。

6. 作案人一般不急于处理赃款赃物。为了表明此案与自己无关、不是本人所为，内盗案件的作案人在案发后多不急于逃跑，而是装出若无其事的样子。对盗窃所得的赃款赃物也不急于出手，以免被人发现。但是，当经过较长时间的侦查没有结果时，作案人常常麻痹大意而暴露赃款赃物，这可以为侦查机关确定侦查方向和侦查范围奠定有利的基础。

以上列举的特点具有一定的典型性。在侦查实践中，内盗案件与外盗案件的特点有时具有一定的模糊性，必须结合各个案件的具体情况进行综合分析。

（二）内盗案件的侦查方法

对于判定为内盗的案件，可针对内盗案件的特点，采取“立足内部，以内为主，内外结合”的工作方针展开侦查。

1. 公布案情，发动群众检举揭发。公布案情，发动群众检举揭发，是侦破各类刑事案件较多采用的基本方法之一。对于内盗案件的侦查工作来讲，此方法的效果尤为突出。一旦将案件性质确定为内盗，侦查的范围便局限于被盗单位内部，由于作案人和内部人员的接触不可避免，其自身所固有的疑点就会或多或少、不同程度地暴露在群众的视线之中。在公布案情之后，对于作案人暴露出来的种种疑点，群众就会作出一定的认识和评价。

此时，作案人会感到一种无形的压力，会情不自禁地流露出一些反常行为和情绪表现，这无疑促进了作案人再一次暴露。但是，侦查机关在公布案情时，必须把握好分寸、尺度，以避免给侦查工作造成障碍和困难。

2. 充分利用现场痕迹物证，发现侦查线索。内盗案件的作案人大多为偶犯，作案经验不足，有的虽然在现场进行了一定的伪装，但在其出入口、现场中心部位仍然可能留下一些痕迹物证，如手印、脚印、工具痕迹、遗留物等。对现场遗留的痕迹、物证要从其形成、来源、技能特征等方面进行深入的研究，为侦查方向的确定提供依据。

3. 运用内紧外松策略，加速作案人暴露。内盗案件，作案人往往隐蔽较深，伪装巧妙，一时不易被识破。在证据不足时，又不能轻易采用技侦手段。因此，可以利用作案人从紧张慎重到侥幸再到最后麻痹大意的心理变化过程，采用内紧外松的策略，给作案人提供销赃的条件，以引蛇出洞。

五、外盗案件的特点和侦查方法

（一）外盗案件的特点

1. 实施犯罪前多有踩点活动。外盗案件的作案人对现场环境不熟悉，更不了解被盗目标财物的存放和保管情况，为了选择和确定作案目标，了解和熟悉出入路线、周围环境，确保作案的成功和安全，作案人一般都要进行案前“踩点”。踩点活动虽然为作案人实施盗窃活动提供了有利条件，但也是其自我暴露的过程，它不仅使作案人在某一特定时间和地点暴露了自己的人身形象，还不可避免地在踩点地留下或多或少的痕迹物证。

2. 现场出入口明显。外盗案件的作案人一般没有条件或机会比较顺利地进入财物的存放地，也不可能轻易地接触到所盗财物，除极少数预先潜伏在财物存放地实施盗窃的情况外，大都要采用破坏性的手段，去破坏阻碍其进出现场的门窗、墙壁等，如采取撬门、破窗、挖洞、从屋顶翻入、砸碎玻璃等方式。在现场勘查中，只要仔细寻找，就能发现出入口以及出入口上的撬压、打砸、翻爬等痕迹。

3. 盗窃目标不准，现场破坏较重。由于不了解现场的环境，或者虽经过踩点活动，对被盗对象的情况有所了解，但不可能像内部人员了解得那么详细和准确，作案人的盗窃目标往往不够准确，而且在实施盗窃中还要破坏两道障碍，即进出口的障碍和存放财物的保护障碍。因此，现场上多表现出出入路线明显、现场紊乱、破坏痕迹多、破坏面积大等特点。例如，在进出口，采用破窗撬锁、割壁挖洞、越墙攀屋、破天窗、揭瓦等手段；对物品存放处，采取撬压、扭别、砸击、切割、钻孔、搬运等手段破坏障碍物。因此，外盗案件现场遗留的痕迹、物证较多。

4. 有外部人员作案的特征。外盗案件现场常常能反映出外部人员作案的特征，主要表现在：作案手段、遗留的有关痕迹物证与外地、外单位发生的盗窃案件相同；遗留在现场上的物品属于外地区、外单位被盗的物品；现场遗留的有关物品，如衣物、作案工具、票证等，多是外地区、外单位生产和使用的物品等。

5. 犯罪成员复杂，侦查难度较大。外盗案件的作案人员构成比较复杂，既有本地人也有外地人，既有惯犯也有偶犯，但以惯犯和流窜犯居多。他们胆大妄为，有自己惯用的作案手法和手段，有掩盖犯罪、逃避打击的经验，呈现出连续作案、屡作大案的特点。加上外盗案件中作案人落脚藏身的地点往往不确定，给侦破工作增加了许多难度。这也是实践中外盗案件的破案率明显低于内盗案件的原因之一。在确定为外盗的案件中，由于作案人具有一定的区域性和流窜性，因此必须进一步分析是本地人作案还是外地人作案，以便准确地确定侦查方向和侦查范围。

本地人所为的外盗案件一般具有如下特征：现场遗留的物品大多是本地产品或本地市场上出售的外地商品；在盗窃的物品中，有只能在本地使用的票证等；盗窃的物品体积大、重量大，不易远运；作案手段和遗留痕迹与本地以前发生的盗窃案件相同等。

外地人所为的外盗案件一般具有如下特征：作案地点多选择在交通沿线或易得手、逃脱方便的场所；作案目标不固定，盗窃对象多系轻便易带的现金、有价证券及贵重物品等；常连续作案；现场翻动较大，多留下指纹和足迹等痕迹；现场遗留有外地的车船票、住宿单据、证件和标记外地的物品（如报纸、包装物）等；现场遗留的指纹、足迹与外地发生的案件相同；将赃物运往外地，或在外地已经销售，等等。

（二）外盗案件的侦查方法

侦查外盗案件，要充分利用现场勘查、现场访问所获取的材料，进行全面细致的分析，从而确定侦查方向和侦查范围，并加强对赃款赃物的查控，为确定侦查对象提供条件。

1. 通过痕迹物证，分析判断案情。外盗案件的作案人，不管是本地人还是外地人，其对现场存放财物的部位并不熟悉，在作案过程中常常表现出一定的盲目性，为了寻找需要的财物，在现场翻动较大，接触现场中的物品较多，因而遗留在现场上的痕迹物证也较多。因此，在现场分析时，要充分运用现场中发现的各种痕迹物证，结合现场访问、现场搜索所获取的各种信息资料，全面分析案情，刻画犯罪条件。如运用现场上遗留的足迹种类，可以分析作案人数，根据足迹的长短和步幅特征，可以分析作案人的身高、体态；根据赤脚印的形状、鞋印的磨损程度，可以分析作案人的年龄；根据现场上的翻动情况和被盗物品的情况，可以分析作案人的动机和目的；根据现场上撬压痕迹的形成情况和熟练程度，可以分析是偶犯作案还是惯犯作案，等等。

2. 深入扎实地进行摸底排队。根据在分析、判断案情过程中对作案人应具备的作案条件、人身形象及其他个人特点的刻画，在已确定的侦查范围之内，深入扎实地进行摸底排队，是发现犯罪嫌疑对象的重要方法。在摸底排队工作中，应注意以下几点：

（1）注意在作案时间上发现嫌疑线索。只要某人存在疑点，而且具有作案时间，就应进行认真的审查。

（2）以作案人的作案手段、遗留在犯罪现场上的作案工具以及有关痕迹、物证作为基点，逐步缩小侦查范围，确定犯罪嫌疑对象。

（3）注意寻找、发现犯罪嫌疑对象在盗窃犯罪现场附近的落脚点和窝点。

（4）注意发现和审查案发前对被盗物品流露出强烈占有欲，案发之后经济上呈现暴发迹象的可疑人员，等等。

3. 严密控制赃款赃物。赃款赃物是揭露和证实盗窃犯罪的主要证据之一，外盗案件也不例外。外盗案件作案人实施盗窃的主要目的是个人享受挥霍，因此调查控制赃款赃物已成为侦破外盗案件的主要途径之一。必须根据赃款赃物的种类、数量、用途、价值及具体特征，针对案件的具体情况，充分估计作案人处理赃款赃物时可能采取的种种方式，予以严密控制。具体方法如下：

（1）对作案人可能销赃或者采取其他方式处理赃款赃物的场所进行控制，以便从中发现侦查线索。

（2）如果赃物中有存折或银行卡，应当布置有关银行、储蓄所予以控制，同时也可以安排力量进行守候。

（3）根据案件的具体情况和侦查工作的实际需要，及时发布赃物协查通报，以便与有关地区的公安机关搞好协同作战。此种方法对于流窜盗窃案件的侦破工作具有重要意义。

4. 组织力量巡查守候。根据作案人活动的规律特点，分析其可能在有关场所再次作案时，应迅速布置力量，在其可能继续作案的地区或场所，进行守候或巡查，以便当场将其抓获。

5. 及时追缉堵截。发生外盗案件后，如判断作案人尚未远逃，应及时迅速组织力量，运用现代化的通信工具、交通工具和准确的刑事犯罪信息情报，在该地区的车站、码头和重要的交通道口等有关地段，进行跟踪追缉、设卡堵截。

6. 加强阵地控制。作案人只要活动就离不开吃、住、行、销的场所，如果对这些场所加以严密控制，就能达到张网以待、及时查获犯罪嫌疑人的目的。因此，不管是本地人作案，还是外地流窜犯作案，加强阵地控制，都是查控犯罪嫌疑对象的有效措施。

7. 查对犯罪前科信息。如果认为某盗窃案件有可能为惯犯所实施时，可利用有关信息数据库查询、检索、比对有关数据发现侦查线索。

8. 认真审查被拘捕的重大犯罪嫌疑对象。实践中，有的外盗案件在被侦破之前，作案人可能会因为在本地或者在外地继续作案而被拘捕。因此，在侦破过程中，侦查人员既要注意加强对已被拘捕重大犯罪嫌疑对象的审查工作，也要注意与有关地区公安机关的密切配合。

9. 及时发现系列盗窃案件线索，实施并案侦查。外盗案件中的作案人，以惯犯和流窜犯居多，有连续作案、屡作大案的特点，往往是一夜之间连盗数处，得手即逃，逃后寻机再干。并案侦查是打击惯犯、流窜犯和犯罪集团的有效措施。对于本地区和邻近地区连续发生的作案手段或现场遗留痕迹物证相同的盗窃案件，如果判断是同一伙或同一个人所为时，就可以集中侦查力量，并案侦查。侦查人员应注意从侦破现案、犯罪情报资料、对犯罪分子的审查处理以及从其他地区发来的通缉、通报材料中发现并案线索。

六、内外勾结盗窃案件的特点和侦查方法

（一）内外勾结盗窃案件的特点

内外勾结盗窃案件，是指由被盗单位内部人员与外部人员相互勾结、共同实施的盗窃犯罪案件。它在盗窃案件中占有一定的比例。

内外勾结盗窃案件的作案人，既有失窃单位内部的人员，又有社会上的外部人员，他们相互勾结，共同实施盗窃犯罪行为。因此，这类案件兼有内盗案件和外盗案件的某些特点。

1. 内外勾结，里应外合。这是内外勾结盗窃案件的一个显著特点。一般情况下，内部和外部的作案人平时有一定的交往，在实施盗窃行为前相互之间有预谋策划过程，多由内部人员提供作案条件和线索，外部人员具体实施，作案后共同分赃。

2. 目标准确，时机恰当。内外勾结盗窃案件有内部人员参与，单位内部人员能够准确地提供财物的存放位置、现场周围的环境情况、值班守护情况。因此内盗案件具有作案目标明确、作案时机选择恰当、进出路线选择比较隐蔽等特点。有的案件中，内部人员还可能为作案提供有利条件，如事前故意不关好门窗或配置好开门、开保险柜的钥匙，有的还给外部人员绘制现场图等。

3. 伪装现场，掩饰真相。在内外勾结盗窃案件中，内部的作案人为了掩饰自己与案件的关系，防止人们将其与盗窃案件联系起来，一般不直接参与盗窃行为的具体实施，只是向外部人员提供有关情况、共同密谋策划作案计划外，还常常指使外部人员制造假象、伪装现场。例如，虽然有条件比较顺利地进入现场，但会采取砸门、撬锁、破窗等行为对现场进行破坏，或者故意在现

场上留下其他外部人员的有关物品，使案件表现出外盗案件的特点。

（二）内外勾结盗窃案件的侦查方法

内外勾结盗窃案件的作案人员构成比较复杂，既有内部人员，又有外部人员。内部人员中，既有职工，又有家属；既有在职人员，又有退休退职人员。外部人员中，既有惯犯，也有偶犯；既有本地人，也有外地人。内外勾结盗窃案件既具有内盗案件的特点，又具有外盗案件的特点。因此，在侦查过程中，侦查人员应综合运用内盗案件和外盗案件的侦破方法，从单位内部着手，内外结合，首先排查出单位内部的重点嫌疑对象，然后再从单位内部重点嫌疑对象的社会关系中寻找外部重点嫌疑对象。

1. 审查内部人员，排查重点嫌疑对象。侦查内外勾结盗窃案件，很重要的一点就是发现内部嫌疑对象，这可以从审查内部人员入手。首先，应在有条件接触被盗财物和熟悉被盗财物存放情况的人员中排查；其次，要发动群众提供线索，检举在案发前后有可疑言行和神态反常表现的人，并详细了解其是否有作案的思想基础。如果既比较熟悉被盗财物的情况，又有作案的思想基础，且在案发前与外部可疑人员具有不正常的密切接触，案发后又有反常表现的，则可列为重点嫌疑对象。

2. 开展深入细致的摸底排队工作，发现外部嫌疑对象。内外勾结盗窃案件的直接作案人，大多都是外部人员，因此在现场勘查中一般都会发现外部人员留下的痕迹物品。针对外部人员的摸底排队就应紧紧抓住这些痕迹、物品，进行广泛的社会调查，寻找可能留下这些痕迹物品的人。同时，调查了解这些人在发案期间是否与内部嫌疑人员有密切交往，是否具有直接作案的时间条件，案发后是否拥有原来没有的贵重物品，在经济上是否有与自己收入不符的异常情况等。

3. 严密控制赃物，及时证实嫌疑。严密控制销赃渠道是侦破盗窃案件的一项重要的侦查手段。盗窃案件中，除盗窃现金外，作案人一般都要将盗窃的物品，通过销赃渠道变卖成现金，以供自己挥霍享用。因此，案发后侦查人员应及时在犯罪嫌疑人易于销赃的地区和场所进行布控，以发现犯罪线索。

七、扒窃案件的特点和侦查方法

扒窃案件，是指作案人以非法占有为目的，在公共场所采用手掏、刀割、夹取等方法，秘密窃取被害人随身携带财物的案件。扒窃案件是盗窃案件的一种特殊形式，属于多发案件但破案率却相对较低，严重侵犯了广大人民群众的财产安全，破坏了社会治安秩序，侦查机关应重视和加强反扒窃业务工作。

（一）扒窃案件的特点

扒窃案件与一般的盗窃案件有很大不同，它有着独特的犯罪规律和特点。

1. 发案地点多在公共场所。扒窃案件作案人多活动于大中城市及繁华县城、集镇的车站、码头、商店、餐厅、影剧院、集贸市场、娱乐场所及火车、公共汽车、电车上，作案人趁人多拥挤，事主不备或大意时采用掏包、割包或者调换旅客行李、包裹等方法盗取财物。

2. 现场往往没有勘查条件。扒窃案件的作案人通常都受过专门训练，作案随机性强，手法灵活、隐蔽、迅捷、巧妙，事主往往很难第一时间发现，常常不能指明被扒窃的具体地点。公安机关接到报案时，多数业已时过境迁，加之犯罪现场多处于人多拥挤的场所，作案人遗留的痕迹常常已被破坏，因而往往不具备实地勘验的客观物质条件。

3. 犯罪手法多带有习惯性。扒窃案件作案人的犯罪手法多带有习惯性，特别是其中的惯扒犯，他们以扒窃为职业，利用汽车、火车等交通工具的便利条件，长期使用同一手法在多个城市流窜作案，危害后果严重，且难于抓获，严重影响了社会的安定。

4. 有特定的扒窃对象和目标。实践中，扒窃分子大都具有一定的行窃经验，作案前会仔细观察，一般选择那些已经暴露或可能携带较多财物的人员作为行窃的对象。扒窃的目标多为钱包、手机或比较轻便的贵重物品。一旦得手，作案人只把钱包内的现金、购物卡、首饰等小件贵重物品留下，钱包、身份证甚至银行卡等物品则往往被销毁或遗弃，这样即便被抓，也查无实证，给侦破工作带来了极大困难。

5. 作案工具简单，技巧性强。扒窃分子主要是徒手掏取被害人的财物，即使携带作案工具，也多是小巧便于携带隐藏的刀片、镊子等。同时，还有用来掩护扒窃的衣服、帽子、手套、围巾、书报等小件物品。扒窃分子要在人员密集的公共场所实施盗窃，通常需要有较高的扒窃技术。为此，新扒手在扒窃之初，多数都要向老扒手学习作案手法，并不断练习扒窃技能。

6. 多结伙作案，具有反侦查伎俩。扒窃案件作案手法简单，既可以单独作案，又可以结伙行窃。随着反扒窃工作力度的不断加大，作案人为顺利实施扒窃犯罪活动，通常会加强掩护，如扒窃犯罪活动被察觉，会有人阻拦事主的追赶和有关人员的盘查。在扒窃过程中，他们分工配合，互相掩护，提高了作案的隐秘性和反侦查性，使寻找目标、行窃、转赃、藏赃及洗赃的过程更加迅速，降低了个人作案的风险，也使侦查取证工作更加困难。

（二）扒窃案件的侦查方法

1. 详细询问事主，认真分析判断案情。侦查机关在接到被害人的报案时，应进行详细的询问和认真的登记。询问和登记的内容主要包括：被害人的姓名、住址、工作单位和联系电话；被害人发现被盗的详细经过。包括在发现被扒窃之前乘坐过什么交通工具，到过哪些地方，在哪里停留过以及发现被扒或者最后一次见过被扒物品的时间、地点等；被扒物品的种类、数量和特征等；发现被扒时，在场人员的情况，怀疑对象的各方面特征及怀疑根据等。

侦查人员应在详细询问事主的基础上，认真分析判断案情，以确定侦查方向和侦查范围。必要时，可在事主带领下到失窃地点对有关人员进行详细的询问，了解、核实情况，从中发现可疑线索。

2. 以失窃地点为中心，及时组织力量对有关场所进行搜索。应以失窃地点为中心，及时组织力量对有关场所进行搜索，以寻找、发现作案人行窃后丢弃的被害人的钱包、提包、工作证、文件等物品。一旦发现上述物品，应注意从上面寻找作案人遗留的手印，同时，根据这些物品或其他痕迹所显示的作案人逃逸方向，推测其住址或者可能逃往的区域。

3. 调取监控录像。商场、银行、宾馆酒店、车站、繁华交通路口等场所都安装有监控录像设备，当在以上场所发生扒窃案件后，侦查人员可通过调取案发前后的录像资料来辨认、寻找扒窃案件的作案人或案件的知情人。

4. 认真进行摸底排队，发现嫌疑线索。侦查机关可以在已掌握的扒窃犯罪嫌疑对象中进行摸底排队，发现嫌疑线索。摸排的内容主要包括：哪些人经常在失窃地附近活动、出没，发案时嫌疑对象的行动、去向是否有人能够证明，案发后嫌疑对象在经济状况或者行踪动态方面存在哪些疑点，其习惯性犯罪手法是否与本案的犯罪手法相一致，等等。

5. 从本案或者临近本地区新近抓获、处理的扒窃分子中发现线索。可发布案情通报，请求有关地区的公安机关在讯问和审查扒窃犯罪嫌疑人时尽可能联系本案情况，有目的、有重点地进行追查，并注意从缴获的物品中发现本案的赃物。必要时，可以亲自前往查阅讯问笔录，了解情况，或者亲自参与对某些重大犯罪嫌疑人的讯问。

6. 通过审讯，深挖余罪，扩大战果。通过审讯扒窃犯罪嫌疑人，将其在被抓获之前所实施的所有扒窃案件追查清楚，以扩大侦查战果。同时，通过被抓获的犯罪嫌疑人了解其他扒手的有关情况，为扩大战果提供重要的线索。

第三节 抢劫案件侦查

一、抢劫案件的概念和分类

（一）抢劫案件的概念

抢劫案件，是指以非法占有为目的，公开使用暴力、胁迫或者其他方法，当场攫取公私财物的犯罪案件。所谓“暴力”，是指作案人对被害人的身体实行有形打击或强制，如殴打、捆绑甚至伤害、杀害被害人等，借以排除被害人反抗的行为；所谓“胁迫”，是指作案人对被害人以暴力相威胁，实行精神强制，使被害人产生恐惧，不敢反抗，被迫当场交出财物或者不敢阻止作案人劫走财物的行为；“其他方法”，是指作案人除暴力或胁迫方法之外，采用使被害人不知反抗或不能反抗的方法，如用酒灌醉、药物麻醉等，劫走公私财物的行为。

按照我国现行法律的规定，凡实施抢劫行为的，不论是否抢得财物以及抢得财物的多少，原则上均应立案。抢劫案件犯罪方式的公开性和犯罪行为的暴力性，使这类案件的社会影响较大，社会危害较为严重。为了维护社会秩序的稳定和国家、集体及公民个人的财产、人身安全，公安机关必须给予抢劫犯罪分子以严厉打击。

（二）抢劫案件的分类

根据犯罪地点、犯罪对象及作案人接近被害人的方式和手法的不同，可将抢劫案件分为以下几种：

1. 入室抢劫，是指作案人窜入银行、商店、企事业单位的财务室、办公室或居民住宅等处所进行的抢劫犯罪活动。作案人或者强行侵入，或者尾随进入，或者假冒某种身份、假托某种借口骗取被害人的信任而进入。也有一些开始为盗窃犯罪，遭遇被害人后转化为抢劫。

2. 拦路抢劫，是指作案人在野外、路途中将被害人拦截所进行的抢劫犯罪活动。抢劫对象多为早晚上下班的职工及单个行人、取送款的财会人员或金融机构的运钞车等。侦查实践中所讲的“车匪路霸”是拦路抢劫的一种特殊形式。

3. 引诱抢劫，是指作案人以金钱、女色等为“诱饵”，将被害人骗至一定的处所而实施的抢劫犯罪活动。实践中引诱抢劫多为共同犯罪，特别是以女色为诱饵的抢劫案件，一般都是结伙作案。

4. 旅途抢劫，是指作案人对与其同行的特定旅客所实施的抢劫犯罪活动。作案人往往以普通旅客的身份出现，在旅途中主动与人搭讪，暗中物色抢劫目标，然后实施抢劫犯罪。麻醉抢劫是旅途抢劫的主要方式之一。

5. 抢劫出租车及其他机动车辆。抢劫出租车是指作案人以租用出租车为名，指使司机把车驶到郊外或市内偏僻处，而对司机进行洗劫并强行将车劫走的犯罪活动。抢劫出租车以外的其他机动车辆的犯罪活动，其手法与抢劫出租车相比更为多样化，既有先蒙骗、引诱而后暴力行抢的，也有从一开始就公然使用暴力行抢的。

二、抢劫案件的特点

（一）行为方式的公开性

抢劫是一种公开的攫取，是在财物的所有者或保管者知晓的情况下，使用暴力、胁迫或其他方法将公私财物据为己有的行为。抢劫行为方式的公开性，使这类案件的社会影响面较大，如果不能及时侦破，就会使人民群众产生人人自危的心理，从而威胁到社会正常的生产、生活秩序，影响社会的稳定。

（二）抢劫行为的暴力性

抢劫行为的暴力性，是其突出特点之一。暴力行为包括直接的暴力行为、变相的暴力行为和带有暴力因素的非暴力行为。直接的暴力行为很容易判断和认定，如杀人、伤人等直接对身体的伤害；变相的暴力行为则主要是通过语言、动作等表现出来的，是一种心理、精神暴力行为；带有暴力因素的非暴力行为，往往是通过人的感觉器官感受之后再经由大脑分析、判断得出的一种可能性。如作案人在僻静处预伏，然后突然出现在单个的行人面前，这时作案者即使不说话、不做动作，被侵害者也会明白他们的意图。

（三）作案前多有预谋过程

在实施抢劫行为前，作案人一般都会有预谋。如对抢劫对象的物色、周围环境的观察、进出路线的选择、抢劫方法的确定和应急措施的设想等，预谋的目的在于使作案行为快速准确，作案后能迅速逃离现场。犯罪嫌疑人作案前的预谋活动，往往会在现场或现场附近留下蛛丝马迹，有时还会被群众发现，从而为案件侦破提供重要线索。

（四）作案人与被害人有一定时间的正面接触

抢劫犯罪的构成要素决定了在实行抢劫犯罪行为的过程中，被害人与作案人必然会有一定时间的正面接触。不同的抢劫案件，由于犯罪人数、行抢的手段、抢劫目的物及被害人的反抗程度等不同，双方接触的时间长短不一。但这一接触过程可以使被害人描述出作案人的人身形象、言行特征等。如果双方有过搏斗的话，还有可能造成作案人体表的损伤和衣服的破损。因此，抢劫案件被害人往往能对作案人的人数、抢劫方式、抢劫过程、逃离方向以及对作案人造成的损伤等情况提供较为准确的线索。

（五）现场多留有痕迹物证

作案人在实施抢劫的过程中，会不可避免地遗留下各种痕迹物证，这是侦查破案的重要线索和依据。如作案人遗留在现场上的指纹、足迹、作案工具、毛发、纽扣、衣服碎片等痕迹物证；作案人与被害人搏斗时形成的搏斗痕迹等。

（六）作案成员以青壮年为主

抢劫犯罪是一种面对面的对抗性较强的犯罪，是使用暴力强行将财物从其所有者或保管者手中劫走，通常会引起被害人的反抗。为减少反抗、威慑被害人，作案人需有较强的体力。因此，实施抢劫案件的作案人大多是青壮年。

（七）有被抢的赃款赃物可查

抢劫犯罪的目的就是要非法占有公私财物，因此既遂案件都有赃款赃物可查。由于这些财物是在被害人知情情况下被抢走的，有的是直接从被害人的身上、手中抢走的，因而被害人可以将赃款的数额、赃物的数量、种类、特征等描述出来。侦查活动便可以根据具体情况部署控赃查赃工作。

（八）作案人多连续作案，并且在手法上具有一定的习惯性

抢劫犯罪多是一些胆大妄为、心狠手辣之徒所为。他们从犯罪动机的萌发形成，到犯罪时机和犯罪方式的选择，都受其本身的犯罪经历、认知能力水平、心理状态等条件的影响。当抢劫犯罪一次得逞后，作案人的犯罪意念就会得到强化，在未被公安机关查获之前，往往又会以同样的手段继续实施抢劫犯罪活动，有的甚至发展成为抢劫惯犯。一些抢劫犯被释放后，仍重操旧业，继续犯罪，并在多方面沿袭其原有的犯罪特征，从而在整体上反映出其犯罪活动的个性特征。抢劫犯罪活动的这种连续犯罪的倾向，是布置巡查守候措施的根据；多次犯罪行为之间在手法上的类似特点，又是串案分析、并案侦查的基础。

三、抢劫案件现场勘查的重点

作为一种使用暴力手段非法攫取公私财物的犯罪行为，较易在现场上遗留下犯罪的痕迹物证，现场勘查具有极其重要的意义。但与此同时，由于抢劫犯罪行为公开性的特点，作案人在现场停留的时间不会太长，有的作案过程甚至

相当短暂，这就使得被害人或目击人对作案人的印象可能比较浅，因此侦查机关必须对现场进行及时勘查。

（一）抢劫案件现场勘查的任务

1. 了解案件发生的有关情况。勘查抢劫案件现场，首先应当向被害人和其他知情人简要了解有关的案情。具体包括以下几个方面：

（1）向被害人了解案件发生的经过，尤其应详细了解和查明被抢时的有关细节。如被害人与作案人是否有搏斗情况，作案人是否受伤及受伤的部位，作案人在行抢过程中是否有指名索取财物的情况。如果是女性被害人，应查明是否有被强奸的情况等。

（2）向被害人和现场目击人了解作案人的人数、性别、年龄、面貌特征、衣着打扮、作案手段、来去路线、方向等情况。

（3）向被害人了解被抢财物的种类、名称、数量及具体特征等情况。

2. 收集证据。通过实地勘验，发现和提取脚印、手印、工具痕迹、作案工具、纽扣、毛发等痕迹物证。

3. 分析判断案情。实地勘验和现场访问后，侦查人员应对案件情况进行分析判断，确定侦查的方向和范围，以便采取相应的侦查措施开展侦查工作。

值得注意的是，在实际办案中所发现的抢劫案件并不都是犯罪案件，往往存在少数报案人为了达到某种个人目的，故意制造假象、报假案的情况。如有的报案人为了侵吞公款，故意布置“被抢”的假现场，谎报其保管的公款被抢等。为此，对于所受理的抢劫案件，侦查人员应详细询问报案人，并结合实地勘验的情况进行甄别。如有报案人受伤的情况，应请专业人员查验伤情，查明事件性质，以决定是否立案。

（二）抢劫案件实地勘验的重点

1. 拦路抢劫案件实地勘验的重点。

（1）作案地点，即作案人实施抢劫的地点。作案人在这里停留的时间较长，留下痕迹物证的可能性较大。通过对作案地点的实地勘验，可以发现和提取作案人的足迹、指纹、搏斗痕迹、血迹、遗留的作案工具以及作案人遗留或丢弃的其他物品，如烟头、纸张、手套、纽扣、面罩、衣物等。这些痕迹物证是侦查人员确定侦查范围和犯罪嫌疑对象的重要依据。

（2）来去路线。作案人进入和逃离作案现场必然要通过一定的路线。通过对来去现场路线的勘验，往往可以发现和提取到作案人的足迹、交通工具痕迹，遗失或丢弃的物品等。此外，在来去路线上，还可能发现作案人实施抢劫前后预伏、拦截和在逃离过程中因躲避而形成的关联现场，对这些现场的勘验也可以发现许多有价值的痕迹物证。

2. 入室抢劫案件实地勘验的重点。

(1) 室内现场出入口。作案人进行室内抢劫，必然有出入口，其出口和入口可能相同也可能不同。不管出入口是否相同，出入口本身都是入室抢劫案件现场勘验的重点。对出入口进行勘验时，应特别注意在作案人可能翻越、踩踏、撑扶的门框、窗户、木凳、石头和墙壁等处，寻找和发现作案人的足迹、指纹、掌纹和遗失的物品以及破坏痕迹和交通工具痕迹。

(2) 室内现场，是具体实施抢劫行为的地点，也是整个案件的中心现场。作为暴力行为的发生地，自然会留下与犯罪直接相关的痕迹，也可能遗留下能将犯罪行为与作案人联系起来的物品。室内现场实地勘验的重点部位应是作案人为寻找财物而翻动过的箱柜、抽屉等物体的表面，财物存放物体遭撬压、打击的部位、留有搏斗痕迹的部位和因搏斗或作案人施暴留有血迹、毛发的部位。

除此之外，还应对室内现场周围可能留下作案人痕迹物证的其他关联现场进行勘验，以进一步扩大线索来源。

(三) 抢劫案件现场访问的重点

抢劫案件现场访问的对象主要是被害人、目击者和有关知情群众。通过现场访问，应着重了解和掌握以下情况：

1. 被抢的时间和具体地点。

2. 犯罪嫌疑人是如何接近被害人的。如果是入室抢劫，应了解清楚作案人是叫门入室，乘虚而入，还是破门入室；如果是拦路抢劫，则应问清作案人是尾随跟踪行抢，还是与被害人结伴同行突然实施抢劫，或是守候抢劫；被害人与作案人有无搏斗、是否在作案人身体上留下伤痕，以及伤痕的具体位置；作案人对现场的环境是否熟悉等。

3. 作案手段和作案工具，即作案人实行抢劫时使用了哪种具体手段；是否携带有作案工具或武器以及作案工具和武器的种类、特征。

4. 被抢财物的情况。被抢财物的情况主要包括：被抢财物的种类、数量、具体特征（如有无特殊标记等）、存放处所，犯罪嫌疑分子是否指名索要财物等。

5. 作案人的情况。其主要包括：作案人的人数、性别、年龄、外貌特征、口音、动作习惯、是否蒙面；有无被害人熟悉的特征，被害人是否见过作案人；作案人在现场上停留了多长时间，进行了哪些活动，讲了什么话；等等。

6. 作案人实施抢劫后什么时间沿什么路线逃跑，是否乘坐交通工具。

7. 被害人的情况。

8. 发案前后现场周围是否有可疑人员出现。

9. 现场附近的群众是否听到过呼救声及搏斗声等。

（四）抢劫案件案情分析的重点

在实地勘验和现场访问的基础上，首先应注意甄别接报的抢劫案是真实的还是假案，然后以占有的案件材料为依据，对案件情况及犯罪嫌疑人的情况作出分析判断，再确定侦查范围，部署侦查活动。抢劫案件案情分析的重点主要包括以下几个方面：

1. 分析作案人作案前有无预谋过程。根据作案人对犯罪现场及其周围环境是否熟悉，对被害人的情况是否了解，犯罪发生的特定时间、特定环境等情况，结合现场访问和实地勘验的情况，重点应判明作案人事先有无窥测、踩点的过程。若其有预谋过程，则可通过调查发案前疑人疑事或调取案发现场周边视频的途径查找犯罪嫌疑人。

2. 分析作案人对被害人的情况是否了解。了解被害人情况的人作案，一般会有化装蒙面、改变声调的现象，且作案目标准确，作案时间恰当，甚至指名索要外人不知道的财物，或入室后径直向财物存放地奔去。不了解被害人情况的人作案，索要的财物往往集中在金钱上，在被害人家中翻箱倒柜，一般作案时间较短，来去匆匆。

经过分析研究，如果认为犯罪嫌疑人确实了解被害人的情况，就需要进一步分析其了解这些情况的途径。比如有的犯罪嫌疑人本身就是被害人的亲戚、朋友、街坊邻居、同事、同学，他们与被害人熟识，有条件了解被害人的情况；有的是通过间接的途径，从熟悉被害人情况的人那里了解到有关情况；有的是通过预先窥探、踩点了解到相关情况。侦查工作要区别不同情况，部署相应的侦查措施。

3. 分析作案人是偶犯还是惯犯。作案人是惯犯还是偶犯，通常可以根据案件是否经过精心策划、行为的熟练程度、言谈举止的嚣张程度、作案的凶狠程度和经验的丰富程度等作出初步的判断。

惯犯作案手法比较老练，动作比较利落，神态比较镇定，行抢决心较大。偶犯作案，往往表现为神色慌张，动作笨拙，遇到惊动和反抗不能沉着应付。查找犯罪嫌疑人，应当在判断偶犯或惯犯的基础上利用现场的痕迹物证，并从作案人的体貌特征、赃物的特点、知情条件、时空间条件、串并案件、查找犯罪前科等方面入手开展侦查。

4. 分析作案人是本地人还是外来流窜犯。对作案人是本地人还是外地流窜犯的判断，关系到能否正确地确定侦查方向和范围，直接关系到侦查破案的进程，切不可轻率作出。一般来说，本地人操本地口音，有的还讲当地的方言，较熟悉周围环境并善于利用环境作案，作案目标准确，熟悉当地道路情况，有的还准备有交通工具。而外地流窜犯罪嫌疑人由于对环境不熟悉，一般会较多地选择进出方便、逃跑容易的地点；抢劫目标具有一定的随机性，现场较杂乱，翻找痕迹明显；作案手段较为残忍、不顾后果，且往往连续作案，在现场还可能发现留有明显外地标记的物品。

抢劫案件中被害人与作案人有一定时间的正面接触，一般都能够比较准确地描述作案人的体貌特征。但是也应注意由于自然环境条件和被害人、目击者个人生理因素及作案人伪装等原因可能出现的认知不准确，应将被害人所提供的情况与实地勘验、现场访问等线索进行综合分析，以保证对作案人体貌特征作出准确的判断。

四、抢劫案件的侦查方法

（一）及时追缉堵截

侦查人员接到报案或到达犯罪现场后，若作案人尚未及远逃，应根据被害人和知情群众提供的作案人的体貌特征与附加性人身特征、赃物特征、逃跑方向和路线等，立即组织力量追捕缉拿，或者在车站、码头、交通要道口设卡堵截。同时，应及时通知外地侦查机关，在抢劫犯可能经过的地段组织盘查，查缉抢劫犯罪嫌疑人，有条件的可以使用警犬追踪和步法追踪追捕犯罪嫌疑人。

（二）调查控制赃物

大多数抢劫案件都有赃物可查，从调查控制赃物入手发现案件线索，是侦破此类案件的重要途径。作案人劫取赃物之后，一般都要进行变卖，或者直接挥霍使用，或者改装后使用。侦查机关可以通过控制赃物的销售、改装与使用，由物到人，查找犯罪嫌疑人。如及时控制旧货收购业、寄卖委托行等特种行业，控制集贸市场等。总之，只要把犯罪嫌疑人可能销售、改装、使用赃物的场所、渠道严密控制起来，往往能达到发现赃物甚至人赃俱获的良好效果。

（三）进行摸底排队

摸底排队是根据已掌握的有关案件和犯罪嫌疑人的情况，从一定的人群中筛选出符合案件嫌疑条件的人进行排查，它在确定重点嫌疑对象方面具有重要意义。在摸排过程中，应以刻画的作案人条件为依据，查清嫌疑对象的体貌特征与作案人是否一致，嫌疑对象有无作案工具、是否具备现场遗留物品或获取这些遗留物品的条件、有无使用或变卖赃物的表现，有无抢劫、盗窃、诈骗犯罪的前科。发现重点嫌疑对象之后，应将上述情况综合分析，以认定或否定犯罪嫌疑人。

侦查抢劫案件，尤其要注意从作案人的体貌特征入手查找犯罪嫌疑对象。只要作案人的体貌特征，尤其是面貌特征已被被害人清楚地目睹，或者被有关群众所目睹，就应充分利用这一有利因素进行侦查。可以组织被害人、目击证人在犯罪嫌疑人可能出没、活动的场所进行巡查辨认和守候辨认，也可以采用人像组合或模拟画像的方法，将作案人的面貌特征再现，还可以在特定的侦查范围内，通过多种形式发动群众提供与作案人面貌特征符合或相近的对象。必要时，可以通过新闻媒体与网络播发制作出的图像。在向有关地区公安机关发布协查通报时，也应将制作的图像附上。

应当注意的是，摸底排队应以作案人是本地人为基本条件，如果判断犯罪人是外地流窜作案，则无采用的价值。

（四）组织巡查守候捕获现行犯

组织巡查守候捕获现行犯是侦破抢劫案件的有效方法之一。如果一个地区连续发生类似的抢劫案件，侦查机关要注意分析作案人的活动规律，在可能发案的地区加强巡逻以便在作案人继续作案时可以将其当场抓获。这是打击抢劫犯罪的有效方法。

（五）适时并案侦查

根据抢劫犯往往使用相同手法连续作案的特点，侦查机关应注意从现场遗留的痕迹物证、犯罪工具、作案方法、作案手段、作案目标等方面进行串案分析，在认定为同一个或同一伙作案人所为时，实施并案侦查。并案之后，可以综合利用各起案件的线索材料，确定更为明确的侦查范围，并部署有效的侦查措施。

（六）侦审结合，扩大战果

对已经抓获的犯罪嫌疑人，特别是抢劫团伙的成员，应在查明现行犯罪的基础上，深挖余罪，迫使其进一步交代以往的犯罪情况，并揭发其他成员的罪行，以扩大战果。

除此之外，还可以根据案件的实际情况，有选择地采用内线侦查、技术侦查等侦查措施，加快侦破的进程。

第四节　诈骗案件侦查

一、诈骗案件的概念

诈骗案件，是指以非法占有为目的，采用虚构事实或者隐瞒真相的欺骗方法，使被害人陷入错误认识，骗取数额较大的公私财物的案件。所谓虚构事实，是指作案人捏造客观上不存在的事实，骗取被害人的信任。所谓隐瞒真相，是指作案人根据法律有义务告知真实情况而故意不予告知。

诈骗犯罪是一种常见、多发且涉众的，具有严重社会危害性的刑事犯罪。不仅侵害国家、集体和公民个人的财产权益，而且扰乱正常的社会管理秩序。随着经济的发展和社会的进步，诈骗案件不断攀升，手段和方法不断翻新和升级。除了传统的诈骗形式（迷信型、赌博型、拾物均分型、冒充特定身份型等）之外，近些年又出现了电信诈骗、网络诈骗等新型诈骗形式，并已成为公安机关打击防范的重点和难点。

《刑法》第二百六十六条规定："诈骗公私财物，数额较大的，处三年以下有期徒刑、拘役或者管制，并处或者单处罚金；数额巨大或者有其他严重情节的，处三年以上十年以下有期徒刑，并处罚金；数额特别巨大或者有其他特别严重情节的，处十年以上有期徒刑或者无期徒刑，并处罚金或者没收财产。本法另有规定的，依照规定。"

二、诈骗案件的分类

按照不同的标准和角度，诈骗案件可以分为以下几种：

一是根据侵犯客体的不同，可将诈骗案件分为侵财类的诈骗案件和破坏市场经济管理秩序的金融诈骗案件。前者侵犯的客体单一，后者侵犯的客体复杂。

二是根据犯罪主体数量和组织结构不同，可将诈骗案件分为单独诈骗、结伙诈骗和集团诈骗案件。

三是根据犯罪主体表现形态不同，可将诈骗案件分为自然人诈骗案件与法人诈骗案件。

四是根据犯罪行为实施的地域空间和犯罪手段的科技含量不同，可将诈骗案件分为现实地域空间的传统诈骗案件和运用高科技手段实施的虚拟空间的网络诈骗案件。

五是依据犯罪行为实施中是否有犯罪嫌疑人与被害人的直接接触，可将诈骗案件分为接触型诈骗和非接触型诈骗。接触型诈骗中犯罪嫌疑人和被害人有正面接触，而非接触型诈骗中，通常犯罪嫌疑人利用通信工具和网络作案，如电信诈骗和网络诈骗等。

三、诈骗案件的特点

当前，网络技术发展迅猛，侵财类的诈骗案件不再局限于传统的接触型诈骗，而是越来越多的以非接触型诈骗的方式出现，传统诈骗与新型诈骗交织在一起，有共性的特点，也有自身独有的特征。

（一）共性特点

1. 作案前多有预谋。诈骗犯罪属于智能型犯罪，作案人采用虚构事实、隐瞒真相的欺骗方法，使被害人在认识上产生错觉而自愿将财物交出。作案人一般都比较善于揣测人们的心理，往往通过编造各种谎言以消除诈骗对象可能产生的疑虑，并取得被害人的信任，寻找可乘之机。同时，善于利用被害人的心理弱点，如贪图小利、易怜悯、轻信等，投其所好，送其所需，帮其所急，解其所难。实践中，很多诈骗案作案人屡屡得手，并不是其诈骗手段多么高明、方法多么隐秘，而恰恰是被害人本身的某些弱点被他们抓住并利用，从而造成重大的财物损失。可见，为了行骗成功又可以逃脱侦查机关的打击，犯罪嫌疑人会对犯罪行为的每一个环节、每一个步骤进行精心策划、细致准备，认真物色诈骗对象、细心选择作案地点、精心编造诈骗事由并仔细设计在紧急情况下脱身的办法，从而表现出比较明显的预谋性特征。

2. 取证及侦破难度大。侵财类诈骗案件，作案人准备相对充分，智能化、组织化程度高，反侦查意识强，尤其是新型涉网的诈骗犯罪，作案人善于利用网络漏洞规避侦查，在精细化分工配合下，迅速转移、分解资金，留下的痕迹物证极少，追赃止损困难，有些案件跨地区甚至跨国境，打击难度很大。

3. 呈现多发和高发态势。近些年，随着公安机关打击“盗抢骗”类案件和专项治理电信诈骗活动的力度逐渐增大，全国各地侵财类诈骗案件慢慢回落，但仍然在刑事案件中占不小的比例，部分地区多发和高发的态势依然严峻。由于该类犯罪成本低、上手快、收益高，加之打击难度大，因此尤其受到作案人的“青睐”，呈现出异常活跃、越发猖獗的趋势。

（二）接触型诈骗案件特点

1. 现场多留有实物证据，作案人人身形象多有暴露。传统诈骗案件的作案人在实施诈骗的过程中，与被害人一般都有较长或多次正面接触，以通过拉拢、诱惑等方式与被害人建立良好的关系，因此作案人的相貌特征、衣着打扮、口音方言、个性特点等方面暴露较充分，案发后，被害人多能提供作案人人身特征方面的信息，能为下一步侦查的展开提供范围和方向。

2. 作案人在作案过程中往往留下书证物证。诈骗案件现场一般不具备实地勘验价值，但作案人在与被害人交往的过程中，为取得被害人的信任，常会留下各种书证、物证，如伪造或变造的各种证件、文书、合同、票据、信函、各种假冒的金银和贵重物品等，有时为了取悦被害人，也会"馈赠"礼品、纪念品。这些书证、物证不但可为侦查破案提供重要线索，也是证实犯罪的有力证据。

3. 作案手法具有连续性和习惯性，流窜作案多。传统诈骗案件的作案人，大多是一些流窜惯犯或累犯，在作案的手法、目标的选择上多带有习惯性，作案人成功实施一起犯罪后，为了继续获取财物还会肆无忌惮地采用相同或相近的手段多次诈骗。为了避免被识破后受到惩罚，诈骗犯常常流窜作案。这一特点，给侦查机关控制案犯、深挖犯罪、全面揭露犯罪事实带来了一定的难度。但诈骗活动的连续性和流窜性，又为串案分析和并案侦查提供了依据。

4. 具有一定的地域特征。根据侦查机关的高危人群分析结论，传统接触型诈骗都具有很强的地域性，带有明显的作案特点和地域特征的职业化诈骗犯罪团伙经常在某些地区集中出现。

（三）非接触型诈骗案件特点

1. 侵犯对象的不特定性。诸如电信诈骗和网络诈骗等非接触型诈骗犯罪，针对的对象不特定，所有互联网用户和通信运营下的客户都可能成为潜在被害人，此类诈骗犯罪的主要手法就是广泛撒网，散布虚假消息，诱使他人上当受骗。

2. 组织严密，分工明确。非接触型诈骗案件的作案人通常以团伙或集团的形式出现。有明确的组织者，内部分工精细，组织层级清晰，各个层级之间既相互协作，又互相独立。

3. 手段隐蔽，不受时空限制。非接触型诈骗案件中，作案人主要通过虚拟空间实施犯罪，其在网络空间所留的信息皆为虚假信息，即使其全天候、不间断地实施犯罪，侦查机关也很难及时获取到有力的证据。

4. 主体分散，智能化程度高。非接触型诈骗案件的犯罪组织虽然层级明显，但不同层级的组织成员在空间上往往是分离的，由专人单线联系、传递相关信息。作案人整体呈现地域分散性，核心组织成员一般遥控指挥甚至身处境外，低层级具体实施诈骗及转账、取款等的人员则一般在境内，加之犯罪团伙的智能化、科技化水平相对较高，反侦查能力强，因此很难实现一网打尽。

四、诈骗案件的常见作案方式

接触型诈骗案件与非接触型诈骗案件在作案的手法上存在诸多不同，具体表现如下：

（一）接触型诈骗案件常见作案方式

1. 街面迷信诈骗。街面迷信诈骗是近年来高发的诈骗犯罪类型，作案人多是利用人们的贪婪心理或是避祸求福的心态来实施诈骗。作案人以祛病消灾为幌子在街头行骗，借寻找某位“大师”“神医”为由，故意亲近被害人，由同伙假冒“大师”“神医”，危言耸听，告知被害人或其家人已“身染重病”“近日有灾”，蛊惑被害人用钱、物镇灾解祸，借机将钱物调包。此类作案人有一定表演天赋，其骗术有相当大的迷惑性，作案目标多为年龄偏大的中老年妇女，且案值较高。

2. 捡钱丢物诈骗。作案人故意当众丢失钱物，由同伙捡起，以私分为诱饵，骗取被害人财物。此类案件多发生在繁华、热闹的路口以及集贸市场、银行、邮局门口，作案人的作案目标多为穿着体面的单身妇女及老年人。

3. 假宝物诈骗。作案人多为女性外来人员，也有男女搭档，声称因急需用钱，愿低价转让“宝物”，或在某地挖到“宝物”，请人帮忙保管，骗取钱财和抵押物；或以要寄钱回家，愿将“宝物”抵押，借取现金、黄金饰品等。作案目标多以单身独行的中老年人为主。

4. 外币兑换诈骗。作案人装作互不相识的买方和卖方，怂恿被害人做中间人赚取差价，结伙设置圈套，诱骗被害人上当。作案目标一般为年龄偏大且文化程度较低的中老年人，尤以下岗人员和离退休人员居多，也有一些穿着体面的行人或小店店主，作案人多为男性，多人结伙作案，以问路等事由搭识被害人。

5. 设摊诈骗。作案人多以“猜瓜子”“摸奖”“象棋残局”等为诱饵，凭借快速的手法或预设的机关，移花接木，骗取钱财。作案地点大多在公交车站、医院门口、菜场附近等地，一般为团伙作案，有人负责摆摊行骗，有人望风，有人在一旁起哄或假装参与，吸引路人上当，得手后迅速离开。

6. 碰瓷诈骗。即利用车多人挤故意制造交通事故并要求索赔。主要表现为两种：“拍车厢”，即一人敲击车厢，然后倒地，司机下车查看时，“目击者”及时出现，指责司机撞到人；“碰碰车”，即故意驾车“合理”碰撞其他车辆，利用交通规则及车祸处理程序诈骗对方钱财。为让司机迅速认赔，勒索金额一般在数百元至数千元不等，以便当场赔付，事发现场会出现很多人，有人威胁，有人打圆场，被害人即使察觉被骗，因势单力薄，也只能破财脱身。由于多为团伙专业诈骗，因此很难当场抓获。

实践中，此类诈骗的表现形式还很多。无论如何，均以接触型骗取财物为主要特征。侦查机关应在加大打击力度的同时，积极开展多种形式的宣传活动，警示广大群众提高警惕，谨防受骗。

（二）非接触型诈骗案件的常见作案方式

1. 贷款诈骗。常见作案手法为作案人通过电话、短信、虚假广告等方式寻找被害对象；以无抵押、无担保、低利息等诱导被害人贷款；以违约需要赔偿高额费用为由，引导被害人缴纳担保费、验资费、解冻费等各项费用，并声称费用会全额退还等。

2. 刷单诈骗。常见作案手法为通过QQ群、微信等社交网站发布兼职刷单广告，先进行小额刷单，返还本金及佣金，获取信任后派发大额刷单任务或多次刷单，以“系统故障”和“任务未完成”等理由让被害人继续刷单，不退还本金和佣金，以达到犯罪目的。

3. 投资诈骗。常见作案手法为作案人通过各种渠道发布虚假投资广告，利用网络授课等方式对被害人进行洗脑式教育，通过打造虚假的成功案例提高可信度，诱导被害人在虚假投资网站或者手机App上不断注入资金。

4. 交易网游装备诈骗。常见作案手法为作案人发布广告低价出售游戏装备或者游戏货币，要求在“专业交易平台”进行交易，给被害人发送平台链接，声称交易平台需要缴纳激活费、信誉押金等费用，欺骗被害人按照其指示完成平台缴费，以达到犯罪目的。

5. 冒充公检法诈骗。常见作案手法为冒充公检法工作人员致电事主，以涉嫌犯罪并发送假的“通缉令”等为由恐吓被害人，要求被害人对外保密，使其与家人、朋友隔离，同时要求被害人将资金转入“安全账户”“自证清白”，从而达到犯罪目的。

6. 征婚交友诈骗。常见作案手法为作案人潜伏在各类社交平台，把自己包装成“白富美”“高富帅”，主动添加被害人微信并在网上嘘寒问暖，与被害人建立网恋关系，骗取被害人信任同时诱导被害人参与虚假网络赌博、投资。近期频繁发生的“杀猪盘”就是该类型的诈骗案件。

7. 网络招嫖诈骗。常见作案手法为作案人发布招嫖广告，添加男性QQ、微信，给被害人发送“美女”照片、视频并以缴纳保证金、订金、打车费等各项费用为由向被害人索要钱财。被害人不给则威胁其人身安全，或威胁曝光其个人信息及招嫖行为以达到犯罪目的。

8. 冒充贷款平台客服人员诈骗。常见作案手法为作案人冒充贷款平台客服人员致电被害人，告知其存在未注销银行账号，将影响个人征信，产生违约金，要求被害人清空“花呗”“借呗”“京东借条”等贷款平台中的贷款额度，将钱转入指定账户以达到犯罪目的。

9. 快递丢失诈骗。常见作案手法为冒充快递客服人员联系被害人，向其说明快递商品丢失，主动提出赔偿退款。此种情形下作案人不会通过官方平台退款，而是向被害人提供二维码或虚假网站，要求被害人填写个人信息及银行卡信息，骗取银行验证码，完成诈骗。

10. 冒充领导诈骗。常见作案手法为作案人潜伏在公司QQ群、微信群，窃取公司信息，并冒充领导QQ或微信添加被害人为好友，以各种理由让被害人调拨资金，转入指定账户。

五、诈骗案件的侦查方法

（一）接触型诈骗案件的侦查方法

1. 详细询问被害人。诈骗案件一般无现场可供勘验，因而，在接到报案后，要弄清案情，就应首先询问被害人及其他知情人员。由于作案人在作案中与被害人有较长时间的正面接触，因此，及时向被害人及有关知情人调查，就能获取有关案件的第一手材料，从而为侦破案件打下良好的基础。一般来说，应了解以下几方面的情况：

（1）诈骗犯罪嫌疑人的特征。通过询问被害人，要详细了解诈骗犯罪嫌疑人的性别、年龄、相貌、身高、体态、口音、衣着、动作习惯、气质等情况。

（2）被骗经过。包括被害人在何时、何地、何种情况下与作案人接触，作案人采取什么方式取得了被害人的信任，交谈中涉及了哪些情况，作案人对被害人及其家属、亲友、同事等是否熟悉，熟悉程度如何等。

（3）被骗财物的情况。要向被害人了解被骗财物的种类、名称、数量、规格、产地、产期、号码、新旧程度、特殊标记、价值、用途等情况，以便调查、辨认和控制。

（4）有关犯罪的其他情况。主要了解诈骗犯罪嫌疑人来自何处、去向、活动范围、有无同伙、与哪些人有交往，除诈骗财物外，有无其他犯罪，以便更具体地刻画作案人的形象。

（5）被害人的有关情况。对于单位被骗的，要了解单位的基本情况，如单位名称、性质、法定代表人、经营范围，生产经营状况，被骗财物的保管人、直接责任人等，然后再有针对性地询问相关个人，了解案件的其他情况；如果被害人为自然人的，则应着重了解被害人的家庭状况、职业、经济状况、思想品德、社会交往等情况。

（6）固定、提取有关书证、物证。对作案人在作案过程中留下的有关文书、证件、物品等重要证据要及时予以固定和提取，并妥善保存。

询问被害人时，侦查人员要仔细研究被害人的个性特点、心理状态、职业身份等情况，有针对性地做好其思想工作，使其真实而详尽地陈述被骗的经过和原因。实践中，那些因私心太重、贪利好色、爱慕虚荣等上当受骗的被害人和被骗失身的女性被害人，由于怕影响名声、怕“失面子”，往往不愿讲述被骗的详细过程。因此，应注意询问的策略和方法，并为其保密，以消除其思想顾虑，使其大胆陈述被骗的过程，为诈骗案件的顺利侦破创造条件。

2. 分析判断案情，确定侦查方向。针对获取的证据和材料，在初步分析、调查核实的基础上，应结合具体发案地的经济、治安、交通、地理状况等，及时对案件作出综合性分析判断。具体包括以下几个方面的内容：

（1）分析判断事件性质。主要是确定有无诈骗犯罪事实存在，证明犯罪事实的证据是否确实充分，以确定应否立案。为此，一方面，要研究各种材料是否相互矛盾，有无遗漏和不足，案发过程是否合乎常理，有无反常情况；另一方面，要研究被害人报案的动机、原因和过程，结合被害人的具体情况，确定是否为经济纠纷，有无藏匿财物、谎报案件的可能。

（2）对作案人身份的分析。依据作案人书写的收据、填写住宿登记的字迹、来往的信件，判断其文化程度；依据作案人作案时持有的证件、文书、谈话内容、对某一行业的熟悉程度、行为特征、活动场所、生活习惯等分析判断其职业范围；依据作案人的相貌、衣着、携带物品、口音、方言土语等特点，以及已暴露的社会关系、落脚点，分析判断其居住的范围；依据作案的手法、熟练程度、人数等判断是否为团伙作案，作案人是否为惯犯等。

（3）判断作案人作案后的动向。依据作案人在作案中涉及的有关社会关系、有关地区，结合其作案手法及购买车、船、机票和财物的转运、汇兑地点等情况，判定作案人的可能去向及是否会以相同手法继续作案。

3. 采取相应措施，查找犯罪嫌疑人。

（1）针对作案人作案后的动向，及时采取措施。如果发案时间不久，有抓获可能的，公安机关应及时组织力量进行追缉堵截，力争抓获犯罪嫌疑人；对有可能在当地继续作案或活动范围较明确的，应及时组织被害人或其他知情人进行巡查、守候辨认；对去向明确、落脚点较清楚的，应及时通报有关公安机关协助发现、控制、缉拿作案人；对犯罪事实清楚、身份明确的，应及时向有关地区发出通缉令，缉拿作案人。

（2）控制赃款、赃物。要注意分析被骗财物的处理渠道，并及时采取控制措施，对赃款、赃物去向清楚、特征明显的，可及时通报有关行业、部门和单位，通过各种方式、方法，发现和控制赃款、赃物的流动，以物找人。

（3）通过摸底排队发现作案人。依据对作案人居住范围的判断，利用其相貌特征明显、准确的有利条件，在确定的范围内开展摸底排队，通过排查发现犯罪嫌疑人。

（4）实施并案侦查。根据作案人连续作案、流窜作案的特点，通过查阅犯罪情报资料、发出协查通报或案情通报的方式，发现并案线索，及时开展并案侦查。

（5）从调查作案人作案中遗留的书证、物证等入手，开展侦查。在认真分析研究作案人遗留的书证、物证的基础上，针对其记载的内容，涉及的人员、单位、来源等，开展深入细致的调查，从中发现线索，追查犯罪嫌疑人；也可根据作案人使用的交通工具、通信工具的号码、特征等，顺线追查，发现线索。

4. 加强审讯，扩大战果。诈骗犯罪嫌疑人大多有较强的“表演”能力，有的是利用自己谙熟的某种专业性很强的知识作案，有的熟悉法律认为有漏洞可钻，有的有复杂的关系网认为自己后台硬，凡此种种，都是审讯的不利因素。因此，抓获犯罪嫌疑人后，应根据案件特点，组织好讯问力量，通过讯问策略的运用，力争获取口供。通过讯问，一是可以印证其他证据，同时也可获取新的犯罪证据；二是通过犯罪嫌疑人供述，可以及时抓获其他同案犯；三是利用犯罪嫌疑人的彻底交代，能深挖余罪，破获积案、隐案；四是能及时弄清赃款、赃物的下落，通过采取扣押、冻结等措施，最大限度地减少损失，并补充证据。

（二）非接触型诈骗案件的侦查方法

1. 电信诈骗的侦查方法。

（1）及时串并，落地侦查。诈骗案件发生后，应快速根据案情录入原始信息，通过公安信息系统和反诈平台自动串并案件线索。串并成功的系列案件，系统会将涉案线索交各涉案地公安机关开展跨区域调查取证和侦查工作。

（2）成立专案组，合成侦查。电信诈骗案件涉众广，组织性强，社会危害性大，应将团伙型的系列诈骗案件设为专案，强化侦查力量，制订相应的侦查方案，采取得当的侦查措施。形成以刑侦为主体，技侦、网侦、法制等多警种联动模式，联合办案，形成打击合力。

（3）信息碰撞，扩大线索。深入挖掘电信诈骗案的各类预警信息或线索，研究系列案件发案规律和特点，充分利用公安网信息系统平台和社会通信网络，开展信息的碰撞和深度融合，整合、关联案件线索，确定发案地，查证涉案资金流向，寻找和追踪涉案人员。

2. 网络诈骗的侦查方法。

（1）情报先行，加大线索收集力度。网络诈骗发案频繁，小案居多，作案人经常利用多次作小案的方式逃避打击，如网络购物诈骗。因此在侦办此类案件时，需强化情报收集意识，对涉案线索及时录入，及时串并，深入分析和挖掘更多有价值的破案信息，发挥情报导侦作用，最大限度地激发公安机关整体打击合力。

（2）严控网络，展开互联网阵地控制。网络诈骗犯罪的主阵地是互联网，作案人日常生活轨迹和实施犯罪过程均有可能依托于互联网，会在网络中留有诸多痕迹线索。发动网警展开互联网的阵地控制，让作案人的吃、住、行、销、乐等环节皆在侦查机关的监控之下。涉及可疑网站的，要及时查控，积极开展网上侦查，提取网络诈骗犯罪活动的相关证据，封堵、删除虚假信息，争取从源头上杜绝该类案件的频繁发生。

（3）多警联动，合成作战。要想摧毁整个网络诈骗犯罪组织，必须进行有针对性的长期经营。刑侦部门应充分借鉴经侦部门打击经济犯罪的经验，联合网侦、行动技术等部门，合成作战。网侦部门要精准对虚拟身份的定位追踪，及时固定和提取网络诈骗中的电子数据，行动技术部门要及时锁定作案工具和犯罪嫌疑人的藏身落脚处，为展开抓捕提供通信数据的支持。

（4）做好高危人群分析，开展预警劝阻。公安机关应及时通过大数据、云计算等信息技术，做好高危人群的预警分析，加强诈骗犯罪预警和防范，降低群众被骗的潜在风险。要通过发送短信、微信等方式，针对潜在的电信网络诈骗被害人开展预警劝阻，提升反诈劝阻成功率，减少电信网络诈骗案件的发生，保护群众的财产安全。

第五节　偷越国（边）境案件侦查

一、偷越国（边）境案件概述

（一）偷越国（边）境案件的概念

偷越国（边）境案件，又称偷渡案件，是指违反国家出入国（边）境管理的法规，非法出入国（边）境，以及从事与非法出入国（边）境直接相关的破坏国（边）境正常管理秩序，依法应受到处罚的案件。根据情节不同，偷越国（边）境案件可以分为两类，一类是情节轻微，尚不构成犯罪的行政违法案件，如非法出入国（边）境；另一类是情节严重，触犯刑法，构成刑事犯罪的刑事案件，如偷越国（边）境、组织他人偷越国（边）境、运输他人偷越国（边）

境，属于妨害国（边）境管理类犯罪案件，本节研究的是情节严重、构成犯罪的偷越国（边）境案件。

（二）偷越国（边）境案件的分类

1. 按照偷渡行为方式进行分类。按照偷渡行为方式不同，可以把偷渡案件分为偷越国（边）境案件，组织他人偷越国（边）境案件，运输他人偷越国（边）境案件，骗取护照、签证等出境证件案件，为他人提供伪造、变造的护照、签证等出入境证件和出售护照、签证等出入境证件案件。

2. 按照偷渡地点、工具进行分类。按照偷渡地点、工具不同，可以把偷渡案件分为口岸偷渡案件、陆路边境偷渡案件、海上偷渡案件。

二、偷越国（边）境案件侦查

（一）偷越国（边）境案件概述

1. 偷越国（边）境案件的概念。偷越国（边）境案件，是指违反国（边）境管理法规，偷越国（边）境，情节严重的犯罪案件。如果偷越国（边）境行为没有达到情节严重的程度，就不构成犯罪，也就不能作为刑事案件立案侦查。

绝大多数偷渡人员是以前往经济发达国家或地区务工、改善个人和家庭生活条件为目的实施偷越国（边）境行为的，因此，这种活动与偷渡来源地和目的地之间的经济水平差异有极大关联。20 世纪末 21 世纪初，我国福建、浙江、广东沿海地区有不少人员偷渡欧美、日韩等发达国家（地区），我国反偷渡工作的重点是加强沿边沿海地区及各口岸的出境查缉力度。近年来，随着我国大陆地区经济的迅猛发展及周边国家（地区）经济发展速度放缓，境内外生活水平差异越来越小；伴随我国在经济领域的对外交往不断扩大，中国公民合法出境投资、务工的渠道也越来越多，相应地，中国大陆地区人员偷渡境外的情况越来越少，境外不发达国家（地区）人员偷渡入境的现象却日益增多，已成为公安机关反偷渡工作的重点。另外，面对愈演愈烈的国际恐怖主义狂潮，防止境内外重点人员“潜入潜出”从事暴恐活动，也成为公安机关的一项重要任务。

2. 偷越国（边）境犯罪的行为方式。

（1）陆地偷越国（边）境。从陆地边界偷渡多发生于中朝、中缅、中越、中蒙等边界，陆地边界的偷渡活动既有国内人员向境外的偷渡，也有境外人员向境内的偷渡。由于与我国陆路接壤的国家大多为经济欠发达国家，因而国内人员主要是转道这些毗邻国家再偷渡至第三国，其方式大多是徒步穿越，也有的利用边境旅游、边境贸易进行偷渡。与此同时，近年来我国加工制造企业频繁出现的“用工荒”等因素不断“拉动”境外人员向境内偷渡。老挝、越南等国公民以非法越境的方式大量涌入我国，企业雇用越南、老挝非法劳工的现象正不断由广西、云南向东南沿海甚至内地蔓延。

(2) 海上偷越国（边）境。偷渡者从海上偷越国（边）境的方式主要是搭载偷渡和集体乘船偷渡。搭载偷渡是利用航行于国际航线的客货轮船和往返港澳台与大陆之间的船舶搭载进行偷渡，部分船员利用工作之便搭载少量的偷渡者进行偷渡，还有一些偷渡者利用管理上的漏洞混上轮船进行偷渡。集体乘船偷渡一般是“蛇头”建造或改装船舶运送偷渡人员进行偷渡。

(3) 口岸偷越国（边）境。偷渡者利用伪造、变造或骗取的出入境证件，从陆港、空港、海港口岸进行偷渡；或者利用机场、港口管理上的漏洞，设法藏身于飞机、船舶、集装箱的隐蔽之处进行偷渡；或者利用政策便利，通过第三方、“缓冲区”等特殊区域进行“迂回式”偷渡。由于从口岸偷渡要经过严格的出入境检查，依靠个人能力很难完成，往往需要在“人蛇”集团的组织、安排下实施。

(二) 偷越国（边）境案件的特点

1. 常与其他刑事案件相伴而生。偷渡分子想成功偷渡出国（边）境，常需要有人组织、运送，因此，偷越国（边）境案件通常与组织、运送他人偷越国（边）境案牵连在一起。而侦查人员的主要精力多用于办理组织、运送他人偷越国（边）境案，很容易忽视偷越国（边）境案。由于组织、运送他人偷越国（边）境案件的证据较难获取，由此牵出的偷越国（边）境案件的犯罪嫌疑人往往作为证人使用。因此，偷越国（边）境案件不是一类独立性很强的案件。此外，近几年不少“三股势力”人员在国内实施了危害国家安全、破坏社会秩序的犯罪活动之后往往会选择逃往境外以逃避打击，或是前往境外某些国家接受“圣战培训”，再伺机回国从事暴恐活动。这一类偷渡活动对国家安全和社会秩序的破坏、威胁远远大于传统偷渡活动。

2. 犯罪主体的两面性。偷越国（边）境案件的犯罪主体往往既是本案的犯罪嫌疑人，也是组织、运送他人偷越国（边）境案件的被害人，有需要依法惩治的一面，也有令人同情的一面。而且，大量的偷渡者并非罪大恶极，大多是希望找到致富捷径的普通群众；从在案件中所起的作用来看，偷渡者在本案中可能是犯罪嫌疑人，在另一案件中则可能是证人，偷渡人员的双重身份特点极可能影响到案件的侦办，侦查人员对此应予以足够重视。

3. 偷渡的定向性。偷越国（边）境案件中，犯罪嫌疑人作案动机的形成、偷渡时机及偷渡方向的选择往往具有定向性。早年间，福建籍的偷渡者大多选择美国和日本，浙江籍的偷渡者大多选择西欧，吉林朝鲜族偷渡者大多选择韩国作为偷渡目的国。随着国际国内形势的发展变化，偷渡活动的方向也发生了一些变化。受欧美经济环境不景气、失业率高等的影响，前往这些经济发达国家的偷渡者逐步减少，而南非等发展中国家则由于国民经济加速发展、各类稀有矿产开发等因素，成为受偷渡者青睐的新的目的地，当然我国内地也是不少境外偷渡者的目的地。

4. 无明显的被害人。由于偷越国（边）境案件不是以损害其他人的权益为动机或目的，犯罪行为所侵害的主要是国家正常的出入境管理秩序这一“隐形”的法益，因此，偷越国（边）境案件没有通常意义上的被害人。偷渡者和组织者之间大多是一种两相情愿的关系，他们往往有着共同的犯罪目标——偷渡成功。共同的利益纽带将二者紧紧捆绑在一起，并且双方都希望自己的行为不被国家和其他人察觉。

（三）偷越国（边）境案件的侦查途径

1. 从阵地控制入手开展侦查。

（1）加强边海防地区的管理和控制。加强对沿边沿海地区重点部位，如便道、要道、码头的控制和对偷渡重点人口的管理控制，及时掌握动态，做好预防工作；加强对旅店、出租车行业从业人员的教育和管理，将其纳入治安联防队伍，及时获取可疑人员情况；加大科技强警工作，提高边境一线的监控能力，及时发现通过边境、口岸偷渡的人员。

（2）加强情报和现场调研工作。加大对沿边沿海地区群众的宣传力度，物建合适的秘密力量，及时获取情报线索。有效地查控企图从安全检查有漏洞的地方出境入境的偷渡者，并从偷渡者倒查其他涉案人员及偷渡活动。

2. 从审查境外遣返的偷渡者入手开展侦查。对于从其他国家和地区遣返的偷渡人员，公安机关应进行认真细致的审查，审查的重点是判断偷渡者的行为是否达到情节严重，是否在偷越国（边）境后实施或计划实施一些社会危害性大、国际影响恶劣的违法犯罪活动，是否构成偷越国（边）境犯罪。

3. 从审讯犯罪嫌疑人入手开展侦查。在抓获偷渡犯罪嫌疑人后，应及时对其进行审讯，全面收集证据。由于大部分的偷渡国（边）境案件是由偷渡集团组织的，应注意审查是否具有顺线侦查、深挖“蛇头”的条件。

三、组织、运送他人偷越国（边）境案件侦查

（一）组织、运送他人偷越国（边）境案件概述

1. 组织、运送他人偷越国（边）境案件的概念。

（1）组织他人偷越国（边）境案件，是指违反中华人民共和国出入国

（边）境管理法律、法规，领导、策划、指挥他人偷越国（边）境或者在首要分子指挥下，实施拉拢、引诱、介绍他人偷越国（边）境的犯罪案件。

（2）运送他人偷越国（边）境案件，是指亲自引领或用车、船等交通运输工具，非法将偷越国（边）境人员运送出或者接入国（边）境的犯罪案件。

组织他人偷越国（边）境罪和运送他人偷越国（边）境罪虽然在《刑法》中分属两个罪名，但组织、运送往往是一个案件的两个环节，因此，将这两种案件放在一起介绍。

在我国，组织、运送他人偷越国（边）境犯罪的方法手段经历了从原始型向智能型转化的历程。近年来，随着我国经济水平的不断提高，外籍人员偷渡我国的情况也日益增多，偷渡活动呈现双向性。

2. 组织、运送他人偷越国（边）境犯罪的行为方式。

（1）组织偷渡者从陆地偷渡。陆地偷渡即从陆地边界偷渡，“蛇头”利用自己熟悉边界地形的条件，通过把守松散或地形复杂的边界地段将偷渡者运送到境外或接引入境内。即先由源头的“蛇头”招募偷渡者，然后安排人员将这些偷渡者引带到边境地区，交给熟悉边界地形的运送者，将偷渡者引带出境或入境，再交给下一环节的“蛇头”。通过陆地边界偷渡的国内人员大多是通过中缅、中越、中老、中俄边界及粤港、粤澳边界先偷渡到周边国家和地区，然后再转道偷渡至法、英、美、韩、马来西亚、土耳其等国。外籍人员则主要通过中越、中缅、中老边界偷渡入境我国。

（2）组织偷渡者从海上偷渡。组织偷渡者从海上偷渡主要有两种常见的方式，一是组织偷渡者集体乘船下海偷渡。这种形式在 20 世纪 90 年代比较常见，“蛇头”通过租用或购买的货船进行大规模海上偷渡。小“蛇头”或“马仔”以各种名义寻找和招收偷渡者后，在出发前通知偷渡者“行动”的具体时间，然后再用小船将偷渡者运至等候在公海的母船上，由母船运送偷渡人员到目的地，这样就完成了下海乘船偷渡的过程。近年来，一次组织上百人下海乘船偷渡出境的集团偷渡已近乎绝迹。二是组织偷渡者搭乘客、货轮偷渡。“蛇头”买通行驶于国际航线上的客、货轮上的工作人员，再由这些人将“蛇头”带来的偷渡者藏匿于客、货轮上的隐蔽之处，偷偷运送到目的地。在我国东南沿海地区，组织私渡者搭乘港澳台小型船舶私渡至港澳台的情况也较为常见。近年来，大陆地区人员私渡港、澳、台的情况逐年减少，代之以一些越南、菲律宾籍人员通过这种方式偷渡入境我国。

（3）组织偷渡者从口岸偷渡。口岸偷渡包括空港口岸偷渡、海港口岸偷渡和陆地口岸偷渡等形式，但多见于通过空港口岸和海港口岸偷渡。

①组织偷渡者从空港口岸偷渡。空港偷渡具有时间短、人身安全有保障等

优点，故而组织偷渡者从空港口岸偷渡呈增多趋势。“蛇头”组织偷渡者从空港口岸偷渡主要是利用伪造、变造的出入境证件进行偷渡。除此之外，偷渡组织者还通过收买口岸工作人员、调换登机牌甚至易容等手段组织偷渡。

②组织偷渡者从海港口岸利用集装箱偷渡。随着我国海上贸易的快速发展，一些偷渡组织者利用集装箱出口运作流程复杂的特点以及港口相关职能部门管理上的漏洞，将偷渡者藏匿于集装箱内组织偷渡。集装箱偷渡一般人数在三五人到十几人、二十几人不等，规模相对较小。

③组织偷渡者从陆地口岸偷渡。陆地口岸是国家在陆地上开设的供货物和人员进出国境及陆上交通工具通行的通道。偷渡组织为了逃避海关及出入境检查，一般组织偷渡者藏匿于火车或货车的车厢中，或持伪假出入境证件从陆地口岸偷渡。

(4) 组织偷渡者以各种合法名义为幌子偷渡。随着中国与世界各国的交往更加深入和广泛，中国公民出境探亲、自费留学、旅游、商务考察、劳务输出的机会日益增多。“人蛇”集团开始以上述名义，通过伪造身份、骗取证件的方式组织偷渡。常见的方式有：以介绍出国旅游、商务考察为名，骗取合法的出国旅游、商务签证组织偷渡；以劳务输出为名，骗取有关国际劳工批文，伪造虚假劳工名单，骗取护照、签证以及相关资格证书组织偷渡；在国内办理好旅游签证、留学签证后，组织偷渡者出境，再通过国外关系人骗取前往第三国的签证或直接组织人员偷渡至第三国。

(二) 组织、运送他人偷越国（边）境案件的特点

1. 犯罪的组织程度高。组织、运送他人偷越国（边）境犯罪活动大多是由“人蛇”集团组织实施的，这些“人蛇”集团特别是国际“人蛇”集团往往具有严密的组织体系。大“蛇头”或老板大多在境外遥控指挥，具体的组织网罗人员、打通关节、租用购买船只、运送偷渡者、接应偷渡者等环节则由一些小“蛇头”或中间人分工负责，各个环节之间往往不发生横向联系。随着智能化组织偷渡方式的兴起，“人蛇”集团中不断有高智商、高学历的甚至留学背景的“人才”加入其中，这些人员思维缜密，熟悉国外签证、商务考察邀请函等文件的签发流程，组织偷渡的过程周密严谨且灵活多变，其非法行为在合法外衣的掩盖下极具欺骗性、隐蔽性。

2. 迂回偷渡突出。当前，一些偷渡重点地区多次开展专项治理和严打行动，一些非法移民涌入的热点国家也加强了边境管理、海上查缉和移民检查。组织偷渡的“蛇头”为了提高偷渡的成功率，往往不是选择就近路线偷渡到目的地，而是转道第三地再偷渡到目的地。国际“人蛇”集团利用一些国家与目的地国在政治、文化及地缘等方面的特殊关系，以及这些国家出入境管理制度

的漏洞，先组织偷渡者安排偷渡到这些国家，再把偷渡者运送到目的国。比较常见的迂回路线有乘船偷渡到墨西哥，或者巴拿马、危地马拉等中美洲国家，然后再到美国；先偷渡到俄罗斯和东欧国家，再从这些国家到西欧；等等。

3. 组织、运送偷渡日趋智能化，反侦查手段突出。为逃避打击，组织、运送他人偷越国（边）境犯罪集团（团伙）不断变换和翻新组织、运送活动的形式，犯罪手段逐步向动态化、智能化、职业化方向发展。“蛇头”与“马仔”多是单线联系，对整个偷渡活动实行遥控指挥。“蛇头”与偷渡者一般不见面，既不告诉其真实身份，也不签订书面协议。近年来，先进的科学技术手段和通信联络方式也不断地被应用于偷渡活动中。有些“蛇头”利用服务器架设在境外的一些通信软件，指挥偷渡者分段移动，每一段都有不同的人员负责接应。在边境地区，偷渡者即便不熟悉地形，也可以在组织者的帮助下，借助智能手机中的地图软件方便地定位并通过电子地图确定行进方向，增加了查缉犯罪的难度。

4. 与其他犯罪活动相互渗透。组织、运送他人偷越国（边）境过程中，偷渡的组织、运送者常常还会实施一些其他犯罪活动。例如，为了达到犯罪目的，组织者有时需要伪造、变造公文、证件、印章；非法拘禁偷渡人员，对他们进行伤害、杀害、强奸、拐卖等；组织、运送他人偷越国（边）境活动所获的巨额非法利润也往往需要通过洗钱的方式加以“漂白”。这些犯罪活动与组织、运送他人偷越国（边）境犯罪活动相互渗透，既增大了社会危害性，也增加了打击偷渡犯罪的难度。

5. 获取案件线索和证据的难度较大。组织、运送他人偷越国（边）境犯罪属跨境、跨区域犯罪，“蛇头”在组织实施偷渡的过程中，活动范围广、时间跨度大、偷渡路线复杂且多次交叉作案。除现行被查获的案件外，一般积案、隐案的现场不易查找，或者痕迹物证早已灭失。即使是一些现行案件，由于作案现场具有流动性，提取痕迹物证的时机也会稍纵即逝。另外，此类案件中，由于偷渡者本身也涉案，往往不愿配合公安机关的侦查工作，或由于时过境迁、偷渡者已经身在国外等原因无法获取他们的证言。因此，组织、运送他人偷越国（边）境案件获取线索和证据的难度相对较大。

6. 大“蛇头”行踪隐秘，斩草难以除根。随着科技的发展，全球化即时通信联络手段层出不穷。当前，许多组织、运送他人偷越国（边）境案件中的大“蛇头”多在境外进行遥控指挥。如果没有其他国家（地区）警方的及时配合协助，国内的公安机关几乎无法对其进行准确定位，更遑论查明其身份、将其抓捕归案了。即便抓获了一些运送者，也往往是临时雇用的人员，他们对组织者的情况一无所知，很难顺藤摸瓜向上追查。大“蛇头”长期逍遥法外，是组织、运送他人偷越国（边）境犯罪屡禁不止的重要原因。

（三）组织、运送他人偷越国（边）境案件的侦查途径

1. 从刑事犯罪情报入手开展侦查。组织、运送他人偷越国（边）境案件一般没有明显的犯罪现场可供勘查，也没有一般意义上的被害人，其中的被组织者和被运送者，具有既受害又受益的双重身份，一般不会主动报案。因此，要侦破此类案件，首要任务就是积极主动地收集刑事犯罪情报，从刑事犯罪情报入手开展侦查。可以通过积极物建和使用秘密力量，了解偷渡犯罪集团（团伙）的活动情况；通过加强车站、码头、旅馆、宾馆、外来人口密集的出租房等场所监管，发现偷渡线索；针对杀人、强奸、拐卖人口等常与组织、运送他人偷越国（边）境犯罪交织在一起的特点，通过已发案件发现线索；通过地区间、国家间以及与国际刑警组织之间定期或不定期的相互交流与情报往来，获取案件情报。

2. 从偷渡者入手顺线追查组织者、运送者。偷渡者与偷渡组织者、运送者在犯罪过程中，一般都或多或少对组织运送的团伙成员有一定了解，可顺线侦查，从偷渡者入手顺藤摸瓜已成为公安机关发现“蛇头”的捷径。

3. 从外线侦查入手扩大线索。公安机关在发现犯罪线索后，可以利用跟踪、守候等外线侦查手段对组织、运送他人偷越国（边）境犯罪案件，尤其是对重、特大案件的犯罪嫌疑人开展侦查控制，及时准确地掌握犯罪意图、运输路线、手法、偷渡的时间和地点、涉案人员的情况等，掌握时机、地点，主动进攻，对组织、运送他人偷越国（边）境犯罪实施有效的打击。

4. 从内线侦查入手掌握动态。由于组织、运送他人偷越国（边）境案件多系集团（团伙）案件，犯罪嫌疑人活动诡秘，其踪迹和犯罪情况不易为局外人所知晓。因此，可以通过指挥秘密力量贴靠或由侦查人员打入的方式，深入犯罪集团（团伙）内部开展侦查活动。这种秘密侦查手段也是侦破此类犯罪案件常用的行之有效的手段。

5. 从技术侦查入手进行监控。针对当前组织、运送他人偷越国（边）境案件团伙犯罪突出、行动隐秘诡谲等特点，采用技侦手段对其进行侦控具有十分重要的作用。一方面，通过技侦手段可以准确掌握偷渡组织者、运送者及偷渡人员的行踪，大幅提高对侦查对象的监控效率，减少内、外线人员暴露的危险；另一方面，技侦所获得的情报信息具有较高的核心性、真实性和准确性，对于公安机关了解犯罪内幕、把握犯罪动向极有价值。经过处理，通过技侦手段获取的材料可直接作为证据使用，也为刑事诉讼活动带来了较大的主动性。

6. 从金融调查入手追缴犯罪收益。组织、运送他人偷越国（边）境犯罪是一种典型的营利型犯罪，可以获得巨额非法利润。因此，在组织、运送他人偷越国（边）境案件侦查中，追缴犯罪收益，从经济上摧垮犯罪嫌疑人及其组

织十分重要。然而，组织、运送他人偷越国（边）境犯罪嫌疑人非常狡诈，常常通过各种洗钱活动将大笔的犯罪收益合法化，要想彻底追缴偷渡犯罪的非法收益，就需要开展金融调查，发现和掌握可疑资金的流动情况，进而顺藤摸瓜，获取组织、运送他人偷越国（边）境案件的重大线索，有效地打击组织、运送他人偷越国（边）境犯罪活动。

7. 从讯问犯罪嫌疑人入手扩大战果。组织、运送他人偷越国（边）境案件大多都是有组织的集团（团伙）犯罪案件，成员之间组织严密，分工明确，活动诡秘。为了严厉打击组织偷渡的犯罪活动，对已拘捕的犯罪嫌疑人，应及时进行审讯，除了查清本案的情况外，还应深挖余罪，破获积案、隐案，不仅要令其彻底供述本人的罪行，还要促使其检举揭发他人的犯罪事实，以弄清组织、运送他人偷越国（边）境犯罪集团（团伙）其他成员的情况并据此采取有效措施，抓获其他犯罪嫌疑人。

8. 从侦查协作入手遏制组织、运送他人偷越国（边）境犯罪活动。偷渡犯罪是全球性的问题，只有加强侦查协作，搞好协同作战，才能从根本上达到堵源截流、减少偷渡的最终目的。一是要和有关国家建立有效的合作机制，实现情报共享，积极交流防范打击对策；二是偷渡流入国应向偷渡来源地国提供技术援助和资金支持，并帮助偷渡来源地国培训专业人员，提高这些国家防范和打击偷渡活动的能力；三是建立与外国移民部门的联系制度，加强执法领域的合作；四是各有关国家要密切配合，进一步完善优化移民法律和政策，堵塞偷渡分子可能利用的法律和政策漏洞。

总之，侦查组织、运送他人偷越国（边）境犯罪案件应重视和加强国内、国际侦查协作与秘密力量建设，讲究斗争策略，并在严厉打击组织、运送他人偷越国（边）境犯罪的同时，实行综合治理，减少偷渡犯罪的发生。

第六节 毒品案件侦查

根据《刑法》第三百五十七条第一款的规定：“本法所称的毒品，是指鸦片、海洛因、甲基苯丙胺（冰毒）、吗啡、大麻、可卡因以及国家规定管制的其他能够使人形成瘾癖的麻醉药品和精神药品。”毒品均具有几个基本特征，即依赖性、耐受性、非法性和危害性。依赖性，包括生理依赖性和心理依赖性，生理依赖性又称为成瘾性，一旦戒断会产生一系列机能紊乱和损害的症状；吸毒者在心理上的依赖性又称为精神依赖性，是对所用毒品的渴求或强制性觅药的一种心理倾向，也是吸毒者生理戒毒后复吸的重要原因。耐受性是吸毒者在吸食一段时间毒品后，服用后的效果会出现退化，只有不断增大剂量才能维持与以前相同的效果，这几乎是每个吸毒者从吸食毒品发展到注射毒品，直至最后死亡的最主要原因。麻醉药品和精神药品是特殊的药品，如果被滥用则成为毒品，也就具有了非法性的特征。危害性是指毒品会对吸食者自身、家庭和社会造成极大的危害，走私、贩卖、运输、制造毒品等行为更是具有极大的社会危害性。

一、毒品案件概述

（一）毒品案件的概念

毒品犯罪是指违反国家有关禁毒法律、法规，破坏毒品管制活动，应该受到刑法惩罚的犯罪行为。触犯刑法，从事与毒品有关犯罪活动的刑事案件就是毒品犯罪案件（简称毒品案件）。

（二）毒品案件的种类

我国《刑法》第三百四十七至三百五十五条，共 9 个条文规定了 12 种涉及毒品的犯罪案件，具体包括：

1. 走私、贩卖、运输、制造毒品案件。
2. 非法持有毒品案件。
3. 包庇毒品犯罪案件。
4. 窝藏、转移、隐瞒毒品、毒赃犯罪案件。
5. 非法生产、买卖、运输制毒物品案件。
6. 走私制毒物品案件。
7. 非法种植毒品原植物案件。
8. 非法买卖、运输、携带、持有毒品原植物种子、幼苗案件。
9. 引诱、教唆、欺骗他人吸毒案件。
10. 强迫他人吸毒案件。
11. 容留他人吸毒案件。
12. 非法提供麻醉药品、精神药品案件。

其中走私、贩卖、运输、制造毒品案件是我国发案较多、危害较大的毒品犯罪案件。

二、走私、运输毒品案件侦查

（一）走私、运输毒品案件概述

1. 走私、运输毒品案件的概念。

（1）走私毒品案件。走私毒品案件是指行为人违反毒品管理法律、法规和海关法规，逃避海关监管，明知是毒品而非法将其运输、携带、邮寄进出国（边）境的犯罪案件。走私毒品犯罪是毒品犯罪中最严重的形式之一，也是造成毒品在世界各地不断蔓延的主要原因，世界各国无不通过刑事立法，严厉打击走私毒品犯罪行为，我国《刑法》明确地把走私毒品罪作为一个独立的罪名予以规定，充分显示了我国政府严厉打击毒品犯罪的态度。

（2）运输毒品案件。运输毒品案件是指行为人违反毒品管理法规，明知是毒品而采用携带、邮寄、利用他人或者使用交通工具等方法在我国境内非法运送的犯罪案件。运输毒品罪是我国《刑法》中处罚较重的罪名之一，我国将运输毒品罪作为独立的罪名予以规定，对于切断毒品从生产到交易到消费的链条起到了重要的作用。

在毒品犯罪活动中，运输毒品的行为一般不是孤立存在的，往往伴随着走私、贩卖毒品的犯罪活动。走私活动包含运输过程，运输活动存在跨越国（边）境情形，但其最终目的都是要通过贩卖毒品来获取利润，运输只是一种手段，或是毒品犯罪的一个阶段，而不是最终目的。

2. 走私、运输毒品的行为方式。

（1）走私毒品的行为方式主要有以下几种：

①行为人从境外购买毒品后非法入境，或者与境外贩毒分子相互勾结，将毒品偷运入境；

②行为人将非法入境的毒品偷运出境，或者把在境内购买的毒品偷运出境；

③为走私毒品的犯罪嫌疑人或犯罪集团（团伙）购买、运输毒品，或者在边境地区与境外走私毒品犯罪嫌疑人相互勾结，买卖、运输毒品；

④与走私毒品的犯罪嫌疑人同谋，为其提供货款、资金、实物或为其提供运输、保管、藏匿以及其他方便；

⑤与走私毒品的犯罪嫌疑人相互勾结，在内地直接向走私毒品的犯罪嫌疑人购买毒品；

⑥依法从事生产、运输、管理、使用国家管制的麻醉药品、精神药品的单位或人员，违反国家规定，向走私毒品犯罪嫌疑人提供国家管制的麻醉药品或精神药品。

实践中，走私毒品的行为表现方式多种多样，且花样不断翻新，公安机关应注意识别并准确定性。

（2）运输毒品的行为方式主要有以下几种：

①行为人自身携带。行为人携带毒品的行为方式很多，如将毒品放在随身携带的物品之中、将毒品藏于体内、将毒品绑在身体上等。

②驾驶车辆进行公路运输。

③通过公共社会服务系统进行运输。行为人采用邮政、物流、快递等方式运输毒品更具隐蔽性与便利性，其可能造成毒品流入社会的危害性更大。

④引诱、教唆或利用未成年人、老年人或怀孕、哺乳期的妇女等携带运输毒品。利用老人体弱多病或利用妇女怀孕、哺乳婴儿“抓住了也关不了”的空子运输毒品，也是较常见的一种运输毒品的方式。

⑤以运货为名，雇人雇交通工具运输毒品，贩毒分子和毒品分开而行（即人货分离、人货分行），分段转运，以规避被查获的风险。

运输毒品的行为方式五花八门，变化多端，不一而足，只要满足运输毒品犯罪的构成要件，即构成运输毒品犯罪案件。

3. 走私毒品和运输毒品的区别。走私毒品和运输毒品有较为明显的区别：走私毒品是指非法运输、携带、邮寄毒品进出国（边）境的行为。走私毒品行为最突出的特点是跨越国（边）境的毒品输入或输出。根据《刑法》及有关法律、法规的规定，对在领海、内海运输、收购、贩卖毒品，以及直接向走私毒品犯罪嫌疑人购买毒品的，也应视为走私毒品。影响走私毒品行为危害性的因素，主要是走私毒品的数量、主体的情况（是否为首要分子、是否有参与国际贩毒组织）、方式（是否武装掩护）等。

运输毒品是指采用携带、邮寄、利用他人或者使用交通工具等方法在我国领域内将毒品从此地转移到彼地的行为。运输毒品必须限制在国内，而不能是在领海、内海运输毒品，否则便属于走私毒品。运输毒品具体表现为转移毒品的所在地，如将毒品从甲地运往乙地，但应注意，从结果上看没有变更毒品所在地却使毒品的所在地曾经发生了变化的行为，也是运输毒品。例如，行为人先将毒品从甲地运往乙地，由于某种原因，又将毒品运回甲地的，也属于运输毒品行为。

（二）走私、运输毒品案件的特点

受国际毒潮泛滥的影响，我国的毒品问题呈现出“多头入境、多线渗透、多点中转、多地集散、多地消费”的状况。犯罪嫌疑人采取各种隐蔽手段通过铁路、公路、水路、邮政等渠道走私、运输毒品。缉毒实践表明，走私、运输毒品案件的特点主要表现在以下几个方面：

1. 犯罪成员构成复杂。

（1）女性所占比例逐年增加。从参与走私、运输毒品案件犯罪成员的性别来看，一改过去那种男性包揽的局面，女性从事毒品走私、运输的比例逐年增加。

（2）多数成员文化程度较低。从犯罪成员的受教育程度来看，多为文盲、小学、初中和高中文化程度，他们法律意识淡薄，容易在金钱的诱惑下走上走私、运输毒品犯罪的道路。

(3) 多为农民或无业人员。从参与走私、运输毒品案件的犯罪成员的职业来看，涉及各行各业，但以农民和无业人员为多，他们在整个毒品犯罪链条中处于被支配地位，处于毒品犯罪的“第一线”，比较容易被抓获成为幕后“毒枭”的“替罪羊”。

(4) 外国籍人员明显增多。近年来，外国籍人员参与毒品走私、运输的明显增多，云南、广东、北京、上海等地都相继查获了多起外国籍人员以人体藏毒方式走私高纯度海洛因入境的案件。

(5) 特殊群体参与日益突出。近年来，境内外贩毒集团雇用、组织特殊群体成员参与毒品走私、运输的问题十分突出，已成为国内毒品、贩运的主要方式，并呈组织化、规模化趋势。

2. 境内外勾结，集团化特征突出。走私、运输毒品犯罪，往往是在一种跨省区、跨国界甚至跨洲的流动状态下完成的，其地域跨度大、路线长、环节多、涉及面广，单人犯罪一般难以完成。为了提高犯罪的成功率，境内外犯罪嫌疑人往往相互勾结，多以团伙或集团形式进行毒品的走私和运输，并且形成了购、运、销“一条龙”的职业犯罪体系。尤其是重、特大走私、运输毒品案件，几乎都是由境内外犯罪嫌疑人相互勾结实施的。“大毒枭”坐镇境外利用现代化的通信工具遥控指挥，雇用“马仔”为其走私、运输毒品，犯罪集团组织严密，分工细致，具有很强的隐蔽性。

3. 方法巧妙、手段多样。从走私运输毒品的手段和方式看，采用传统的人背马驮较为少见，犯罪嫌疑人更多的是借助于便捷的通信手段和交通工具，以更加隐蔽、快速、安全的手段和方式走私、运输毒品。例如，采用“人货分离”等方法，利用汽车、火车、轮船、快艇、飞机等交通工具，陆、海、空、邮全方位、立体型的进行毒品的走私和运输。从运输路线看，多精心选择、多头入境、分段运输；从通信方式看，多通过电话、QQ 以及微信等方式单线联系；从藏毒方式看，手段灵活，形式多样，隐蔽性、迷惑性更强。

4. 日益增强的武装对抗性。由于我国政府不断加大对走私、运输毒品犯罪的打击力度，犯罪嫌疑人与禁毒部门的对抗性逐渐加剧。为保证走私、运输毒品活动能够得逞，把现实存在的风险降至最低，越来越多的犯罪嫌疑人开始随身携带武器，甚至雇用或自组非法武装，依托暴力抗拒缉毒，这无疑增大了缉毒的危险性。

5. 反侦查手段突出。随着我国对毒品犯罪打击力度的加大，走私、运输毒品犯罪嫌疑人的反侦查意识不断增强，手段更加隐蔽和狡猾。在实施走私、运输毒品犯罪活动之前，幕后组织、指挥者多派出大量“马仔”踩点，或不断变换毒品的运输路线和交接地点，或让熟悉当地环境的“马仔”寻找较隐蔽安全的运毒路线，或让“马仔”事先驾交通工具空车试探，或选择在不利于禁毒部门行动的夜间、下雨天或警力比较繁忙的过节期间走私、运输毒品。若发现查缉较为严密时，就化整为零走私、运输毒品；或者采用交通工具夹藏等方式走私、运输毒品。

（三）走私、运输毒品案件的侦查途径

1. 从毒品犯罪情报入手开展侦查。毒品犯罪情报工作是同毒品犯罪作斗争的一项重要的基础业务建设，也是一种有效的侦查途径。禁毒部门必须高度重视毒品犯罪情报业务建设，牢固树立情报意识，通过加强刑事秘密力量、刑嫌调控、阵地控制、情报信息共享等工作多方获取走私、运输毒品犯罪情报信息。

2. 从公开查缉入手开展侦查。公开查缉是走私、运输毒品案件线索的重要来源，同时也是侦破走私、运输毒品犯罪案件的一项常用的手段，通过公开查缉可以进一步将走私、运输毒品案件的侦查引向深入。

3. 从内线侦查入手掌握犯罪动态。想要“破大案，打毒枭，摧网络，缴毒品，追毒资”，取得“人赃俱获”的效果，必须了解毒品犯罪集团（团伙）的内幕情况。内线侦查是了解涉案人员情况、毒品运输的方法、交接的时间和地点的有效手段。禁毒部门应当适时采用秘密侦查等手段，及时查清毒品及毒品犯罪活动等情况。

4. 外线侦查入手扩大线索。外线侦查是从外围获取走私、运输毒品犯罪活动的信息和证据，能够使侦查人员及时掌握侦查对象的动态，获取更多线索，实践中经常配合以内线侦查和技术侦查手段的实施，发挥整体作战的巨大功效。

5. 从技术侦查入手开展侦查。走私、运输毒品犯罪的隐蔽性极强，为了有效地控制走私、运输毒品犯罪，禁毒部门常常采用技侦手段开展侦查。技侦手段既能配合外线侦查手段获取罪证，又可以保护实施内线侦查的侦查人员和秘密力量的安全，为侦查活动的顺利进行提供保障，可以说技侦手段是当前毒品案件侦查工作的一条生命线。

6. 从延伸侦查入手扩大战果。延伸侦查是打击走私、运输毒品犯罪活动的有效手段，通过延伸侦查可以发现更多的案件线索，将毒品犯罪嫌疑人一网打尽。因此，对具有延伸侦查条件的案件，应尽可能地实施延伸侦查，以扩大战果。在延伸侦查过程中，要严格保守秘密，严格控制毒品和已抓获的贩毒分子，并做好证据的收集和固定。

7. 从毒品资产调查入手开展侦查。禁毒部门在银行等金融机构的配合下，对毒品犯罪的非法收益和金融领域内资金的可疑流动进行调查工作，以及时发现走私、运输毒品案件线索。对查获的供犯罪所使用的财物，可以作为证据予以扣押、查封或者冻结。

8. 从侦查协作入手开展侦查。走私、运输毒品案件具有跨国、跨省市、跨地区等特点，涉及面广，危害性大，需要多国、多地区、多部门协同作战才能取得成效。只有协同作战，形成合力，才能有效地打击走私、运输毒品犯罪。

9. 从讯问犯罪嫌疑人入手深挖犯罪。走私、运输毒品犯罪活动往往是由多人有组织进行的，上下家之间具有极其隐秘的联络方式，一旦一方被查获后延误了毒品的交接时间，就会引起上家或下家的怀疑而中断联系，使案件失去延伸侦查的可能。因此，禁毒部门一旦抓获了犯罪嫌疑人，就应迅速组织突审。突审不仅可以获得犯罪证据，同时也可以获得案件上下延伸的信息，从而抓获更多的犯罪嫌疑人。

三、贩卖毒品案件侦查

（一）贩卖毒品案件概述

1. 贩卖毒品案件的概念。贩卖毒品案件，是指违反国家毒品管理法律、法规，以牟利为目的贩卖鸦片、海洛因、甲基苯丙胺（冰毒）、吗啡、大麻、可卡因，以及国家规定管制的其他能够使人形成瘾癖的麻醉药品和精神药品的犯罪案件。

贩卖毒品案件是毒品案件中数量最多、涉及范围最广的一种。在所有毒品犯罪中，贩卖毒品犯罪危害最大，其他各类毒品犯罪几乎均可溯源至贩卖毒品犯罪。毒品制造出来以后，必然要通过销售来实现其“价值”并为贩毒分子带来巨额利益，而吸毒者也要通过购买毒品来满足自己的需要。因此，毒品的贩卖是毒品从制造到消费的主渠道和中心环节，贩卖毒品行为是缉毒活动打击的重点对象。

2. 贩卖毒品的行为方式。

（1）买入毒品后加价转手卖出从中牟利。这是贩卖毒品行为中最常见的方式。

（2）自己制造毒品后又销售的。

（3）以毒品易货。即以毒品为流通手段交换商品或其他货物。

（4）以毒品支付劳务费或偿还债务。

（5）赊销毒品。赊销毒品通常表现为两种形式：一是赊给其他贩毒分子，待其卖出后再付款；二是将毒品赊给一时无钱的吸毒者（特别是青少年），待其设法弄到钱后再付款或以物抵债。

（6）介绍贩毒。介绍贩毒即充当贩毒交易的中介人，帮助出售毒品。这种情况应以贩毒共犯论处。在贩卖毒品犯罪活动中，只要行为人居间介绍，帮助了毒品交易的实施，无论牟利与否，均以贩卖毒品罪论处。

（7）特殊单位和人员实施的贩毒。依法从事生产、运输、管理、使用国家管制的麻醉药品、精神药品的单位和人员违反国家规定，以牟利为目的，向贩毒分子或吸食、注射毒品的人提供国家管制的麻醉药品和精神药品。

贩卖毒品是以牟利为目的的行为，但是有偿转让，既可能是获取金钱，也可能是获取其他物质利益；既可能在交付毒品的同时获取物质利益，也可能先交付毒品后获取利益或先获取物质利益而后交付毒品。如果是无偿转让毒品，如赠予，则不属于贩卖毒品。出于贩卖目的而非法收买毒品的，也应认定为贩卖毒品行为。

（二）贩卖毒品案件的特点

1. 贩卖毒品的种类向多元化方向发展。随着科学技术的不断发展，境内外贩毒分子的制毒能力不断提高，逐渐出现了除传统毒品鸦片、海洛因以外的新型毒品，如冰毒、摇头丸等第二代毒品，以及氯胺酮、芬太尼等第三代毒品，贩卖新型毒品已成为毒品犯罪的新动向。由于新型毒品的获取渠道多且价格相对较低，因此近年来我国部分地区吸食新型毒品的人员越来越多，贩卖新型毒品案件也在不断增加。

2. 大宗贩毒案件多为贩毒集团（团伙）所为。由于毒品大多来源于境外，大宗的贩毒活动多为境内外贩毒分子相互勾结所为，并形成了制造、走私、运输、贩卖毒品“一条龙”。贩毒集团（团伙）组织严密，分工细致，每个环节都有专人负责，形成了庞大的地下贩毒网络。除此之外，由亲属组成的家族式贩毒也呈现多发态势，由于其成员之间有着天然的联系，更易形成相对稳定的组织，他们生死与共，互相庇护，大肆进行有组织的贩毒活动。

3. 贩毒活动日趋智能化。随着我国对贩毒活动打击力度的加大，贩毒分子的反侦查意识不断增强，贩毒活动日益智能化。主要表现为事前多有周密的策划，有时还要进行实地“演练”；贩毒分子之间常常使用现代化的通信工具，单线联系；在毒品交易过程中，不断改变交易地点；雇用“马仔”出面寻找买主，“毒枭”在幕后遥控指挥；对禁毒部门的缉毒活动进行反跟踪、反窃听；利用网络金融工具等交付毒资；利用互联网，进行网络贩毒等。

4. 外流贩毒突出。外流贩毒是指贩毒分子在其户籍所在地以外的地区从事的贩毒活动。外流贩毒人员行动诡秘，流动性强，外流贩毒已成为内地毒品消费的主要渠道。近年来，外流贩毒人员大量增多，规模不断扩大，一些地方外流贩毒问题愈演愈烈，形成家族式、地域性的外流贩毒团伙。部分地区毒贩还外流至“金三角”地区，与缅北毒枭结成跨国、跨区域贩毒团伙网络，多层级策划指挥，向中国境内大肆贩运毒品。

5. 武装贩毒增多。世界各国加大了对毒品犯罪的打击力度，贩毒分子贩毒的风险日益增加，为了保证贩毒活动的顺利进行，武装贩毒多有出现，犯罪的暴力色彩越来越浓。武装贩毒既可以抗拒禁毒部门等的查缉，又可以防备“黑吃黑”，于是，贩毒分子有的既贩毒又贩枪，或者卖毒品搭售或赠送武器，形成“枪毒同源”“枪毒同流”的复杂格局。

6. 零星贩毒持续多发。零星贩毒是指贩毒分子在毒品交易中采取少量、分散的办法直接向吸毒者进行贩卖的行为。零星贩毒是与大宗贩毒相对而言的一种犯罪活动，是大宗贩毒者与吸毒者之间的中介和桥梁，是滋生新生吸毒者的重要渠道。

7. 获取案件线索和证据的难度较大。缉毒实践中，绝大多数贩毒案件并没有严格意义上的犯罪现场可供勘查，也没有一般刑事案件的被害人或事主的报案，多数案件是在获取了毒品犯罪线索之后，才展开进一步侦查工作的。由于贩毒活动多是“一对一”的秘密交易，缺少旁证，即使抓获了贩毒分子，他们也极易推卸责任。因此，相对于其他刑事案件而言，贩卖毒品案件的调查取证更加困难。

（三）贩卖毒品案件的侦查途径

1. 从毒品犯罪情报入手开展侦查。毒品犯罪情报工作是同毒品犯罪作斗争的一项重要的基础业务建设工作，也是一种有效的侦查途径。绝大部分毒品案件的成功告破，在很大程度上都依赖于毒品犯罪情报的大力支持，贩卖毒品案件也不例外。因此，禁毒部门必须高度重视毒品犯罪情报业务建设，牢固树立情报意识，多方收集毒品犯罪情报线索，严厉打击贩卖毒品犯罪活动。

2. 从吸毒人员入手开展侦查。吸毒与贩毒是一个紧密相连的链条，由于吸、贩双方的相互依赖性，吸毒者同贩毒者之间一般都有较稳定的联系。吸毒者多掌握有与之接触的贩毒者的性别、年龄、体貌特征、语言习惯、贩毒的手段方法、经常活动的地区等情况。因此，“以吸查贩，顺藤摸瓜”已成为禁毒部门发现贩毒分子的捷径。

3. 从阵地控制入手开展侦查。禁毒部门通过加强对贩毒分子经常涉足的场所，如零星贩毒猖獗的歌舞厅、酒吧等场所以及外来人员密集的出租屋等重点地区和场所的检查和监控，可以及时发现贩毒线索。

4. 从内线侦查入手掌握犯罪动态。贩毒案件的隐蔽性很强，交易双方的活动十分诡秘，使用内线侦查手段，获取贩毒案件的线索是侦查贩毒案件的重要途径。贩毒案件侦查中常用的内线侦查措施主要包括秘密力量贴靠、拉出控制“逆用”和卧底侦查等。

5. 从外线侦查入手扩大线索。通过外线侦查，可以监视侦查对象的行踪，了解其接触的人员和活动范围，甄别嫌疑情况，发现新的犯罪线索，获取犯罪证据，配合内线开展侦查活动等。禁毒部门在发现贩毒线索后，可以利用外线侦查手段加强对贩毒案件，尤其是对重、特大贩毒案件及有组织贩毒活动的侦查。

6. 从技术侦查入手获取罪证。技侦手段可应用于贩毒案件的整个经营过程，把贩毒分子的一切行动始终置于禁毒部门的视线之中，时刻掌握斗争的主动权。因此，应充分发挥技侦手段的作用，有效打击贩毒活动。

7. 从控制下交付入手开展侦查。运用控制下交付方法侦查贩毒案件，是国际上普遍采用的一种缉毒对策。集团贩毒活动往往是跨地区、跨省份甚至跨越国界的犯罪活动，因此，只有采取“长线”策略才能给贩毒集团以致命打击。要严密控制毒品交付的各个环节，最大限度地保证控制下交付的成功实施。

8. 从金融调查入手扩大线索。贩毒活动往往涉及大量的资金，对大额可疑资金的流动情况以及流动的大额可疑资金实施调查控制，不仅是打击洗钱犯罪的重要手段，也是获取毒品犯罪线索、开展侦查的重要渠道。禁毒部门应加强与金融等系统的情报交流，努力发现大宗贩毒案件更多的线索，为案件侦破提供更多的证据。

9. 从侦查协作入手开展侦查。贩毒案件的涉及面广，横向区域跨度大，是一种跨地区、跨国界的犯罪。这就需要各级公安机关从全局出发，增强整体作战意识，加强地区之间、部门之间的配合和协作，充分发挥整体作战的效能。对涉及多个国家和地区的贩毒案件，必须加强国际侦查情报的交流与合作，提高侦破重、特大贩毒案件的效率。

10. 从讯问犯罪嫌疑人入手深挖犯罪。贩毒案件的情况复杂，涉及的犯罪成员较多，通过侦查可能只查获了其中的部分成员，而这些成员大都参与过多次贩毒活动。因此，侦查人员必须具有长期经营意识，特别是针对集团性贩毒案件，对已拘捕的贩毒分子，应及时进行审讯，以弄清贩毒集团其他成员的情况以及毒品的来源及去向。

四、走私制毒物品案件侦查

易制毒化学品本身并不是毒品，而是生产合成毒品的重要原料或配剂，常被毒品犯罪嫌疑人用来生产、制造毒品。我国对这些物品的生产、运输、销售等制定了相应的管理办法，实行严格管制，未经国家有关部门批准许可，不得携带、运输这些物品进出国（边）境。

（一）走私制毒物品案件概述

1. 走私制毒物品案件的概念。走私制毒物品案件，是指违反国家制毒物品管理法律、法规和海关法规，逃避海关监管，非法运输、携带醋酸酐、乙醚、三氯甲烷或其他用于制造毒品的原料或者配剂进出国（边）境，数量较大的犯罪案件。

我国是化工产品生产大国，且毗邻“金三角”“金新月”等毒源地，境内外不法分子基于制毒的需要，不断变换犯罪手法，将大量管制和非管制易制毒化学品走私出入境，用于制毒活动。目前，我国走私制毒物品犯罪活动大多表现为将制毒物品从国内走私出境。

2. 走私制毒物品的行为方式。

（1）绕关走私。走私分子从未设立海关或边境检查站的边境线上，非法运输、携带制毒物品进出国（边）境。

（2）瞒关走私。走私分子经过设立海关的地方，以藏匿、伪装、瞒报或者其他手法逃避海关监管，运输、携带制毒物品进出国（边）境。

（3）间接走私。直接向走私制毒物品的犯罪嫌疑人购买制毒物品，或者为走私制毒物品者购买、运输制毒物品。

（4）与走私制毒物品的犯罪嫌疑人同谋，为其提供贷款、资金账号、证明等，或为其提供运输、保管以及其他方便。

（二）走私制毒物品案件的特点

1. 数量日益大宗化。制毒物品具有“双重性”，一方面，它能满足公民、法人和其他组织正常合法的需要；另一方面，它又容易被用于制造毒品，危害社会。我国是一个化工产品生产大国，化工产品种类齐全，价格低廉，于是国外贩毒集团想方设法从我国走私制毒物品。从已破获的走私制毒物品案件来看，缴获的制毒物品数量较大，往往是以吨计算。

2. 品种日益多样化。从我国已查获的走私制毒物品案件看，涉案的制毒物品的品种日益多样化，其中有国际公约和我国国家许可证管制的，也有地方许可证管制的化学品，如醋酸酐、乙醚、丙酮、盐酸、硫酸、甲苯、三氯甲烷、麻黄素、氯化亚矾、氯化铵、氯化钯、硫酸钡、醋酸钠等，还有一些是未列管的化学品。我国加大对制毒物品管制工作的力度后，犯罪嫌疑人开始走私未列管的易制毒化学品，如乙酸乙酯、冰醋酸等制造制毒。

3. 行为人多内外勾结。走私制毒物品案件涉及的人员较为复杂，多为境内外相互勾结。制毒物品多数来源于内地，途经边境走私，最后流至国外。犯罪集团组织严密、分工明确，成员之间单线联系，案件主要犯罪嫌疑人基本上都在境外，他们负责策划、指挥整个走私活动，国内犯罪嫌疑人仅负责在境内帮其提供货源，完全听从境外犯罪嫌疑人的指挥，给侦查工作带来了很大的困难。

4. 手段狡诈多变，伪装隐蔽巧妙。为了逃避打击，犯罪嫌疑人在走私制毒物品时，手段日益狡诈多变。例如，利用汽车、拖拉机等交通工具或人力将制毒物品偷运、携带出境；将制毒物品与日常百货混装蒙混过关；利用边境贸易等方式走私各种制毒物品；改换包装、重贴或撕毁标签伪装成其他非管制物品出境；伪造为非管制物品名报关出口；人货分离，雇用不知情的司机代为运输出境；伪造各种证明文件企图从合法贸易渠道出口制毒物品；等等。

5. 认定查处困难。由于制毒物品存在“双重性”，实践中很难把握它是否被用于加工、制造毒品，因此，定性较为困难。制毒物品主要来源于内地省市，运输路线较长，中间环节较多，涉案人员复杂，给取证工作带来很大的困难。这也导致查获的案件多、物品多、人员多，但逮捕少、移送少，起诉更少。

（三）走私制毒物品的侦查方法

1. 从情报入手开展侦查。禁毒部门必须高度重视毒品犯罪情报业务建设，牢固树立情报意识，广辟渠道，多方获取走私制毒物品犯罪情报信息，为发现案件提供重要条件。

2. 从公开查缉入手开展侦查。公开查缉是查获毒品走私入境的重要手段，也是查获境内制毒物品外流的重要手段。由于毒源在外，毒源不止，制毒物品的需求就不会停止，禁毒部门要像查缉和打击毒品走私活动一样，严密设防，层层堵截，查缉和打击走私制毒物品犯罪活动。

3. 从海关监管入手开展侦查。对制毒物品实行有效管理，仅靠公安机关是不够的，必须有工商、交通、海关等部门的密切配合，其中海关是堵住制毒物品流向境外的最后一道关口。海关在对进出口的制毒物品进行监管时要严格把关。当进口国是毒源地（如中南美、东南亚的一部分国家）时，更要特别注意。对不能提供合法有效证明，逃避国家对制毒物品的管理，逃避海关监管，以牟利为目的，运输、携带制毒物品入出境的，要坚决予以查处。

4. 从控制下交付入手开展侦查。“两头不在案，内外勾结”是走私制毒物品犯罪活动的一个特点，加上中间环节多，禁毒部门查获制毒物品时往往只抓获了买卖双方的一方或仅仅是运输人员或保管人员，而另一方的情况很难查证，不利于打击走私制毒物品犯罪活动。为此，可采取控制下交付，“放长线、钓大鱼”。

5. 从讯问犯罪嫌疑人入手开展侦查。讯问走私制毒物品案件犯罪嫌疑人的方法与其他案件相同，但应特别注意对犯罪嫌疑人主观犯意的审查，尤其是对在途中被截获的案件。

6. 从案件倒查入手开展侦查。制造新型毒品离不开易制毒化学品，禁毒部门适时实行案件倒查，可从中寻找易制毒化学品的来源。实行案件倒查可从以下几个方面入手：对制毒现场已用、未用的化学品是否为易制毒化学品进行调查；对化学品公司进行调查；对化学品公司的管理人员、具体负责化学品订购业务的工作人员进行调查。

7. 从侦查协作入手开展侦查。加强与国际、国内有关部门的沟通和交流，形成打击走私制毒物品案件的合力。通过加强国内各有关部门的交流与合作，进一步加大查办走私制毒物品案件的力度，并通过刑事司法协助、国际刑警组织合作、国际海关合作等获取境外证据。

五、制造毒品案件侦查

（一）制造毒品案件概述

1. 制造毒品案件的概念。制造毒品犯罪案件是指违反国家有关毒品管理规定，对毒品或毒品原植物进行加工、提炼、配制以得到毒品，或者利用化学试剂、配剂合成毒品的案件。毒品的制造有两种形式，一种是从一种毒品形态转换成另一种毒品形态；另一种是提高同一种毒品的纯度。

2. 制造毒品的行为方式。

（1）提取毒品。提取毒品是指利用毒品原植物或混合物中各部分物理、化学性质方面的差异，通过蒸馏、萃取、升华等方法，将其中的毒性成分提取出来的行为。提取可以是利用物理方法，也可以是利用化学方法。例如，从鸦片中提取吗啡，从古柯叶中提取可卡因等。

（2）深加工毒品。深加工毒品，既包括对纯度较低的毒品进行提纯，也包括将毒品的粗产物加工成新毒品，将毒品由游离态加工成盐类。例如，将鸦片制成吗啡、海洛因，将粗制吗啡提纯成高纯度吗啡，将苯丙胺、吗啡等制成硫酸盐等。

（3）合成毒品。合成毒品是指利用易制毒化学品通过化学方法制造毒品。例如，可以用苯丙酮、麻黄素或者烯丙基苯为原材料合成冰毒。这种制毒过程虽然摆脱了毒品原植物的限制，但受易制毒化学品影响很大。

（4）明知他人或单位非法制造毒品而为其采购、运输、提供制毒物品或者为其提供制造毒品所需的设备、场地、资金等犯罪条件。

（二）制造毒品案件的特点

1. 制毒人员复杂。20世纪90年代，制毒人员多为境内外人员相勾结，且以境外人员为主，幕后操纵老板以香港人、台湾人为主。境外人员负责出技术、出资金，境内人员负责寻找制毒场地、购买制毒设备、雇用制毒工人。目前，境内制毒人员逐渐增多，有时出现制毒人员完全是境内人员的情况。制毒人员的文化程度参差不齐，既有小学、中学，也有硕士、博士，其职业既有农民也有科研院所工作人员，甚至还有一些医药高级工程师等专业人员参与制毒的情况。

2. 制毒工厂选址隐蔽。制毒地点的选择直接决定了制毒犯罪的风险。为了将制毒风险降到最低，制毒分子费尽心思，精心选择制毒地点。在新型毒品制造初期，由于在制毒过程中产生的废水、废气有强烈的刺激气味，对周围环境影响很大，制毒窝点一般选择在相对偏远的地方，如城乡接合部、深山中等，或者以开设化工厂、制药厂等进行掩饰。近几年随着制毒工艺、流程的改进，将制毒地点选择在城市中的情况越来越普遍。

3. 制毒工艺先进，制毒方法多样。随着禁毒部门对制毒犯罪活动的打击力度不断加大以及对易制毒化学品的监管日益严格，制毒分子不断探索新的制毒方法，如从含有易制毒化学品的药物中提取，购买易制毒化学品的上游化学品或未列管的易制毒化学品来制造毒品等。同时，各种精巧、实用的自制制毒工具和装置也不断出现。

4. 制毒活动智能化。制毒分子不断总结犯罪经验，犯罪活动越来越隐蔽，反侦查能力也越来越强。例如，雇用不知情的群众进行生产，制毒团伙核心成员遥控指挥，一有风吹草动，马上逃之夭夭；采取分段生产、跨区域生产以降低风险；制毒分子昼伏夜出，行动诡异，多使用暗语单线联系；制毒地点多样，或十分隐蔽，或以生产其他产品为掩护，发现困难。

5. 制毒技术获取途径网络化。当前，网络已成为人们获取各种知识的重要途径，一些人也开始上网搜索制造新型毒品的技术，或者利用QQ、网络聊天室、微信等在网上交流制毒技术，或者从网上购买制毒的学习资料。网络的隐蔽性和虚拟性，特别是网上制毒技术交易的便利性极大地刺激了制毒犯罪的多发。

（三）制造毒品的侦查方法

1. 从阵地控制入手开展侦查。制造毒品离不开制毒场所和易制毒化学品，通过加强阵地控制可以从根本上提高禁毒部门防控、打击制造毒品犯罪的能力。禁毒部门要加强对出租屋、仓库、化工厂等重点场所的控制，要重点关注在出租屋聚集和落脚的无正当职业人员，以及出租屋超常使用水、电、气等情况；重点加强对易制毒化学品的生产、经营、购买等环节的管理，及时发现制毒线索。加强对互联网的控制和管理，屏蔽有害信息，避免制毒配方和工艺在互联网上流传，防范易制毒化学品通过互联网销售。

2. 从调查访问入手开展侦查。禁毒部门在发现有关制毒的线索后，应及时进行调查访问。包括对可疑制毒地点的小区居委会、供水电气等单位以及周围群众进行调查访问，进一步了解可疑情况，如特殊气味、人员活动异常、环境异常、用水电气异常等。对易制毒化学品经营单位工作人员进行调查访问，了解嫌疑对象的可疑举动、购买化学品的种类及数量、支付方式、是否具有常规化学知识、是否提供了相关证明等。

3. 从内线侦查入手开展侦查。制造毒品案件，尤其是有组织的制造毒品案件，通常由多人共同参与，有人负责租借场地，有人负责购买易制毒化学品，有人负责雇用工人等。这就为禁毒部门开展内线侦查提供了可能。禁毒部门可以通过秘密力量或卧底侦查深入了解制毒工厂的具体位置、涉案人员的情况、毒品的生产情况等，以进一步获取案件线索、证实犯罪。

4. 从技术侦查入手开展侦查。在条件成熟的情况下，应积极使用技术侦查手段，监控嫌疑对象的通信、邮寄等情况，在获取犯罪线索后，采取相应措施获取证据，提高侦查效率。

5. 从数据分析入手开展侦查。禁毒部门可以通过加强与各大电商、化学品流通平台的合作，及时获取各类涉毒数据，及时发现高危人员；并利用以上数据网络浏览或搜索数据、账户注册信息、社会活动轨迹等，及时发现犯罪嫌疑人。

6. 从毒品检验入手开展侦查。对制毒地点发现的可疑物，应及时进行化学分析，不论是原料、中间体、粗产物，还是溶剂、废弃物。通过分析，可以进一步确定毒品的合成方法和工艺，为明确案件侦查思路，串并案件提供重要依据。

第七节　网络犯罪案件侦查

当前，网络空间技术已经渗透到人们生活的方方面面，基于网络空间而产生的计算机网络犯罪，也已经成为在信息时代犯罪的必然形态。随着虚拟现实、云计算、大数据等技术的进步，未来现实社会中的所有犯罪类型都可能发生在网络空间，并且滋生出网络空间特有的犯罪类型。新形势下，针对计算机网络犯罪的侦查，也应在转变传统侦查思维的基础上，善于运用信息技术、大数据分析预测技术，做好防范打击工作，有效惩戒犯罪，有效整治网络平台，彻底铲除网络犯罪根源。

一、网络犯罪的概念与分类

（一）网络犯罪的概念

通俗地讲，网络犯罪是针对和利用网络进行的犯罪。我国学术界对网络犯罪的界定存在广义和狭义两种学说。

狭义的网络犯罪是指《刑法》所规定的计算机网络犯罪活动。根据我国《刑法》相关条款的规定，计算机网络犯罪主要包括以计算机网络为侵害对象的犯罪和以计算机网络为作案工具的犯罪。其中，前者主要包括《刑法》第二百八十五条所规定的非法侵入计算机信息系统罪，非法获取计算机信息系统数据、非法控制计算机信息系统罪，提供侵入、非法控制计算机信息系统程序、工具罪，第二百八十六条所规定的破坏计算机信息系统罪；后者主要是指《刑法》第二百八十七条以及《刑法修正案（九）》增加的第二百八十七条之一和第二百八十七条之二所规定的利用计算机实施的金融诈骗、盗窃、贪污、挪用公款、窃取国家秘密等犯罪，以及非法利用信息网络和帮助信息网络犯罪活动的犯罪。广义的网络犯罪，则是将所有涉及计算机网络的犯罪行为均称为网络犯罪，包括案件本身与计算机信息系统或者与计算机信息网络无关，而仅在计算机网络空间留有线索的案件。

由于广义的网络犯罪的含义过于宽泛，其内涵和外延界限不甚清晰，因此，本书使用狭义的概念。基于此，可以将网络犯罪定义为：行为主体以计算机或者网络为犯罪工具或者犯罪对象，故意实施的针对计算机网络安全或者计算机网络侵犯公民权利，触犯有关法律规范的行为。[①] 网络犯罪涵盖了计算机犯罪。

（二）网络犯罪的类型

根据网络犯罪的概念，结合侦查实践，网络犯罪主要有以下几种类型：

1. 犯罪行为侵害的客体为计算机信息系统或者计算机信息网络的犯罪。这一类型的犯罪是以计算机网络为犯罪对象的，主要包括非法侵入计算机信息系统的行为，非法获取计算机信息系统数据、非法控制计算机信息系统的行为，对计算机信息系统功能进行删除、修改、增加、干扰，造成计算机信息系统不能正常运行的行为，对计算机信息系统中存储、处理或者传输的数据和应

---

① 刘浩阳．网络犯罪侦查．清华大学出版社，2016：6.

用程序进行删除、修改、增加等操作的行为，以及故意制作、传播计算机病毒等破坏性程序，影响计算机系统正常运行的行为。

2. 主要犯罪行为通过计算机信息网络或者计算机信息系统实施的犯罪。这一类型的犯罪行为是以计算机信息网络或者计算机信息系统为工具或者手段来实施犯罪的。常见的有利用计算机实施金融诈骗、盗窃、贪污、挪用公款、窃取国家秘密等的行为。

3. 被害人的损失主要体现在计算机系统或者计算机信息网络内的犯罪。这种类型的犯罪行为给被害人造成的财物损失、虚拟财产或者个人隐私等损失主要反映在计算机信息网络或者计算机信息系统中，如侵犯公民隐私、财产、知识产权等的犯罪行为。

二、网络犯罪的特点

（一）犯罪虚拟隐蔽，日趋复杂

与传统的犯罪行为不同，网络犯罪主要是借助计算机和网络技术来实施的，并通过数字化的形式来完成。因此，此类犯罪具有典型的虚拟性，犯罪行为虚拟隐蔽，作案人易于隐藏自己的真实身份、犯罪行为、犯罪空间等重要的犯罪信息。同时，依托虚拟空间实施的网络犯罪往往通过新型多变的手法，通过利用计算机技术篡改他人数据库、修改云计算数据等方式实现犯罪目的，表现出网络犯罪的日趋复杂。

（二）犯罪过程瞬时短暂，涉案证据易灭失

网络犯罪的实施过程通常非常短暂，敲击几次键盘，通过计算机执行一项任务指令，最短的只需要几秒钟即可完成犯罪行为。而犯罪行为实施之后，作案人又可以非常便捷而迅速地销毁作案证据。

（三）犯罪成本低、收益高

由于计算机网络具有便利性、开放性的特点，网络犯罪实施起来往往便捷、迅速，对于空间、物质条件的要求相对较低，网络群发软件、即时通信工具、网络建站服务等互联网应用，成功将远的拉近、将散的拉紧，使作案人通过一部手机、一台电脑就能实施犯罪行为，大大延伸了犯罪触角、提高了犯罪效率、降低了犯罪的物质成本；由于计算机网络具有隐蔽性，网络犯罪往往较难及时发现且取证困难，因此，网络犯罪的侦破难度相对较大，犯罪成本较低；加之网络犯罪在虚拟的网络空间实施，作案人无须直面被害人，被害人甚至是不确定的。因此，网络犯罪的心理成本也相对较低。相较于犯罪成本，网络犯罪的效率和收益却相对较高。这一点突出体现于网络诈骗等侵财类犯罪。

（四）社会危害辐射面广，地域性特征不明显

经济的全球化发展和网络带来了交往的便利，使各个国家间的交流和联系更加紧密。计算机网络的发展使人们的交流打破了国家、地域、种族的界限，信息发送和接收的时效性也进一步增强。这也使得网络犯罪的作案范围扩大，且犯罪行为与犯罪空间不再必然存在物理空间的一致性，犯罪行为与犯罪结果之间更是会出现空间的分离，通过计算机网络能够实现跨国界、跨地区的犯罪，而这种大跨度的犯罪也增加了侦查工作的难度。

三、网络犯罪现场勘查重点

网络犯罪基于计算机信息系统或者计算机信息网络的特性，决定了网络犯罪的现场更多的存在于虚拟的计算机网络中。准确把握网络犯罪现场的特点，运用正确的方法保护网络犯罪现场并在此基础上对网络犯罪现场进行有效的勘查，是确保网络犯罪侦查工作成功的关键。

（一）网络犯罪现场保护

网络犯罪的现场通常涉及虚拟计算机网络系统以及使用计算机系统的物理空间地点、操控计算机系统及其附属设备的地点、有计算机数据信息存储保留的网络传输节点以及保留有其他犯罪痕迹物证的场所。

与一般的犯罪现场保护一样，网络犯罪现场保护的基本原则和目的也是最大限度地确保犯罪现场保持发案以后的原始状态，为现场勘查提供良好的条件和物质基础。但是，相对于传统犯罪而言，由于网络犯罪存在虚拟犯罪现场且虚拟现场中留存着电子证据，因此犯罪现场保护的难度更大，专业技术要求更高。具体来讲，应做好以下几方面工作：

1. 确认计算机及信息网络的基本状态，并予以妥善处置。现场保护人员应该准确判断计算机及信息网络的开关机状态、网络连接状态、系统运行内容、数据传递方式和内容等。如果维持系统运行可能会导致系统受到安全威胁、损害进一步扩大，或者导致证据灭失等严重后果，那么现场保护人员就应当视情况断开网络连接，甚至是直接断掉电源。

2. 在确保安全稳妥的情况下保持现场原貌。在排除前述所说的紧急情况的前提下，应保持计算机网络系统的原始状态，即到达现场之初的开关机状态、网络连接状态、系统运行状态。如果计算机屏幕上有显示信息，则应在不改变系统状态的前提下，使计算机处于工作状态，以防止其进入屏保或者待机状态后难以顺利激活。除此之外，很多计算机系统，包括远程运行的服务器信息等都可能会存在断电以后自动删除或自动还原的情形，因此，现场保护人员要注

意确保计算机系统处于运行状态，并确保周围环境安全，排除临时断电的风险。

3. 控制现场人员。网络犯罪留存的证据往往是非常脆弱且易被破坏的。为了避免现场内人员对计算机信息网络及其附属设备或其他可能证据的破坏，现场保护人员应当注意对现场人员的控制。应当在到达现场后的第一时间设定现场保护范围，并将无关人员撤离现场，确保无关人员无法接触到计算机系统及其附属设备。

4. 注意发现并保护犯罪现场可能存在的原始物证。现场保护人员应当注意观察现场可能存在的原始物证，包括可能以各种形态存在的存储介质、电子设备以及在现场环境内可能存在的打印纸、工作日志等。未经侦查人员同意，禁止任何人携带电子存储介质、纸张及其他可能的涉案物品离开现场。有特殊情况，确需带出的，经办案人员许可后方可带出，但是必须将所带物品名称、特征、内容（数据）、带出者身份情况、时间等详细登记在册。

（二）网络犯罪案件本地现场勘验

网络犯罪案件本地现场，是相对于远程现场而言的存在于案件查获地的现场环境。本地现场可控、可进入、可操作，一般包括计算机系统内部现场和系统外部空间现场两个组成部分。内部现场主要是指计算机及其附属设备、网络系统设备等存储或保存的电子数据；外部现场主要是指计算机系统所在的物理空间、硬件设备的物理状态及特性、打印或书写的纸张、系统周边的线缆和接口、独立存在的移动存储设备和介质等。

根据犯罪现场勘查的一般要求，勘查前应做好必要的准备工作。就网络犯罪而言，需要做的准备工作除了常规的熟悉现场环境、做好人员分工、制订勘查方案以外，还应当做好犯罪类型的预判以及专业现场勘查工具的准备，以确保现场勘查工作的有序进行。

1. 外部现场的勘查。网络犯罪案件的外部现场与一般刑事案件现场的主要区别在于计算机网络及其附属设备以及相关可能存储电子数据的介质的存在，这也是网络犯罪案件外部现场勘查的重点。现场勘查中应当注意以下问题：

（1）按照现场勘查流程对现场原始状态进行准确全面的拍照记录，必要时可录像。对于网络犯罪外部现场的拍照，首先，应当清晰准确的记录计算机系统所在的空间环境以及与空间环境的相对位置关系；其次，应当对计算机系统各个侧面及部件等细节特征拍照，并注意拍照固定各部件的连接情况，可以采用在线缆两头贴标签、标明序号的方法标示出设备的连接情况。

（2）要正确判断主机工作状态。对于网络犯罪外部现场勘查而言，要关注主机是否处于开机状态。如果系统显示处于关机状态，但是机箱及显示器温度高于室温，则表明嫌疑人刚刚离开，应当考虑在条件允许的情况下对嫌疑人实施搜捕。如果系统处于开机状态，则现场勘查人员应当注意确保计算机处于工作状态，并对通过计算机系统反映出来的动态数据进行固定与提取。这些数据通常包括内存信息、进程、开放端口、日志、IP 地址、网络连接信息、注册表信息等以及计算机正在处理的工作进程，如编辑的文档、电子邮件、登录的网络社区、运行的即时通信软件等。

（3）确定系统周围的电话线、网线、光纤等线路的工作状态，并对调制解调器、交换机、路由器、集线器、打印机、扫描仪、光盘刻录设备等系统外部设备在拍照固定之后进行扣押封存。同时要注意掌握网线等数据线的网络特性；提取无线路由器的路由表，以掌握无线网络连接的设备；注意光盘刻录设备涉及的数据来源形式，并采取恰当的方法固定和提取。

（4）结合案件类型有针对性地开展现场搜索，彻底搜查可能在现场出现的移动存储介质，如光盘、U 盘，可能记录重要信息的文件材料，如打印文件、工作记录、印刷有特殊内容的印刷品、账单、结算单，实施犯罪行为涉及的其他重要物证，如银行卡等，并采取恰当方法固定提取。勘查现场时，对于搜查到的存储介质可以进行预览，但是不能用现场的计算机，而且应当在存储介质处于只读状态时进行。

2. 内部现场勘查。内部现场勘查主要针对计算机内部数据展开调查和勘验分析，通常包括计算机系统运行状态、参数、屏幕显示信息，内存信息、进程信息等各种易失数据，存储介质中的数据，以及系统中记录的近期使用过的文件信息。多数网络犯罪案件需要在现场对系统数据、文件等进行分析和处理，以便快速得到案件线索，推进侦查进度。对复杂数据处理、大量文件恢复、复杂文件密码破解、全盘文件查找、剩余空间及未分配空间的数据查找等需要耗费大量时间的工作内容，可以回到实验室继续进行。对于需要进行代码特性分析、数据文件分析鉴定、特定操作过程痕迹认定等专业鉴定工作，可提交有资质的鉴定机构进行。勘查过程中的所有操作，应保证机器内原始数据不被修改和覆盖。

（1）易失数据的提取。计算机数据的丢失一般与计算机系统运行状态被改变有关，尤其是进入待机或者关机之后。因此，在内部现场勘查中，应首先关注计算机数据的状态，并对正在运行的系统信息、内存数据、临时数据、进程、网络端口、虚拟内存等数据进行及时的固定和提取。通常，可以用照相机（摄像机）拍摄计算机屏幕上显示的内容来提取屏幕显示的信息，但是应当注意记录拍摄的时间以及勘查开始时系统时间与北京时间的时间差，以便在后续现场分析中得到准确的分析依据。对于计算机系统信息及内存信息，可以使用专门的数据工具进行特定指令查询输出。

（2）现场复制磁盘。在计算机系统关机或者开机提取易失数据后断电的情况下，应该对目标机器硬盘做备份，以便在不破坏原始证据的前提下，开展后续的分析和鉴定工作。因为涉及数据恢复等内容，所以要求对原始磁盘的所有空间和数据进行原样复制。通常采用专用的硬盘复制设备，制作至少两份磁盘副本，原始磁盘封存，留作原始证据。如有必要，一份送交检验鉴定部门，提取有效的证据，另一份留办案人员分析和查找侦查线索。

（3）机内数据的现场勘验。侦查实践中，有些网络犯罪案件由于计算机信息系统本身留存着大量的涉案证据，需要对计算机进行严格的证据控制和固定。涉及对计算机代码分析与性质认定、数据恢复的有效性认定、特殊软件的性能与可操作性认定、复杂数据的处理的，需要提交电子物证鉴定部门。如遇现场勘验没有发现或发现很少线索，也应提请检验鉴定部门协助分析，争取获得更多的数据线索。

（三）网络犯罪案件远程现场勘验

利用计算机网络实施的犯罪案件，通常会在远程网站及其服务器中遗留重要的案件线索和证据，有必要对其进行远程勘验检查，以便提取、固定远程目标系统的状态及存储的内容。

常规侦查方法中，远程勘验多见于涉及非法网站、网页的案件，勘验的目的是了解网站、网页所有者的登记信息、域名注册信息、服务器所在位置、网站公开信息等。

使用 NIC、WHOIS 进行查询，可了解涉案网站的域名注册信息，有些涉及二级域名册的，可进行对应查询。可通过 TRACEROUT 或 SNIFFER 在浏览过程中追踪服务器的真实 IP，并可尝试对该服务器展开调查，包括服务器所有者和服务器登录方式，对租用空间的网站有可能获取其非公开数据。

对于涉案的网站页面信息，可通过抓屏打印、屏幕录像软件、照相、录像等方式截取固定网站公开信息，因为网站信息本身是动态的，随时可能更新，所以该步骤要及时准确，同时，在固定页面的过程中要注意重要信息的体现，如域名、涉案信息、网页底端提供的联系方式等。

远程勘验中提取的目标系统状态信息、目标网站内容以及勘验过程中生成的其他电子数据，应当制作《固定电子证据清单》，并采用录像、照相、截获计算机屏幕内容等方式记录远程勘验过程中提取、生成电子证据的关键步骤。远程勘验结束后，应当及时制作《远程勘验工作记录》，其内容包括《远程勘验笔录》《固定电子证据清单》《勘验检查照片记录表》。

（四）网络犯罪案件的现场访问

现场访问是现场勘查的重要环节，是了解掌握涉案情况及线索的重要方式。现场访问的对象包括被害人、报案人和知情人等。通过向被害人、报案人和知情人进行询问，主要了解网络犯罪案件发生的过程、时间、损失和侵害方式，了解犯罪嫌疑人的网络特征及案发前后的网络行为。通过对金融、通信、域名服务、IDC、ISP、VPS等运营服务商和各级代理的从业人员进行询问，了解涉案账号注册及登录信息，犯罪嫌疑人涉案网络行为留下的痕迹和网络行为产生所需的必要条件。

（五）网络犯罪案件的现场分析

实地勘验和现场访问后，应及时召开现场讨论会，在全面占有证据材料的基础上，对案情进行初步的分析判断，以确定案件的侦查方向、划定侦查范围并制订侦查方案。网络犯罪现场分析主要涉及以下几个方面：

1. 分析案件性质。根据现场勘查所获取的犯罪嫌疑人实施犯罪行为时的IP地址、时间、网页后门密码，被入侵系统的存储信息、系统日志、犯罪嫌疑人遗留的文件、数据，被破坏的信息系统的破坏方式等，来判断网络犯罪的性质及涉案类型。如对于破坏计算机信息系统案件，应当甄别判断被害人提供的计算机信息系统是受到了人为的技术手段的破坏，还是其计算机信息系统出现了硬件损坏、软件漏洞等。如果在现场勘查中发现了人为植入的计算机病毒等破坏程序，则对分析判断案件性质起到关键作用。

2. 分析作案时间。可以根据报案人提供的报案时间，现场勘查中获取的计算机系统时间、计算机信息系统日志、即时通信信息记录、相关犯罪的银行交易记录等来判断作案时间。

3. 分析作案人特征。通常，网络犯罪现场遗留的系统操作记录可以在一定程度上反映出作案人的行为特征和心理特征。如在某非法侵入计算机信息系统案件中，被入侵的服务器数据库在三分钟内被破坏，在退出系统时安装了隐蔽的后门程序并增添了超级管理员权限，而后修改日志中记录的攻击痕迹再退出。由此可以分析该作案人犯罪心理稳定，作案经验丰富，技术娴熟，且有再次实施攻击的可能。上述行为特征及心理特征的分析属于一般意义上的特征分析。在网络犯罪中，还应注意技术人员群体可能表现出来的技术行为特征，如代码书写习惯、系统参数设置方式等，都能够反映出作案人所具有的较为专业的行为特征。

4. 分析作案人行为过程。可以通过在现场勘查中分析网络系统服务器日志、Web日志、服务器端口、网络系统自身的数据库内容等留存的相关系统操作信息，来分析计算机网络系统被入侵或者被破坏开始的时间、使用的IP地址、技术手段，进而追溯到破坏完成之后对系统日志的破坏方式、手法，从而形成对整个犯罪行为实施过程的推断。

四、非法侵入计算机信息系统案件的侦查

根据《刑法》第二百八十五条之规定，违反国家规定，侵入国家事务、国防建设、尖端科学技术领域的计算机信息系统的，构成非法侵入计算机信息系统罪。

根据《最高人民法院、最高人民检察院关于办理危害计算机信息系统安全刑事案件应用法律若干问题的解释》（2011 年 9 月 1 日起施行）的相关规定，“计算机信息系统”和“计算机系统”，是指具备自动处理数据功能的系统，包括计算机、网络设备、通信设备、自动化控制设备等。

综上，非法侵入计算机信息系统案件，是指违反国家规定，侵入国家事务、国防建设、尖端科学技术领域的计算机信息系统的犯罪案件。

（一）非法侵入计算机信息系统案件的特点

1. 侵害目标特定，危害后果严重。非法侵入计算机信息系统案件的特定犯罪构成决定了此类案件均以国家重要计算机信息系统为侵害目标，此类系统在网络上的域名具有比较明显的可识别性特征，且内容均与国家重要领域事务、国家安全与发展密切相关，因此极易被别有用心的人员选择为侵害目标，极易对国家安全和社会建设产生较大的不良后果。近年来，黑客入侵我国重要计算机信息系统，实施网络渗透的行为时有发生，极大的危害了国家重要计算机信息网络的安全。

2. 犯罪行为隐蔽性强，调查取证难。实施网络非法入侵行为的作案人，通常是具有较高计算机专业技能的黑客，他们在实施了非法入侵计算机信息系统的行为后，通常不会像网络诈骗等其他网络犯罪行为那样给被害人留下必要的信息以实现其犯罪目的，因此很难确定其真实身份，甚至不易被发现已受到了侵害。另外，网络犯罪通常不受地域限制，犯罪嫌疑人常常使用境外网络实施非法入侵，其被追查的难度较大。

3. 犯罪行为多以牟利为目的。从近些年来的司法实践来看，绝大多数非法入侵计算机信息系统案件均以直接或间接谋取利益为目的。大多数作案人或者通过非法入侵计算机系统篡改后台信息、植入非法获利链接、植入恶意程序等方式达到获取利益的目的，或者将入侵计算机系统的权限密码出售他人从中获利，或者直接获取入侵目标网络的信息为自己或他人所用。不论何种方式，其目标均是国家重要信息系统资源的潜在价值。当然，不排除有的非法入侵是以破坏党和国家形象或者窃取重点领域数据，从事间谍活动为目的的。

（二）非法侵入计算机信息系统案件的侦查

1. 从现场勘查出发分析判断案情，寻找发现犯罪线索。被非法入侵的计

算机信息系统，通常是此类案件的案发现场，也是侦查此类案件的起点。因此，应重视此类案件现场的勘验检查。应当通过对被非法入侵服务器的现场勘查，通过分析服务器系统日志、分析Web日志、分析网站自身的数据库内容，来发现嫌疑人在入侵系统时可能留下的操作痕迹，通过这些痕迹有助于发现嫌疑人入侵时使用的注册用户信息、IP地址、入侵时打开的异常端口、入侵的时间范围以及入侵后可能上传的后门文件等，进而分析获取嫌疑人的入侵手段、网络特征和关键线索，甚至是确认并跟踪入侵嫌疑人，还原其入侵过程。同时，通过对被非法入侵的计算机信息系统的勘查，还能够通过犯罪嫌疑人的行为模式分析判断其犯罪行为的目的动机，这对于进一步确定犯罪嫌疑人的基本情况、技术水平甚至是划定摸排范围都具有十分重要的意义。

2. 通过涉网线索开展扩线侦查。通过现场勘查获取的可能显示犯罪行为特点以及犯罪嫌疑人个人属性的系统日志、文件、数据是进一步开展扩线侦查的基础。侦查人员要善于抓住上述线索进行扩线侦查。如在一起非法入侵计算机信息系统案件的侦办中，侦查人员经过对涉案服务器进行勘验，发现该网站服务器部分文件被非法篡改，添加了大量赌博网站内容，并被植入了一个获取网站管理权限的木马。通过对木马程序进行分析，侦查人员发现了控制木马的嫌疑人刘某。经扩线侦查，侦查人员又发现了向刘某出售网络控制权限和木马的嫌疑人牛某。

3. 根据虚拟信息摸排嫌疑对象。为了使虚拟世界的嫌疑人真正的“落地”，需要围绕各种关联信息摸排确定真实的嫌疑对象。一般可以通过以下几个方面进行排查：一是基于互联网信息进行关联。自媒体时代，虚拟空间身份虚拟，存在很大的不真实性，但是也存在大量真实的存在内在关联的信息，通过微博、QQ空间、微信朋友圈等空间平台可以挖掘相关人员的真实身份、照片、社会交往空间等信息，这是“落地”的一种常用方法。二是基于运营商、服务商等单位留存的信息查询。侦查中发现的IP地址、虚拟身份、网银和第三方支付账号等网络线索，可以通过法律授权，要求运营商、服务商提供相关信息。

4. 询问被害人与讯问犯罪嫌疑人。侦查中，要注意通过对被害人的询问及时掌握与案件相关的信息，获取案件侦查线索。对于被害人的询问，应主要围绕以下问题展开：接入互联网的方式、接入的运营商、发现被入侵的时间、如何发现被入侵、计算机出现的异常现象、原有系统的访问权限、设置了哪些防护措施、被入侵后造成了哪些破坏、发现被入侵后采取了哪些措施、是否可能破坏入侵留下的信息或痕迹，等等。对于上述情况的了解和掌握有助于在第一时间明确现场勘查的重点，明确案件侦查的方向。

抓获犯罪嫌疑人后，应当及时对其进行讯问。对于发生在虚拟空间的非法侵入计算机信息系统案件而言，证据是非常重要的。获取犯罪嫌疑人供述和辩解，可以为调查取证提供方向，印证其他证据，对于案件侦查、定罪量刑都具有非常重要的作用。因此，针对此类案件的犯罪嫌疑人，应注意对入侵的目的动机、入侵的行为方式、入侵的过程以及是否有同伙进行重点的讯问，并在讯问的过程中注意审查其他证据的真伪。

五、非法获取计算机信息系统数据、控制计算机信息系统案件侦查

（一）非法获取计算机信息系统数据、控制计算机信息系统案件的基本含义

《刑法修正案（七）》第九条规定，违反国家规定，侵入《刑法》第二百八十五条第一款规定以外的计算机信息系统或者采用其他技术手段，获取该计算机信息系统中存储、处理或者传输的数据，或者对该计算机信息系统实施非法控制，情节严重的，构成非法获取计算机信息系统数据、控制计算机信息系统罪。由此，针对国家事务、国防建设、尖端科学技术领域以外的计算机信息系统实施上述行为，情节严重的即为非法获取计算机信息系统数据、控制计算机信息系统案件。

此类案件涉及的犯罪行为与前述非法入侵计算机信息系统行为具有一定的相似性，如均以植入木马、内部控制、网络渗透等为主要方式入侵目标计算机信息系统，均以谋取不当利益为主要目的，犯罪嫌疑人均具有较为专业的计算机知识技能。当然，二者也具有本质的区别，这也是区别两种罪名的关键，即二者侵害的对象不同，对于犯罪客观行为的构成要件要求也不相同。前者由于侵害的对象是国家重要的计算机信息系统，因此，只要行为发生即构成犯罪，属于行为犯，体现了国家对于此类犯罪行为予以严厉打击，保护国家国防、社会经济安全的立场和决心，而后者侵犯的对象为一般的计算机系统，在犯罪构成上需要达到“情节严重”的标准，因此，属于结果犯。基于上述联系，在此对于非法获取计算机信息系统数据、控制计算机信息系统案件的特点不再赘述。仅就此类案件侦查中需要注意的重点问题加以阐述。

（二）非法获取计算机信息系统数据、控制计算机信息系统案件的侦查要点

1. 认真做好现场勘查，获取案件线索。基于此类犯罪行为的基本构成特点，直接受到侵害并留下相关痕迹的就是被入侵的网站服务器。因此，首先应当重视对于被侵害的网站服务器的现场勘查，以便迅速地发现侦查的线索。具体的，可以通过查找网站页面后门，发现入侵者入侵控制网站的方式；可以通过分析 Web 日志，寻找入侵过程中留下的痕迹和线索；通过分析服务器日志寻找黑客入侵过程中实施获取服务器管理权限、新增管理权限等行为时留下的

痕迹；通过分析服务器是否产生新的端口，分析判断被入侵过程中是否上传了木马程序或者开放了新的服务；通过分析植入的控制木马，逆向分析木马使用者的信息或者木马的数据流向；通过分析网站自身的数据库内容，查看入侵者入侵计算机系统时可能留下的其他痕迹、线索，如注册的新的账户信息等。

其次，还应当重视对于被植入木马非法控制的个人计算机的勘查，通过查看可疑进程和服务、分析系统启动项、分析系统日志、嗅探数据包等方式，来获取木马控制端的IP地址、入侵木马的基本功能及相关信息。

另外，如果侦查人员在针对被入侵网络进行侦查时发现了可疑的程序文件或者代码，应当注意对其进行技术检测鉴定，以进一步确定其具体的技术功能。

2. 调取、检索相关数据资料。实施非法入侵、控制并获取计算机系统信息数据的犯罪是一个较为专业和系统的犯罪，犯罪嫌疑人需要为犯罪行为的实施做好相应的技术准备和条件支持；为了实现犯罪目的，他们还会向外出售非法获取的数据、系统以获取利益。相应的，在这样的过程中就会留下相应的痕迹和线索。通过向网络运营商调取资料，可能获取犯罪嫌疑人在注册网络链路时所留下的信息资料；通过向相关互联网服务公司调取日志等资料，可能获取犯罪嫌疑人进行即时通信、转账汇款、进行远程控制等的线索；通过依托互联网进行搜索，可能发现犯罪嫌疑人出售、出租非法获取的数据、系统的痕迹以及相关个人信息。

3. 串并案侦查，扩展案件线索。此类犯罪行为通常具有较强的连续性，犯罪嫌疑人或者犯罪团伙往往会以类似手段侵入若干个计算机网络，从中获取最大利益。因此，对于此类案件的侦查应当注意依据已经查明的案件线索进行串并，最大限度地发挥侦查合力。

第八节　有组织犯罪案件侦查

一、有组织犯罪案件的概念和特点

（一）有组织犯罪案件的概念

有组织犯罪一词译自英文“Organized Crime”，是一种复杂的高级犯罪形态。有组织犯罪的概念已经得到我国学术界的普遍认可并广泛的运用于司法实践。但是，学术研究领域对于如何界定有组织犯罪的内涵和外延，在我国国内乃至世界范围至今尚未形成一个公认的、具有权威性的统一认识。从这个角度也足以看出有组织犯罪活动本身的复杂性。

从世界范围来看，世界各国以及国际组织对于有组织犯罪的定义，比较有代表性的有：

英国的《牛津法律大词典》认为：有组织犯罪是指为达到目标以犯罪手段进行的有计划的犯罪活动。美国学者 Frank Hangan 把有组织犯罪定义为：有组织犯罪是某个持续存在的企业通过理性方式从事的非法活动，并以暴力或者威胁的手段保障其自身的生存和发展，以贿赂腐蚀的方式笼络政府官员，逃避法律的制裁。联合国于 1991 年 10 月在莫斯科举行的“反对有组织犯罪国际研讨会”给有组织犯罪作了如下定义：有组织犯罪是指由故意犯罪者操纵和控制的，组织结构相对稳定，具有逃避社会控制之防护体系，使用暴力、恐吓、腐蚀和大量盗窃等非法手段所实施的集团性犯罪活动。国际刑警组织几经修改，对有组织犯罪定义如下：任何具有有组织的控制结构的、通过不法活动获取钱财为其主要目的的，通常以恐怖活动和腐败活动的经济来源为生的群体。《联合国打击跨国有组织犯罪公约》第二条第二款对有组织犯罪及有组织犯罪集团的定义为：有组织犯罪是三个或三个以上的人组成相对稳定的团体，为了获取金钱、物质利益，共同参与一个或多个严重的犯罪行为。由此可知公约所界定的概念既注重有组织犯罪的组织结构，同时也突出有组织犯罪的行为结构。

通观国内学者对有组织犯罪所下的定义，有三种学说：广义说认为有组织犯罪是三人以上实施的一切有组织的共同犯罪活动，主要包含有六种样态：简单共同犯罪、结伙犯罪、团伙犯罪、集团犯罪、黑社会性质组织犯罪和黑社会犯罪，六种形态的组织化程度呈现出层层递进的发展变化规律。狭义说认为：有组织犯罪是组织结构基本稳定、反侦查能力强、危害性大的集团犯罪，包含三种样态：犯罪集团、黑社会性质组织犯罪和黑社会犯罪。最狭义说认为：有组织犯罪是指组织结构严谨、管理森严、等级分明、危害性大的集团性犯罪，主要包含两种样态：黑社会性质组织犯罪和黑社会犯罪。

本书采纳狭义说的观点。一方面，虽然有组织犯罪必然经历从弱小到壮大的发展历程，但并非其发展所经历的所有形态，也就是一般的共同犯罪和犯罪团伙都能称其为“有组织犯罪”，采用广义说容易将该定义泛化，也无法明确定义此类犯罪“有组织”这一典型特征。正如莫洪宪教授对“有组织性”的描述，有组织性应当是“组织成员的地位和身份是相对稳定且有层次性，分工明确并且注重合作，整体构成一个有机的犯罪组织系统”。[①] 另一方面，犯罪集团作为黑社会性质组织犯罪的雏形，已经具有较高的稳定性、组织性和固定性，犯罪能力较一般共同犯罪更大，有明确的组织者和首要分子。因而，已经具有了典型意义上的“有组织性”，可见，如果采用最狭义说会削弱此概念的

① 莫洪宪，郭玉川．有组织犯罪的界定．国家检察官学院学报，2010（2）：91.

实践指导意义。

综上所述，本书把有组织犯罪案件定义为：有组织犯罪案件是指三人及以上为取得某种经济利益而形成的具有较稳定组织结构、分工明确的组织及其实施的犯罪案件。

（二）有组织犯罪案件的特点

1. 犯罪组织结构严密，组织形式日趋合法化。有组织犯罪的一个典型特征就是有组织性，也就是具有较为稳定的人员构成，且成员具有明确的层级分工。这种成熟形态的犯罪组织结构严密、等级森严、层次分明、分工明确、纪律严明，由成体系的反社会价值观念作为精神联系纽带。组织者作为犯罪集团的决策者一般退居幕后，只负责犯罪计划的制订和发号施令，组织中的骨干成员负责经营管理或者担任犯罪现场的临时总指挥，而组织中的一般成员负责执行犯罪计划，实施威胁、恐吓及其他违法犯罪行为。

传统意义上的有组织犯罪一般从事具有明显犯罪特征的非法活动，如赌博、卖淫、贩毒、走私等；但随着财富的迅速积累，在趋利避害心理的推动下，犯罪组织会想方设法为组织披上合法的外衣，完成组织形象的“漂白”，逐渐走向组织形式合法化的道路。他们纷纷效仿国内外“成功经验”，开始以“设公司，办厂子”的方式，改变以往的直接与主流社会分庭抗礼的行事风格，转而采取合法与非法相结合的方式，伪装组织形象，庇护组织生存，最大限度地获取社会认同，而其实质是“立合法之名，行非法之实”。

2. 有组织犯罪的目的具有明显的获利属性。有组织犯罪的根本目的是获取经济利益，为了达到此目的，他们会通过多元化的犯罪手段从事多领域的违法犯罪活动，甚至通过暴力垄断行业经营等方式达成其逐利的目的。由此，会为犯罪组织聚敛更多的不义之财，使其拥有更为雄厚的经济实力，也会由于经济纽带的存在使其犯罪组织具有更强的聚合力。当前，有组织犯罪获利的手段主要包括直接实施违法犯罪，实施违法犯罪的同时从事违法行业获利以及通过违法犯罪活动维护合法行业经营等，近年来还出现了在互联网上开设赌场、放高利贷等非法活动以及替人讨债、收取保护费等非法聚钱敛财的活动。有组织犯罪的违法行为涉及的领域也较为广泛，且往往呈现垄断特征，其涉及的非法行业涉及色情行业、开设赌场、高利贷、强行收费等，合法行业涉及建筑材料业、物流运输业、娱乐服务业、房地产、金融业等经济行业。

3. 有组织犯罪手段以暴力为基础，呈现以软暴力代替暴力的趋势。为了“开辟空间”，寻求一席之地，有组织犯罪在犯罪集团成立初期一般都会以暴力手段解决和清除组织的发展障碍，逐渐在主流社会树立起以暴力为后盾的组织“威慑力”。随着组织的日渐壮大，为了稳固和维护组织利益及组织生存环境，他们往往会选择改变以往的以暴力为主的行事风格，利用组织在前期形成的暴力蓄势，采取更具有隐蔽性和迷惑性的恐吓、威胁、要挟等行事方式。由此，有组织犯罪的手段也会逐渐出现软化的趋势，暴力指数逐渐下降。他们意图通过“软暴力”手段的运用，既能保证组织目的的实现，又能达到掩人耳目的目的。

4. 通过“保护伞”寻求保护。有组织犯罪通常具有较强的反社会性，为顺利实现自身犯罪目的并保证安全，逃避侦查，寻求“保护伞”就成了其必然的选择。他们利用各种方式拉拢腐蚀党和国家的干部，尤其是司法机关的工作人员。个别政法系统的工作人员由于抵挡不住糖衣炮弹的侵蚀，甘愿充当有组织犯罪的“保护伞”。基于有组织犯罪团伙明确的目的，充当“保护伞”的人员通常会涵盖公、检、法、工商、税务、土地审批、市场监管、城市建设、矿产开采、房产开发、银行信贷等重要职能部门。他们的存在为有组织犯罪寻求利益、规避打击提供了极大的便利和保护。

二、有组织犯罪案件的侦查

（一）加强情报系统建设，强化情报收集与研判

情报作为侦查的基础性、先导性工作，对打击智能化、隐蔽化的有组织犯罪发挥着举足轻重的作用。为了能够主动有效地开展情报工作，应当首先加强情报系统建设。要在公安机关情报力量的基础上，加强与其他相关部门的合作，并通过秘密力量建设，形成覆盖社会面的立体化情报信息网络，及时洞察有组织犯罪活动。

同时，应当加强犯罪情报收集与研判工作，广泛发动社会群众，对可能涉黑的行业加强基础管理，及时掌握行业动态；联合行业主管部门及行业协会对发案率较高的娱乐、客运、建筑、房地产等行业实行重点监控，及时排查和发现有关情况；加强对重点行业、场所的阵地控制，及时发现可疑线索；充分发挥秘密力量作用，积极开展秘密侦查。

（二）加强案件经营，深入摸清有组织犯罪组织结构

针对有组织犯罪这种盘亘周期较长、案件错综复杂、参与人员较多，具有长期性、集团化、职业化、隐蔽化特征的复杂犯罪形态，应树立案件经营思维，不急于一时一点，要通过对案件的深度经营，查明有组织犯罪的组织架构、人员网络、管理层级，最终实现侦查打击的复利效应。实践中，可以通过人、线索、资金等开展侦查经营。

所谓人员经营，就是以重点嫌疑人为起点，运用发散性关联方法，查明该

人员的关系网络、涉足场所、前科劣迹等信息，进行信息比对碰撞，描绘其性格特征、行动轨迹以及与其他人员可能存在的关联和交集，建立关系为我所用。所谓线索经营，就是以有组织犯罪线索为起点，根据线索所反映的内容进行综合的分析研判，验证线索本身，拓展线索的关联和指向，并延伸与其相关的犯罪事实和人员信息，最大限度地摸清犯罪组织架构。这里所说的线索，可能是有组织犯罪集团的资金流向，也可能是组织成员的通话记录，即时通信记录等，无论如何在案件经营中都能发挥积极的作用。

（三）积极开展并案侦查与多警种合成作战

对于跨区域的有组织犯罪，各地公安机关应及时通报犯罪信息，并对具有条件的案件开展并案侦查。涉案地区的侦查机关要积极分享案件线索，集中分析研究涉案情况，全面摸清犯罪组织结构、涉案人员以及涉及的犯罪行为，共同制订侦查方案，集中使用力量，采取针对性措施。

加强多警种联动，树立合成作战、情报为先的思想，打破警种壁垒，充分发挥多警联动优势。针对有组织犯罪的特点，无论是在侦查阶段，还是在收网抓捕阶段，都应当以情报中心为牵引，充分发挥刑侦、网侦、技侦、图侦的合力作用，实现对于有组织犯罪的合力打击。

（四）规范有效使用秘密侦查措施

规范有效的使用秘密侦查手段，是侦破有组织犯罪的重要途径。在实施秘密侦查手段时，应注意按照法律相关规定，既要发挥秘密侦查手段对于侦查工作的有力支撑作用，又要确保侦查工作不逾越法律的界限。同时，在运用秘密侦查措施的过程中，应当注意证据的转化与使用。

（五）深入开展侦查讯问，完善证据体系

有组织犯罪的团伙特性决定了对于有组织性的证明往往需要通过言词证据来完成，因此，此类犯罪的主体证据多为言词证据。强化审讯对于查明组织结构、完善证据体系具有特殊意义。在讯问过程中，犯罪嫌疑人会基于组织结构相对隐秘、客观证据无法证明、有“保护伞”等原因而心存侥幸，导致讯问工作存在重重困难。因此，讯问中应当详细分析案情，了解犯罪嫌疑人在有组织犯罪中的地位、作用以及其所实施的犯罪行为，制订周密的讯问计划，找准讯问的突破口，以确保讯问的成功。

主要参考文献

[1] 徐立根．侦查学．中国人民公安大学出版社，1991.
[2] 王庆明．刑事侦查学总论．北京大学出版社，1994.
[3] 邹明礼．侦查学．法律出版社，1996.
[4] 武汉．刑事侦查学．群众出版社，2000.
[5] 陈刚，续磊．视频侦查规范化指引．中国民主法制出版社，2000.
[6] 王传道．侦查学原理．中国政法大学出版社，2001.
[7] 瞿丰．侦查论．中国人民公安大学出版社，2002.
[8] 王大为，谢华．有组织犯罪问题研究．中国人民公安大学出版社，2004.
[9] 任克勤．盗窃犯罪案件侦查要略．群众出版社，2004.
[10] 马忠红．侦查学基础理论．中国人民公安大学出版社，2006.
[11] 徐为霞．侦查学原理．中国民主法制出版社，2007.
[12] 何家弘．新编犯罪侦查学．中国法制出版社，2007.
[13] 张保平等．偷渡案件侦查．群众出版社，2008.
[14] 俞波涛．秘密侦查问题研究．中国检察出版社，2008.
[15] 杨志刚．诱惑侦查研究．中国法制出版社，2008.
[16] 杨宗辉．侦查学总论．中国检察出版社，2009.
[17] 金星．诱惑侦查论．法律出版社，2009.
[18] 任克勤，胡志宏．犯罪现场勘查．群众出版社，2009.
[19] 马丽霞．现场勘查．中国检察出版社，2010.
[20] 孙延庆．侦查措施与策略．中国检察出版社，2010.
[21] 郭华．侦查程序．中国人民公安大学出版社，2011.
[22] 任克勤，徐公社．刑事案件侦查．中国人民公安大学出版社，2011.
[23] 杨宗辉．刑事案件侦查实务．中国检察出版社，2011.
[24] 艾明．新型监控侦查措施法律规制研究．法律出版社，2013.
[25] 马海舰．侦查措施新论．法律出版社，2013.
[26] 张黎．法治视野下的秘密侦查．知识产权出版社，2013.
[27] 孙晓冬，秦玉海．网络犯罪侦查．清华大学出版社，2014.
[28] 郝宏奎，陈刚．侦查学．中国人民公安大学出版社，2014.
[29] 张玉镶．刑事侦查学．北京大学出版社，2014.
[30] 廖斌，张中．技术侦查规范化研究．法律出版社，2015.
[31] 徐为霞，赵向兵．侦查学总论．法律出版社，2015.

[32] 关纯兴．毒品犯罪案件侦查．中国人民公安大学出版社，2015.
[33] 刘浩阳．网络犯罪侦查．清华大学出版社，2016.
[34] 陈亮．侦查措施教程．东北大学出版社，2016.
[35] 倪铁．刑事案件现场勘查体制研究．法律出版社，2016.
[36] 李明．秘密侦查法律问题研究．中国政法大学出版社，2016.
[37] 陈惜珍．秘密侦查法律规制研究．知识产权出版社，2017.
[38] 许锋，何芳州．视频现场勘查及应用．东北大学出版社，2018.
[39] 许细燕，杨辉解．侦查措施．中国人民公安大学出版社，2018.
[40] 莫永成，何洋．命案侦办规范与取证技巧．中国人民公安大学出版社，2018.
[41] 张鹏莉．刑事案件侦查．中国政法大学出版社，2019.
[42] 裴煜．犯罪现场勘查理论与实践．华中科技大学出版社，2019.
[43] 邓立军．程序法视野下的控制下交付．中国政法大学出版社，2019.